도서출판 대장간은
쇠를 달구어 연장을 만들듯이
생각을 다듬어 기독교 가치관을
바르게 세우는 곳입니다.

대장간이란 이름에는
사라져가는 복음의 능력을 되살리고,
낡은 것을 새롭게 풀무질하며, 잘못된 것을
바로 세우겠다는 의지가 담겨져 있습니다.

www.daejanggan.org

구약성서와 오늘 Ⅱ

지은이 우택주
초판발행 2013년 8월 22일

펴낸이 배용하
책임편집 이상희
교열교정 이준용

등록 제364-2008-000013호
펴낸곳 도서출판 대장간
www.daejanggan.org
등록한곳 대전광역시 동구 삼성동 285-16
편집부 전화 (042) 673-7424
영업부 전화 (042) 673-7424 전송 (042) 623-1424

ISBN 978-89-7071-305-2

값 20,000원

구약성서와 오늘 Ⅱ

우택주

차례 CONTENTS

C O N T E N T S

C O N T E N T S

CONTENTS

• 2부 오늘과 소통하는 구약성서

들어가는 말

이 글은 크게 2부로 구성되어 있다.

1부는 「침례신문」의 "구약성서와 오늘"이란 칼럼에 3년여 동안2007년 가을부터 2010년 봄까지 매주 실었던 글 가운데 『구약성서와 오늘 I』에 미처 다 싣지 못하고 남아있던 글들로, 2009년부터 2010년 사이에 게재한 글들이다. 그래서 1부의 제목은 "구약성서와 오늘 II"이다. 이번에는 주로 구약성서를 해석할 필요성을 역설했다. 특히 구약성서를 해석하는 여러 가지 방법을 간략하게 소개하는 데 집중했다. 그중에 "기후변동과 성서해석" 부분은 지구 곳곳에서 벌어지는 생태적 위기를 인식하고, 이에 합당한 성서해석의 관점 전환이 필요함을 강조하였다.

성서는 이미 활자화되어문자화 또는 책으로 우리 손에 주어졌다. 우리의 할 일은 그것을 외우는데 그치지 않고, 한 걸음 더 나아가 그 의미를 해석해내는 것이다. 오늘의 교회 현실에 비춰 해석되지도 않은 채 인용된 성서구절들이 막강한 위력을 발휘하는 것을 볼 때마다 안타까운 마음뿐이다. "영은 살리는 것이요 문자는 죽이는 것"이라는 성서의 핵심적 가르침이 외면당하기 때문이다. 이런 교회 현실을 타개하려면 성서에 나오는 하나님의 가르침을 진지하게 해석하는 태도가 절실하다. 성서 해석 작업은 교회가 수행해야 할 중차대한 과업이다.

1부의 마지막 원고는 솔로몬 왕에 대한 신학적 평가로 끝난다. 원래는 열왕기상하에 등장하는 왕들과 그들의 행적을 차례로 묵상하고, 기독교적 교훈을 이끌어내려고 했다. 그러나 사정상 이 작업을 계속 이어가지는 못했다.

2부는 그동안 행한 강연원고와 「기독교사상」, 한국성서학연구소에서 발행하는 계간지 「성서마당」, 두란노 서원에서 발행하는 「목회와 신학」, 그리고 침례신학대학교 학보인 「침신대학보」에 기고했던 글들이다. 이 글들은 나름대로 다양한 배경과 목적을 지녔다. 공통점은 모두 오늘의 한국사회와 교회에서 벌어지는 일들을 구약성서의 빛에서 풀이하고, 그 가르침을 적용하는데 초점을 두는 점이다. 그래서 "오늘과 소통하는 구약성서"라는 부제를 붙였다. 그리고 출판시기와 상관없이 내용의 상호연관성이나 생각의 흐름이 자연스럽다고 여겨지는 순서대로 다시 배열하였다. 2부는 한국적 상황에서 수행한 일종의 구약신학하기

doing Old Testament Theology이다. 구약신학을 수행하려면 많은 신학적 기본 훈련이 필요하다. 그것은 구약과 신약의 관계, 성서의 역사성 문제, 교회와 성서의 권위 문제, 영감과 해석의 관계, 성서문서와 사회관계 등의 이슈를 포함한다. 2부에서는 이런 이슈들을 전제로 여러 주제를 풀이했다. 간혹 필자의 판단과 주장만 있고, 구체적인 성서 해석의 실례가 부족하게 느껴지는 글도 있을 것이다. 필자는 "구약성서와 오늘" 시리즈를 집필할 때 구약성서를 이해하는 데는 여러 가지 전문지식이 필요하다고 판단하여, 차근차근 한 겹씩 벗겨 내는 방식으로 글을 쓰려고 했기 때문에 이런 현상이 나타난 것으로 생각한다. 이런 측면은 다른 지면을 통해 해소해 드릴 것을 약속하는 바이다.

구약성서가 역사적 진공 상태에서 기록되어 전해진 것이 아니듯이, 이 책의 내용도 필자가 우리나라의 현실과 교회의 현실에서 살아오는 동안 경험한 치열한 현장에서 나온 것이다. 그렇게 치열하게 살아온 삶이 있었기에 구약성서를 조금이나마 풀어서 말할 에너지와 영감을 공급받았음을 고백한다. 그런 의미에서 우리 땅의 현실과 교회의 현실이 한편으로는 고맙기도 하다. 그럼에도, 안타까운 마음이 훨씬 더 크다. 더불어 한 가지 사항에 대하여 양해를 구한다. 책 곳곳에 목회자를 질타하는 글이 있는데, 이런 글은 선한 양심으로 목회에 전념하는 대다수 목회자를 겨냥한 말과 생각이 아님을 밝혀둔다. 필자는 목회자의 사역이 오늘날 세상을 지탱하는 마지막 희망이라고 굳게 믿는다. 필자 역시 목사이기에 목회자의 노고를 누구보다 더 잘 안다. 다만, 필자를 포함한 목회자 모두가 각성하고, 교회에 새로운 희망을 제시하자는 마음으로 쓴 글이라 생각하고 너그럽게 여기면 좋겠다.

글쓰기란 모든 사람의 자유로운 특권이지만, 누군가의 삶에 작은 영향력을 미칠 글을 쓴다는 것은 참으로 어려운 일이다. 이를 꿈꾸어 왔지만, 그것을 현실로 만들기에는 아직도 한참은 모자란 것 같다. 여전히 부족하다는 마음뿐이지만, 그래도 성서연구란 평생토록 수행해야 할 순례의 여행이기에 필자는 또 다른 발걸음을 준비한다. 이전보다 더 나은 의미, 더 새로운 의미, 더 많은 생명의 물을 길어 올리리라 다짐한다.

필자는 독자들이 이 책을 통해 구약성서의 유용성과 그 풍부한 사상을 깨닫기를 간절히 바란다. 그래서 예수 안에 구약성서를 읽는 모든 신자가 그 안에 담긴 진리를 통해 풍성한 생명을 누리고, 자유를 체험하고, 바르게 성숙하기를 꿈꾼다.

끝으로 이 글을 출판해주신 도서출판 대장간의 배용하 사장님과 편집부, 그리고 거칠고 조야한 문구를 꼼꼼하게 다듬어준 사랑하는 아내 이재경 사모에게 깊은 감사의 말씀을 드린다.

2013년 달궈진 지구가

뜨거운 열기를 내뿜는 한 여름에

우 택 주

1부
구약성서와 오늘 II

01 | 고난받는 종

이사야 52장 13절~53장 12절을 고난받는 종의 노래the Song of the Suffering Servant라고 부른다. 기독교 신학의 틀에서는 이 노래를 고난받으신 예수 그리스도에 대한 예언으로 풀이한다. 특히 "그가 찔림은 우리의 허물 때문이요 그가 상함은 우리의 죄악 때문이라 그가 징계를 받음으로 우리는 평화를 누리고 그가 채찍에 맞음으로 우리는 나음을 받았도다 우리는 다 양 같아서 그릇 행하며 각기 제 길로 갔거늘 여호와께서는 우리 모두의 죄악을 그에게 담당시키셨도다."53:5~6라는 구절은 그리스도인이 즐겨 암송하는 메시아 예언이다.

구약성서 자체의 맥락에서는 다른 해석이 가능하다. 이를테면 이 예언 구절을 포로로 잡혀간 유다 민족의 처지에서 풀이할 수도 있다는 말이다. 그럴 때 색다른 해석이 가능하다. 물론 이에 대한 해석도 다양할 수 있다. 그러나 구약성서의 맥락에서는 유다의 포로민을 의인화한 풀이가 적절한 해석으로 여겨진다. 포로로 잡혀간 유다 사람들은 자신들이 약속의 땅에 임한 하나님의 심판을 받은 당사자로 생각했다. 그래서 그들이 받은 고난을 바벨론이 아닌 약속의 땅에 남아 있는 백성을 대신

해서 속죄하는 의미를 지닌 것으로 이해했던 것이다.

이 메시아 예언에 대해서 역사적 의미나 기독론적 의미를 강조하는 것이 이제까지 해석의 관행이었다. 하지만, 2009년을 맞이한 오늘의 교회에는 전혀 색다른 의미의 지평을 여는 열쇠가 될 수도 있다. 오늘의 교회, 아니, 오늘 하나님의 아들 예수 그리스도를 믿고 하나님의 나라를 건설하려는 역사적 사명을 위해 살아가는 우리의 상황에서 이 고난의 노래는 어떤 의미가 있을까?

고난받는 종의 노래가 정말 훗날 임하게 될 예수 그리스도의 고난을 예고하는 말씀이라면, 그리고 그분의 대속적 고난에 의해 오늘 우리가 신앙의 길을 걸어가게 되었다면, 이제 그 말씀은 다시 우리에게 어떤 의미로 다가올 수 있을까? 단적으로 말하면 그것은 오늘 우리가 처했고 우리가 추구하는 모습들에 대한 일종의 경고로 이해된다.

우리는 과연 이 예수 그리스도의 대속적 고난을 우리의 삶으로 추구하고 있는가? 우리와 우리의 교회를 성찰해볼 때, 그 대답은 부정적이다. 우리는 우리 민족 가운데 그 누군가를 위한 대속적 고난을 추구하기는커녕 교회라는 울타리 안에 머물며 우리의 안녕만을 추구해 온 것은 아닌가? 목회 지도자들은 혹시 부흥의 전형이라고 할 수 있는 대형교회만을 지향하면서 오로지 영광스런 모습으로 군림하기만을 꿈꾸지 않는가? 저 고난 받는 종이 "고운 모양도 없고 풍채도 없으며, 흠모할만한 아름다운 것이 없는" 외모를 갖고서 수많은 영혼의 구원을 지향한 것과는 달리 우리 지도자들은 정반대의 이미지를 추구하지는 않는가? 저 고난 받은 종이 "찔리고, 상하고, 징계를 받고, 채찍"을 감수하면서 동포의 구원을 염원하면서 인내한 것에 비추어 볼 때, 과연 우리의 지도자들은 어떤 모습으로 지내는가? 과연 그와 같은 혹독한 수모와 아픔과 면책을 감당하고 있는가?

구약시대의 고난 받은 종의 노래는 수백 년 후에 임할 예수 그리스도의 구원을 예고하였고 성취되었지만, 그 노래는 다시 오늘 우리 교회와 지도자들이 진정으로 회개(!)하는 길로 인도한다. 이 노래는 오늘날 우리가 지향하는 멋지고 영광스런 대형교회의 꿈을 포기하고, 비록 험난한 고난을 받을지언정 그 고난의 대가로 수많은 이웃이 행복을 누릴 수 있는 길을 모색하게 한다.

친애하는 침례교회 교우여! 교리 속에 전해지는 예수 그리스도에 관한 대속적 삶과 가르침을 마치 화석 속의 유물을 대하듯 쳐다보고만 있지 말라. 그분의 가르침과 삶은 오늘 우리가 구현해야 할 삶의 방식이다. 우리가 바로 그런 삶과 가르침을 살아내야 한다는 말이다. 그게 아니라 오직 내(!)가 더 나아 보이고 내(!)가 더 많이 차지하고 내(!)가 더 훌륭하게 보이려 하는 온갖 노력은 사실 성서의 가르침에 정면으로 어긋난 자세임을 깨닫기 바란다.

그렇다면, 이 고난 받는 종의 노래가 던지는 메시지를 듣고서 우리가 마땅히 취해야 할 일은 무엇이겠는가? 그것은 회개이다. 이제껏 남을 짓밟고 나의 안녕과 행복만을 추구해온 삶을 철저히 반성해야 한다. 대속적 고난을 삶으로 살아내지 못한 우리와 교회의 행위를 철저히 회개해야 한다. 이 회개와 반성만이 오늘의 교회를 새롭게 갱신시킬 수 있는 돌파구이다. 회개 없이 그저 앵무새처럼 예수 그리스도의 대속적 고난을 무의미하게 되물이 해서 가르치고 있다면, 그것은 오늘의 교회를 자폐적 지성 속에 방치해두는 결과를 가져올 것이다. 교회와 우리는 불특정 다수의 행복을 위해 우리의 안녕을 포기하고 기꺼이 고난을 감수하는 대속적(!) 삶을 살아내야만 한다. 자, 이제 어떻게 할 것인가?

02 | 돈과 정의와 사랑

국제 금융위기로 말미암아 나라 곳곳이 심각한 경제난에 허덕이는 현상들로 가득하다. 교회는 교회대로 이 경제난을 극복하게 해 달라고, 축복을 받아 이전보다 더욱 잘 살게 해달라는 기도로 넘친다. 이런 기도를 드리는 것이 어제오늘 일은 아니지만, 요새는 더욱 심하다. 한국의 신앙인들은 하나님에게 부귀의 축복을 받는 것에 집착한다. 하긴 하나님이 축복특히, 돈해주지 않는다면 도대체 어디서 어떻게 그것을 얻겠는가? 그러나 한국의 대다수 교회와 신앙인은 언제부터인가 이렇게 돈을 많이 벌어 잘 살아야 한다는 염원을 신앙생활 속에서 떨쳐버리지 못하는 숙명적(!) 자세를 견지하고 있다. 이런 태도 자체는 우리 사회에 적지 않은 문제를 일으켰다. 목회자들이 대형교회교인 수와 재력를 목회의 지상과제로 삼고 동분서주하는 태도도 여기서 예외가 아니다. 그렇게 돈과 부귀를 추구하는 것은 기독교 신앙에 아무런 문제가 없을까?

이와 반대로 성서의 하나님은 먼저 정의와 사랑의 하나님이라고 천명한다. 이스라엘 민족이 출애굽 구원을 경험한 것은 구약성서에서 역사적 사건으로 자리매김했다. 이 경험을 통해 그들은 야훼 하나님이 정의로운 하나님이요 긍휼이 많으신 하나님인 사실을 배웠고, 또 그런 믿음을 전해준다. 하나님이 정의롭다는 고백은 수많은 백성을 부당하게 압제하는 권력계층의 통치 행위에 대해 엄중한 심판을 내리신 행위 때문에 생긴 말이다. 또 하나님께서 긍휼이 많으시다는 고백은 압제당하는 수많은 백성을 불쌍히 여겨 그 압제에서 건져주셨기 때문에 생긴 말이다. 다시 말해서 하나님의 정의는 수많은 백성의 인권을 소중히 여기신 탓에 권력에 기초한 애굽 왕 바로의 통치행위를 응징한 것에 대한 고백이며, 하나님의 긍휼 역시 바로 이러한 행위로 수많은 사람을 보호하신 것에 따른 고백이다.

예수 그리스도의 십자가 사건에 기초한 우리 그리스도인의 신앙고백 역시 이와 똑같은 하나님의 정의와 사랑에 입각한다는 사실을 우리는 종종 망각하는 것 같다. 예수님의 십자가 사건은 모든 사람을 죄에서 구원하려는 사랑의 최고 행위였을 뿐만 아니라, 모든 사람로마인, 유대인, 그리고 우리이 자행하는 범죄에 대한 하나님의 궁극적 정의의 심판을 의미한다.

출애굽 한 백성을 약속의 땅으로 인도하여 그곳에서 나라를 일구고 살게 한 까닭은 하나님의 백성으로서 의롭게 사는 모범을 온 세상 사람들에게 전파할 계획 때문이었다. 이스라엘 백성이 약속의 땅에서 평화롭게 살면서 하나님을 올바로 경외하였다면, 그들은 결코 그 땅에서 쫓겨나는 일이 없었을 것이다. 다시 말해서 구원받은 백성이 약속의 땅에서 정의와 사랑의 원리에 따라 충실하게 살았다면, 결코 그 땅에서 버림받는 일은 없었을 것이라는 말이다. 그러나 그들은 그 땅에서 이 섭리를 망각했다. 그래서 나라를 세우고 소수 권력자가 대다수 백성을 압제하는 일이 극심해졌고, 결국에 그 나라는 하나님께 심판을 받아 망했다. 그리고 온 세상에 흩어져 2000년 동안 유리하는 백성으로 살아가야 했다.

성서의 하나님이 이런데, 우리는 그 성서에서 지금 무엇을 믿고 어떻게 살아가는가? 성서의 하나님을 믿는 우리는 왜 이 정의롭고 사랑이 많으신 하나님을 잊고 살아가는가? 성서의 하나님이 언제나 우리 편이실 것이라는 착각은 일찌감치 버려야 한다. 하나님이 진실로 우리에게 바라시는 것은 돈 많이 버는 신앙인보다 정의롭게 사는 신앙인이다. 돈에 미쳐 비정한 신앙인으로 살기보다는 돈이 없어도 정의와 사랑을 베풀면서, 그리고 정의와 사랑의 원리를 실천하며 사는 신앙인을 더 기뻐하신다. 하나님은 대형교회를 반대하지 않으시지만, 대형교회가 되어 그 세력으로 악한 돈의 권력을 휘두르는 것을 절대로 원하지 않는다.

너무 많은 돈은 신앙과 이성을 잃어버리게 한다. 대표적 기독교연합기관의 대표 선출이나 교단의 총회장이나 지방회장, 기독대학교의 총장을 선출하는 일에 금품이 오가는 오늘의 기독교 신앙공동체를 하나님은 어떻게 생각하실까? 돈을 주면 표를 주고, 돈을 안 주면 표를 주지 않는 신앙공동체 대표들의 행각을 하나님은 어떻게 생각하실까? 돈을 사용하여 모 기관의 수장으로 선출되었다고 치자. 그들이 과연 그 직무를 성서의 원리에 따라 정의와 사랑의 하나님을 경외하고 맡겨진 직무에만 매진할까? 시작부터 이루어진 금품거래 자체가 하나님의 정의와는 거리가 멀어서 그렇게 되기 힘들다.

오늘날 우리 교회는 돈의 악마적 영향력을 과소평가한다. 돈의 중립적 가치를 악용한다는 말이다. 그러나 잊지 말라. 성서는 돈보다 정의와 사랑의 원리를 더 우선하여 중요시하며, 그것에 근거하여 말씀을 선포한다는 사실을!

03 | 구약성서를 읽는 방법 (1)

모든 그리스도인이 성서를 읽는다. 그리고 그 읽기를 통해 성서의 뜻을 파악한다. 하지만, 성서를 읽는다는 것은 결코 간단하고 손쉬운 일이 아니다. 이유는 이렇다. 이론적으로 말해서 읽는다는 말은 이해한다는 말이요 이해한다는 말은 해석한다는 말이다. 그런데 해석하기는 이해의 원리, 즉 해석의 원리가 있어서 그 원리를 잘 알고 습득하여 그것을 충실히 따라야 한다. 그런데 과연 신앙인 가운데 누가 어디서 이 원리를 배운 적이 있는가? 돌아보건대 해석의 원리로 배운 것이라고는 중세 종교개혁자들이 주창한 바에 따라 성령의 지도하심 혹은 깨닫게 하심만이 유일한 성서 해석의 원리라고 믿는 것이 고작이다. 물론 성령의 도우심은 모든 신앙인이 성서를 해석하는 데 필수적이다. 그럼에도, 성서 해석의 원리는 중세까지만 해도 보편화되거나 무르익지도 않은 상태였다. 그것이 이론적으로 확립된 때는 19세기 말이었고, 그 이후 오늘날까지 본격적으로 다양하게 발전하였다.

지난 2000년에 걸쳐 오늘날까지 성도가 성서를 읽는 방식은 한 마디로 경건한 성서 읽기라 할 수 있다. 성도들이 매일 홀로 조용한 시간에 성서를 읽을 때 사용하는 해석의 원리는 대다수 목사님이 성서를 설교하고자 할 때 사용하는 해석방식과 크게 다르지 않다. 하지만, 이와 같은 경건한 성서 읽기로는 성서의 깊은 의미의 세계에 도달하기 어렵다. 읽어도 성서의 무궁무진한 의미의 세계로 인도하기보다는 그저 기왕의 신앙고백을 재확인해주는 정도에 그칠 뿐이다. 그렇다고 이 경건한 성서 읽기의 효용성을 부정할 의도는 추호도 없다. 이와 같은 읽기가 신앙인의 삶을 아주 조금씩 교정하고 성장시킨다는 것은 모두가 경험해온 사실이다. 그럼에도, 그것은 한계가 있다. 예수 그리스도의 삶과 죽으심을 본받아 희생과 손해와 고난을 감수하며 사는, 다시 말해서 장성한 신앙인의 모습으로 살게 하는 데는 여전히 무엇인가 미흡하다는 말이다. 오늘날 교회의 모습이 그러하듯이 말이다. 이것은 또한 오늘날 교회에서 성서 통독을 강력히 강조함에도, 그리고 성도들이 이에 따라 성서를 수차례 읽음에도, 성서의 깊은 의미의 세계에 도달하지 못하는 근본적 이유이기도 하다. 그래서 앞으로 몇 차례에 걸쳐 성서 해석의 원리와 방식들을 기본부터 차근차근 설명해보려고 한다. 조금 어렵고 딱딱한 작업일지라도 인내심을 갖고 모두가 잘 배우면 좋겠다.

성서는 일종의 책이다. 책은 글이며 그것을 쓴 저자가 있고 그것을 쓴 동기와 시대적 배경과 목적이 있다. 저자가 글을 쓸 때는 온갖 방법을 동원하여 수많은 자료를 연구하고 깊은 탐구 끝에 쓰게 된다. 또 글을 쓰거나 쓰고 나서는 그것을 멋있게 다듬기도 하고 새로운 의미를 위해 고치기도 한다. 먼저 성서를 해석하는데 반드시 고려할 것은 글, 글을 쓴 저자와 최초의 독자, 그리고 그들이 처한 세계이다! 이 네 가지를 잘 알아야 해석을 시작할 수 있다.이 네 가지를 알아가는 과정도 해석 작업에 포함된다! 하지만, 우리는 성서의 세계와 시간적으로, 지리적으로, 문화적으로, 그리고 언어적으로 동떨어져 있다. 그나마 확실한 것은 글 자체뿐이고 나머지 세 가지 사항, 즉 저자, 최초의 독자 그리고 그들이 처한 세계는 단지 추정적으로 알뿐이다. 그럼에도, 나머지 세 가지를 오늘날에는 어느 정도 알 수 있어서 참으로 다행이다.

문제는 성서의 세계과거를 안다 해도 그것이 오늘날의 해석자의 세계현재와 만나야 한다는 사실이다. 이 작업은 해석자에게도 그가 처한 세상, 즉 성서의 글을 읽고 이해하여 추구하려는 상황과 과제가 놓여 있다는 것을 깨닫고, 이 두 세계를 조우시키는 방식에 따라 적어도 세 가지 해석방식이 가능하다. 그 세 가지는 과거를 재구성하여 글을 이해하는 방식, 과거와 현재를 같은 이해의 틀에 놓는 방식, 과거를 불문하고 오직 현재에 초점을 맞추는 방식이다.

흔히 이와 같은 이론을 언급할 때면 두 가지 현상이 발생한다. 골치 아프다고 접어버리는 것과 한 가지 이론을 고집하는 측이 또 다른 이론을 내세우는 측을 비방하는 것이다. 전자는 기독교 우매화 경향에서 비롯되며, 후자는 특정 신학에 매몰되어 다른 세계를 인정하지 못하는 폐쇄적 지성에서 비롯된다. 그러나 성서를 주신 하나님의 은혜를 곰곰이 생각해보라. 인류의 구원을 위해 그 무궁한 지혜와 지식의 부요함으로 우리에게 주신 성서를 사소하게 다룬다면 그 죄악과 허물이 얼마나 클 것인가! 또 성서 해석을 배운 자들이 서로 다투거나 성서의 깊은 세계에 들어가기를 주저하고 도리어 훼방한다면 그 책임 또한 면키 어려울 것이다. 오늘날 성서 해석의 원리와 방법은 십여 가지에 이른다. 한마디로 해석의 정글이라 부를 수 있다. 그 정글에서 우리는 서로 다른 해석방식에도 마음을 열고 귀를 기울여 그 풍부한 의미를 체험할 때 성서에 담긴 하나님의 사랑과 생명의 풍성함을 체험하며 성장할 수 있을 것이다.

04 | 구약성서를 읽는 방법 (2)

구약성서를 읽는 방법 가운데 최초로 이론화된 해석방법은 오경을 연구하는 데서부터 시작되었다. 해석의 발단은 하나님의 이름이 서로 달라지는 현상에서 유래하였다. 이를테면 창세기 1장의 하나님 이름은 "하나님"히, 엘로힘인데 2장에 가면 "야훼 하나님"히, 야훼 엘로힘으로 바뀐다. 또 4장에서는 오직 "야훼"히, 야훼라고만 부른다. 창세기 내내 야훼 하나님의 이름을 당연시했고 신앙인들은 족장을 비롯해서 모두 야훼의 이름을 부르며 제단을 쌓았다. 그러나 출애굽기 6장 3절에서 하나님은 모세에게 아브라함, 이삭, 야곱과 같은 족장들에게는 "전능의 하나님"히, 엘 샤다이으로 나타났으나 "나의 이름을 야훼로는 알리지 아니 하였"다고 말씀하신다. 이것이 어찌 된 일인지 의아해하던 중세 이후 수많은 평신도 성서연구자는 아마도 성서 저자들특히, 모세이 서로 다른 자료에서 하나님의 이름을 따 온 데서 연유한다고 가정하게 되었다. 또 창조이야기가 두 번 등장하고, 족장 부인이 위기를 당하는 장면도 두 번, 아브라함 언약도 두 번, 십계명도 두 번 기록된 까닭도 아마 이런 이유에서 유래한 것으로 생각하기에 이르렀다.

이런 생각은 시간이 흐르고 숙고를 거듭한 끝에 모세오경은 모세 한 사람이 전부 쓴 것이 아니라 적어도 네 가지 자료를 종합하여 이루어진 책이라는 가정적 결론에 도달하였다. 그리고 그 네 가지 자료는 주전 10~9세기에 작성된 야훼[J] 문서, 주전 9~8세기에 작성된 엘로힘[E] 문서, 주전 7세기에 작성된 신명기[D] 문서, 주전 6세기의 포로기에 작성된 제사장[P] 문서일 것으로 보았는데, 이것이 바로 19세기 말 독일의 율리우스 벨하우젠이 확립한 오경의 문서가설이다.

이 작업가설은 유대교 회당에서 전통적으로 가르쳐오던 모세 저작설을 부인한다는 이유로 경건한 신앙공동체에서는 대체로 이를 부정하거나 금기시하는 성향이 있었다. 오늘날도 한국의 강단에서 이런 방식으로 오경을 풀이하는 학자에게는 누구든 경계심을 늦추지 않는다. 한국교회는 이로 말미암아 교단이 분열되는 경험도 있고 신학대학에서 교수를 축출하는 등의 불미스런 과거사가 있다. 새로운 성서 연구의 붐이 일어나도록 그런 풍토가 사라지기를 바란다. 여기서는 이 방식의 효용성을 적극적으로 재고해보려 한다.

어떤 면에서 문서가설은 오경에서 발견되는 숱한 기사들의 모순과 충돌 그리고 반복 현상을 설명할 합리적인 가설로서 이보다 더 효과적으로 설명할 길이 없을 정도로 갖춰진 이론이다. 문제는 이 가설이 성서의 메시지를 풍부하게 이끌어내지 못하거나 성서 영감설을 정면으로 부정하는 인상을 준다는 점이다. 하지만, 성서 영감설의 이면에는 모세란 인물에 대한 지극한 숭배심이 자리하고 있음도 간파해야 한다.

그러나 도대체 누가 글을 썼다는 사실이 우리의 신앙과 무슨 상관이 있는가? 그것이 오늘을 살아가는 신앙공동체에 여전히 절대적 권위의 살아계신 하나님의 말씀으로 적용할 수만 있다면 말이다. 이런 측면에서 모세든 아브라함이든 다윗이든 이들 모두 평범하지만, 위대한 신앙의 삶을 살았던 믿음의 선배일 뿐 우리 주 예수 그리스도와 같은 신앙의 대상이 아니란 점을 기억할 필요가 있다. 따라서 그들을 절대시할 이유가 없다. 사실 모세오경이란 모세가 직접 쓴 다섯 권의 경전이란 말이라기보다 '모세의 생애 속에 전해지는 다섯 권의 하나님 말씀'이란 뜻이 더욱 합당하다. 이렇게 말할 만한 여러 가지 이유가 있다. 그중에서도 가장 결정적인 이유는 모세 당시에 구약성서를 기록한 히브리어 문자체계가 갖춰지지 않았다는 사실이다. 모세 당시의 하나님 이야기는 대부분 구전입으로 전해지는 전승이었다. 히브리어가 문자 체계를 갖추고 민족의 역사를 기록해서 백성에게 교육할 필요가 생겼을 때 비로소 구전을 글로 써서 남겼다. 그러려면 성서를 기록한 시기는 적어도 다윗이 나라를 세우고 왕실의 행정체제를 정비한 주전 1000년경 이후가 적합하다. 글을 쓰는 전문가인 서기관 계층이 왕실에 등장한 뒤에야 비로소 민족의 출발이 담긴 역사와 족장들에 관한 역사, 그리고 모세의 생애와 함께 전해지는 거룩한 하나님의 말씀의 틀에서 이스라엘 백성이 경험한 삶에 대한 긴 이야기를 글로 남기는 일이 가능했을 것이다.

오경의 문서가설은 성서가 여러 자료를 활용하여 작성되었다는 아주 상식적인 현상을 이론화한 가설에 불과하다. 이것은 실험실의 시약과 같고 수술실의 메스나 각종 수술도구와 같다. 문서가설은 오경에 담긴 진리 자체를 표방하는 것이 아니다. 이것은 오경에 담긴 진리를 분별하기 위한 작업도구에 불과하다. 이제껏 이 가설이 부정적 비판을 받아온 이유 중 하나는 그 방식으로 성서적 진리를 풍부하게 생산해내지 못했다는 평가 때문이다. 그러나 오경의 작업가설과 같은 역사비평으로 성서적 메시지를 풍부하게 산출해내는 길만 있다면 이 가설을 무조건 배척할 필요가 있을까? 하나님의 선물인 성서를 간직한 신앙인이라면 성서에서 생명으로 이끌 진리를 얻어낼 길과 방법이 있다면 그것이 무엇이 되었든 시도할 가치가 있지 않겠는가? 그저 생소하다고, 다만 이해가 잘 안 된다고, 또 기존의 해석습관과 다르다고 무조건 반대하고 깎아내리기보다는 그것을 활용하여 진리를 탐구하는 방법을 적극적으로 추진하는 것도 지혜로운 자세이다.

05 | 구약성서를 읽는 방법 (3)

역사비평으로 불리는 성서읽기 방식은 모두 네 가지이다. 첫 번째는 자료비평으로 앞에서 소개한 문서가설이 대표적 방식이다. 두 번째 방식은 양식비평이다. 양식비평적 성서읽기는 글을 쓴 저자들이 처음부터 문서 자료를 사용하지 않고, 이보다 앞서 입으로 전해지는 구전oral tradition을 활용하여 문서를 작성했을 것이란 사실에 착안한 방식이다. 구전이 전해지는 방식은 무수하지만, 내용이 흐려지지 않으려면 운율이나 특정한 강조점 그리고 그 구전을 기억하기 좋은 삶의 자리setting in life가 있었을 것이다. 그래서 서기관이 필요한 정보를 수집할 때 문서 이전의 여러 가지 구전과 장르 그리고 그것이 전해지는 삶의 자리를 분간하는 데 초점을 두는 방식이 양식비평이다. 여기서 전해지는 내용을 전문 용어로 전승tradition이라 부른다.

이 방식은 여러모로 성서를 읽는 방식에 기여한 바가 많다. 이것은 성서를 읽을 때 각 단락이 어떤 문학양식을 사용하는지 먼저 파악할 필요를 일깨워준다. 이를 테면, 지금 읽는 본문이 시인가 산문인가, 또 연설문인가 단순 보도문인가, 애통하는 노래인가 조롱의 노래인가, 고소하는 말인가 칭찬하는 말인가, 개인 일화인가 집단경험인가 등등을 분별해야 그 의도파악이 가능하다는 것이다. 우리가 매일 읽는 신문에 다양한 장르의 글들이 혼재한 것과 흡사하다. 신문에 보도, 논증, 광고, 소설, 고발, 안내 등 픽션과 논픽션이 신문편집인의 의도에 따라 적당한 위치에 적당한 수사적 도구를 사용하여 독자에게 읽히듯이 성서 속 글들도 다양한 장르, 다양한 위치에서 다양한 목적을 갖고 현재의 모습으로 기록되었으므로 문학 장르를 우선 올바로 파악해야 그 뜻을 제대로 파악할 수 있다.

창세기 1장은 하나님의 위대한 창조활동을 웅장한 서사시로 기록한다. 서사시란 아주 먼 옛날에 벌어진 것으로 믿어지는 일을 시로 기록하고 운율에 맞춰 읽거나 노래한 것이다. 이런 양식은 사실성 여부를 떠나 그 전하는 바를 마음 깊이 새기고 믿는 일에 주안점이 있다. 창세기 2~11장의 태고사는 주로 신화myth라는 문학 양식에 의존한다. 신화는 없었던 일을 꾸며서 기록한 거짓된 말이나 글을 일컫는 것이 아니다. 성서 속 신화란 고대인이 바라보는 세계의 현실이해를 담은 문학형식이라고 정의할 수 있다. 여기서는 하나님이나 짐승뱀이 사람처럼 생각하고 느끼며 자연스럽게 사람과 얘기하고 행동한다. 족장사는 주로 특정 지역에서 전해오는 이야기들을 수집하여 기록한 것인데 아브라함은 헤브론, 이삭은 브엘세바, 야곱은 세겜과 벧엘 지역에서 회자되던 이야기로 보인다. 사사기에 등장하는 사사들의 활약상은 각 지파에 전해오는 이야기들이다. 사무엘서와 열왕기서는 공식적인 궁중 문서에 기록된 이야기를 특정한 신앙 관점에 따라 새롭게 기록한 왕실 문서이다. 예언서는 예언자들의 선포와 일화를 중심으로 기록하였지만, 하나님께 받은 신탁과 그 선포, 예언자로 부름 받은 경험에 대한 변증적 진술 그리고 희망의 선포문 등이 섞여 있다. 시편은 성전이나 지역 성소에서 회자되던 노래들을 제사장들이 수집해 놓은 글인데 개인의 슬픔과 아픔을 호소하는 탄원시와 감사한 일을 체험하거나 체험하길 희망할 때 불렀던 감사시, 그리고 언약을 갱신하거나 성전에 입장할 때 또는 왕위 즉위식 때 불렀던 각종 노래 등을 모아놓았다.

양식비평적 성서읽기를 할 때 매우 흥미 있고 유익한 장르를 두 가지 소개하려고 한다. 다윗의 간음을 두고 예언자 나단이 책망할 때 사용한 비유를 사법비유라고 부른다. 다윗이 지상최고의 사법관이므로 그가 만일 잘못을 저지른다면 그를 재판할 제도가 더 이상 없는데, 이럴 때 사용하는 장르가 사법비유이다. 즉 왕에게 판결을 구하는 비유를 전한 후 판결이 내려지면 그 판결의 당사자가 바로 왕임을 일깨워주는데 사용하는 장르이다. 이 장르를 요긴하게 사용하는 곳이 호세아 1~3장이다. 호세아와 고멜의 결혼이야기는 북이스라엘 지배계층이 저지르는 행태를 마치 여인의 음란한 행각에 대한 법정 고발 형식을 지닌다. 법정에 선 남성 지배층이 고소당한 음란한 여인에게 일고의 여지없이 무자비한 판결을 내릴 때, 바로 그 고멜이란 여인의 운명이 곧 호세아 예언의 일차 청중이요 실제로 야훼 하나님 신앙의 가치를 스스로 위배하여 백성의 행복을 짓밟고 자신들의 권력과 안녕만을 추구해 온 남성 지배계층이라는 사실을 일깨워 주려는 것이다.

다른 한 가지는 왕들의 이야기가 집중된 사무엘서와 열왕기서의 문학양식이다. 이 글들은 왕실에서 기록된 것이 틀림없기 때문에, 일차적으로 왕실 해명문royal apology으로 볼 수 있다. 이 해명문은 일반 백성에게 회자되는 잘못된 정보를 왕실의 이해에 합치하게 교정하려는 변증적 의도를 지닌다. 이를 테면 사무엘서와 열왕기서는 엘리보다 사무엘, 사울보다 다윗, 아도니야보다 솔로몬, 르호보암보다 여로보암, 아합보다 예후, 북 왕국보다 남 왕국, 므낫세보다 요시야, 그리고 시드기야보다 여호야긴을 더욱 긍정적으로 묘사하며 옹호한다. 이 장르는 전자의 삶은 하나님 보시기에 합당치 않았다는 이유에 근거하여 전자보다 후자의 입지를 긍정적으로 묘사한다. 다시 말해서 후자의 입지를 정당화하려는 의도를 지녔다.

성서 저자들은 다양한 문학 양식을 활용하여 독자들을 설득한다. 대체로 그 설득은 자연스럽다. 만일 부자연스럽다면 새롭게 읽어볼 가능성이 열릴 수도 있다. 그러므로 우선은 독자가 읽고 있는 성서 본문의 문학 양식이 무엇인지부터 알아야 한다.

06 | 구약성서를 읽는 방법 (4)

역사비평 읽기 가운데 세 번째 방식은 전승사비평이다. 이 방식은 성서에 기록된 내용이 특정 지역에서 오랜 전승의 역사를 거친 후에 특정한 정황과 목적에 따라 수집되고 기록되었을 것이라는 가정 아래 읽는 방식이다.

이 방식의 대표적 연구결과는 오경이 형성된 전승사 과정에 대한 추정적 지식이다. 신명기 26장 5~9절에는 이스라엘이 가나안에 정착하여 농사를 지은 후 가까운 성소에 첫 수확물을 가지고 가서 하나님을 예배할 때, 광주리를 제단 앞에 놓고 반드시 고백해야 할 내용이 기록되어 있다. 이 기록은 그들이 가나안에 정착하여 농사를 짓기 전에 겪은 주요한 경험을 요약한다. 그것은 출애굽 경험, 광야 경험, 그리고 정착 경험이다. 문제는 여기에 오경이 전하는 주요한 경험 몇 가지가 생략되어 있다는 사실이다. 그것은 창조, 족장, 그리고 시내산 계시 경험이다. 이 문제를 해소하려고 폰 라트Gerhard von Rad는 시내산 전승이 전승사의 과정 속에서 별도로 존재했다고 가정하고, 이것이 출애굽 사건과 광야 전승 중간에 삽입되었다고 생각했다. 이어서 족장 사건을 이제까지의 전승이야기 복합체의 앞 단락에 첨가한 후 맨 서두에는 창조 전승을 덧붙여서 지금의 오경전승을 완성시켰을 것이라고 추론했다. 그래서 오경은 최종적으로 창조-족장-출애굽-시내산 언약-광야-정착의 순서로 이어지는 하나의 긴 전승이 되었다는 것이다.

폰 라드는 이어서 이 같은 작업이 가능한 때와 장소를 통일 왕국 건립 후 행정체제를 완비하고 국제문물교환을 활발히 추진했던 솔로몬이 나라의 역사를 정비하고 백성에게 일치된 정체성을 부여하려고 왕궁에서 서기관들에게 이 작업을 지시했을 때라고 주장했다. 이와 달리 노트 Martin Noth는 오경 전승의 대부분, 즉 창세기에서 민수기에 이르는 전승 창조-족장-출애굽-시내산-광야은 정착 이후 사사시대에 지파공동체의 노력으로 완성되었을 것이라는 견해를 피력하고 신명기 이후 여호수아부터 열왕기하까지의 기록은 포로시대에 기록되었을 것이라는 주장을 펼친다.

전승사 비평방식은 성서의 주요 단서들이 제공하는 몇 가지 정보에 입각한 추정적 지식이다. 하지만, 그렇게 되었을 개연성이 전혀 없지는 않다. 이 방식은 다시 편집비평이란 읽기로 발전한다. 정보의 수집과 편찬과정 그리고 그 목적을 더욱 면밀히 관찰하는 방식이 편집비평이다. 미리 말해두지만, 편집 작업의 궁극적 목적은 신앙공동체의 정체성 수립과 더불어 갖가지 신앙적 의혹을 해소하고 백성에게 하나님 신앙이 제시하는 삶의 길을 교육시켜 다른 신앙에 물들지 않게 하려는 것이다. 편집 작업을 하는 서기관들의 신앙은 철저히 야훼 신앙에 뿌리내리고 있으며, 문서를 지극히 소중하게 다루는 것은 물론 고도로 숙련된 전문기술을 활용하여 어느 한 가지 정보도 소홀히 취급하는 법이 없다. 그들이 편찬해낸 문서가 영감 있는 문서로 읽히는 까닭도 여기에 있다. 그들의 작업 역시 한 번에 이루어지지 않은 것도 사실이다. 수세기에 걸쳐 개정작업이 이루어졌다.

이것을 설명하는데 적당한 실례가 족장 이야기 가운데 블레셋 왕이 등장하는 대목이다. 블레셋 족속은 주전 13세기에 지중해 연안에서 가나안 땅으로 처음 들어온 해양족속이다. 이들은 주전 18~17세기의 족장 시대에는 함께 공존할 수 없는데도 아브라함과 이삭 가족과 만나는 장면이 기록되어 있다창26장. 이런 현상을 시대착오적 기록이라고 분류한다. 하지만, 구전으로 전해지는 족장 이야기를 작성하려 했던 왕궁의 서기관들은 블레셋의 존재를 이미 친숙하게 알고 있었다. 그래서 당대의 독자에게는 오래전 이야기인 족장 이야기 속에 이들을 등장시켜 족장이야기의 메시지를 더욱 현실감 있게 전할 수 있었던 것이다.

전승사비평이나 편집비평은 비단 오경뿐 아니라 다른 성서 이해에도 유용하게 사용된다. 예언서마다 첫 문구가 어느 시대 어느 왕을 언급하는 습관, 시편에 있는 서두의 괄호에 그 시를 읽거나 노래한 정황 해설이 기재된 현상도 후대의 편집자들이 가필한 흔적이다. 시편 1편이 제일 나중에 기록되었지만, 시편 전체의 서두에 위치하는 모습이나 창세기 1장의 창조기사가 오경 기록 가운데 제일 늦게 기록되었지만, 오경 전체의 서두에 위치한 현상도 편집을 한 서기관들에 의해 그 책 읽기의 방향을 제공하는 단서들이다.

이 같은 성서 읽기는 성서의 어떤 기록도 벌어진 사건 그대로 아무런 의미 없이 기록되지 않았음을 알려준다. 서기관들은 사건의 의미를 깊이 분석한 후에 그 의미를 하나님 신앙 안에서 풀이하고 적용한 결과를 독자들에게 전달하고자 현재 모습으로 기록한 것이다. 다시 말해서 성서 속에는 아무런 뜻도 없이, 생각도 없이 기록된 문자가 없다고 말해도 과언이 아니다. 그 만큼 모든 구절에는 하나님의 뜻이 배어있고, 성서의 저자나 편집자들은 그것을 간파하려고 오랜 세월 동안 깊이깊이 묵상하였으며, 최종적으로 깨우치고 발견한 그들의 신앙적 확신을 글로 남겼다는 사실을 깨달아야 한다. 따라서 성서를 읽는 오늘의 우리는 성서 각 장의 내용과 전개 순서를 알도록 노력하는 것은 기본이고, 더 나가서 문자로 전해지는 말씀들의 배후에 담긴 거룩한 의미를 포착하도록 부단히 노력해야 한다. 이를 위해서 기도가 필요하다.

독자들은 성서 기록 앞뒤의 연관성을 살피고 헤아리면서 뜻풀이에 대한 의견을 서로서로 나누는 일에 적극적이어야 한다. 해석의 궁극적 목적은 의미를 간파하는 일이다. 경계해야 할 사실은 어느 한 사람이 발견한 말씀의 뜻풀이가 무조건 절대적으로 옳거나 적절할 수는 없다는 점이다. 말씀은 시대를 따라, 또 여러 사람에게 다른 의미로 다가갈 수 있다. 따라서 성서 읽기의 적절성과 충분함을 판가름하는 시금석은 그것이 생명을 일깨우고, 정의를 세우며, 사람들에게 자유함과 평화를 주는 일인가 하는데 있다.

07 | 구약성서를 읽는 방법 (5)

역사비평 읽기 가운데 다섯째 방식은 사회학적 비평이다. 이제까지의 읽기가 주로 문헌 자체의 성격과 형성과정을 파악하는 일에 집중하였다면, 사회학적 비평은 성서로 불리는 문서가 사회적 정황을 반영한다는 통찰을 활용한 것이다. 이 관점에 의하면 성서란 사회적 산물social product 이다. 이를 위해서는 고대 이스라엘 사회의 구조와 그 역학을 파악하고 활용하는 지식이 요청된다. 과거에는 사회학 이론에 집착하여 그것을 설명하다가 성서 본문의 뜻풀이에 소홀했기 때문에 이 해석방식의 유용성을 왜곡해서 설명하는 때가 종종 있었다. 하지만, 사회학적 비평을 통해 일단 기본적으로 사회학적 지식을 습득하면, 그 다음에 성서를 이해하는 일은 아주 수월하고 흥미진진해진다.

성서가 반영하는 고대 이스라엘 사회는 농경사회였다. 농경사회란 인류의 대부분이 공통적으로 경험한 바 있는 그런 종류의 사회이다. 그래서 겨우 몇 십 년 전에야 비로소 농경사회의 구조와 역학을 탈피하여 산업사회와 지식정보화 사회를 살아가는 한국인에게는 고대 이스라엘 사회를 이해하기가 더욱 용이하다. 형식적으로는 농경사회를 벗어났지만,

도시를 조금만 벗어나면 여전히 농사를 짓는 모습을 접할 수 있는 한국인은 아직도 여전히 농경사회의 역학 구조와 사고방식에 젖어있는 것을 부인하기 어렵다. 가부장적 사고방식, 남성중심의 위계질서 선호경향, 지역연고주의, 도시와 농촌으로 이원화된 사회, 하늘의 기상변화에 의존하는 농경, 미신과 종교, 관료주의, 뇌물과 편법의 득세 등등.

고대 이스라엘도 팔레스틴 땅에 정착하여 주로 농사를 짓는 사회였다. 땅에서 식량을 경작하여 그 소산물로 소비활동을 하며, 도시와 농촌으로 나뉜 채 정치, 경제, 사회, 문화를 이루던 사회였다. 고대 이스라엘 사회는 농사 외에도 가축을 기르는 축산과 포도와 올리브 과수를 재배하여 식량을 확보하던 지중해식 농경사회였다. 그런 의미에서 농업이 주요 생산 활동이었던 고대 이스라엘 사람들에게 풍요와 다산을 약속하는 바알신앙은 자연발생적 신앙이었다. 그리고 역사 속에 기적적인 개입과 전쟁의 승리를 약속하는 야훼 신앙은 한동안 특수한 때에만 필요한 신앙으로 이해된 적도 있었다.주전 9세기의 엘리야와 엘리사는 이런 경향을 야훼 중심으로 바꾸도록 활약했다! 사사시대에 농촌 중심의 지파사회가 매번 야훼 하나님을 버리고 바알과 아세라 신앙에 빠진 까닭도 여기에 있다.

왕국이 수립되던 즈음에 선지자 사무엘이 한 연설삼상8:10~20을 보면 왕이 통치하며 거주하는 도시와 농사를 짓는 촌락 사회 사이의 갈등을 암시하는 대목을 읽을 수 있다. 대표적인 예는 농산물의 십일조를 거두는 일과 농사짓는 젊은이들을 왕궁에서 봉사하는 일꾼이나 군사로 선발하는 일인데, 이것은 농사짓는 인력의 감소를 야기하며 훗날 농촌사회에 중대한 노동력의 부족으로 작용한다. 나라의 모든 재화 대다수가 왕궁이 있는 도성으로 집중되고, 여기서 문화, 언어, 경제, 정치가 펼쳐진다. 그래서 농부와 도성에 거주하는 관료 사이에 위화감이 조성되며, 권력과 부가 집중되는 왕실의 지배계층은 백성의 안녕에 무관심한 채로 오로지 권력 유지에만 몰입하는 현상이 발생한다. 왕은 대규모의 토목 공사를 일으켜 왕권의 중앙집권화와 왕권의 신성성을 확보하는데 관심을 기울이고, 군사를 양성하여 지배력을 강화하지만, 정작 농업을 촉진시키는 기술혁신은 소홀히 한다.

이 과정에서 토지 소유권 제도에 변화가 생겼다. 부자지간에 세습하던 토지는 관료에게 주는 급여 명목의 수녹제 토지제도삼상8:14~15; 삼상22:7와 함께 한동안 공존하였다. 주전 8세기부터는 넓은 토지를 얻어사5:8 많이 생산하고 많이 수출하여 전쟁용품과 사치품을 수입하려는 지배계층 때문에 힘없는 농민의 땅은 부자들의 수중으로 편입되는 불상사가 비일비재하게 일어났다.

사회가 발전하면서 전쟁 용사, 제사장, 예언자, 행정관, 서기관으로 불리는 지성인이나 종교 전문가도 등장했다. 그러나 일단 왕실의 녹을 먹는 사람들이라면 같은 지배계층으로서 그들의 생각 역시 농사를 짓는 농부들의 현실과는 유리된 사고방식을 갖기 마련이었다. 그래서 왕실에서 유리된 촌락의 형편을 대변하는 사람들이 등장하였는데, 그들이 바로 예언자들이었다. 이들은 주로 왕실의 부당한 통치행위와 종교행위를 비판하였다.사5:1~7을 읽어보라 이런 내용을 전해주는 예언자로 아모스가 대표적이다. 이를 위해 아모스 2장 6b~8절, 5장 10~12절, 8장 4~6절을 읽어보라. 이와 같은 내용을 주전 8세기에 남북 이스라엘에서 활동했던 호세아, 이사야, 미가와 같은 예언자들이 이구동성으로 외쳤다.

고대 이스라엘은 크게 말해서 지파중심의 촌락사회, 왕실중심의 왕국사회, 나라가 망한 이후 바벨론의 포로사회 및 포로생활에서 귀환 후 귀환공동체 사회로 그 명칭을 바꾸면서 존속했다. 구약성서 대부분은 주로 왕실에서 훈련받은 서기관들에 의해 특정한 정치적, 종교적 목적으로 기록됐다. 성서에 등장하는 각 사회는 저마다의 특성이 있고, 구성원들이 직면한 특수한 요구를 반영하는 동시에 제한성을 갖고 있다. 성서의 장마다 각 공동체가 처한 상황에서 창출된 하나님에 대한 신앙고백과 하나님의 행동에 대한 경험, 그리고 그에 대한 다양한 해석을 빼곡히 기록하고 있다.

우리가 사는 이 사회의 변동을 쳐다보라. 저마다 다양한 정황과 요구를 갖고 움직이지 않는가? 성서 속 사회와 구성원들도 우리와 크게 다르지 않다. 성서를 살피면서 우리 사회를 헤아려 보면 아마도 귀청 터지도록 외쳐대는 하나님의 우레와 같은 음성을 들을 수 있을 것이다. 이것이 사회학적 성서읽기 방식이 주는 유익이다.

08 | 구약성서를 읽는 방법 (6)

이제까지 소개한 다섯 가지의 읽기방식은 주로 성서 본문의 작성 및 편집 연대를 통해 그 의도를 파악하는데 치중하는 방식들이었다. 이와는 전혀 다른 방식의 읽기들이 있다. 그것들을 크게 문학 비평적 읽기라고 부른다. 앞서의 방식들도 글을 분석하는 것이요 이제 소개하려는 방식도 또한 글을 분석하는 방식이라는 점에서 똑같다. 하지만, 문학비평은 글의 작성 시기, 저자, 역사적 상황에는 전혀 관심을 두지 않는다. 이 방식은 글을 과거 상황의 반영window으로 보는 대신 글 자체를 현재 상황을 비춰주는 매개체mirror로 간주한다. 그래서 주로 최종 본문을 분석하는데 집중하면서 글 곳곳에 감추어져 있는 저자의 문학 기교 파악에 치중한다. 이 방식의 전제는 글이란 쓰고 나면 저자의 의도와는 상관없이 자율성을 지닌 채로 독자의 이해력 정도에 따라 그 의미 파악이 달라진다는 것이다. 이런 읽기 방식에 신비평,new criticism 구조주의 비평,structural criticism 수사비평,rhetorical criticism 서사비평,narrative criticism 이데올로기 비평, 독자반응비평,reader response criticism 그리고 페미니스트 비평 등이 있다. 이 중에서 수사비평, 서사비평, 이데올로기 비평을 살펴보려고 한다.

수사비평은 크게 설득기술art of persuasion과 작성기술art of composition의 두 가지 방식이 있다. 여기서는 작성기술을 다룰 것이다. 예를 들어 아담과 하와가 범죄하고 하나님께 심판을 받는 장면을 분석해보자. 하나님의 판결은 뱀-하와-아담 순서로 진행된다. 일반적으로 하와가 받는 해산의 고통을 아주 극심한 것으로, 뱀의 저주는 자연스러운 것으로, 그리고 아담이 받은 심판내용은 대략 견딜만한 수준이라고 이해한다. 그러나 각각에게 주어진 하나님 심판의 문장을 구성하는 단어 수를 헤아려보면 결과는 정반대로 드러난다. 가장 많은 단어로 심판내용을 채우는 당사자는 아담-뱀-하와 순서이다. 즉, 하나님의 심판은 남자가 가장 극심하게 받고 뱀이 두 번째이며, 마지막으로 하와는 가장 적게 할당되고 있다. 글의 이런 형식은 내용상 하와의 죄가 가장 크다는 일반적 해석을 재고하게 만든다. 다시 말해서 이런 형식은 심판을 받은 세 등장인물 가운데 하와가 가장 적은 질타를 받은 것을 보여준다. 따라서 여성학자들은 이를 근거로 하와의 적극적인 말씀 해석 행위가 정상을 참작할 측면이 있는 반면, 질서의 말씀을 지켜야했던 아담이 자신의 책임을 소홀히 한 수동적 태도에 하나님이 더 무거운 책임을 물은 것이 아니냐는 해석을 한다.

서사비평은 글 속에 기승전결과 같은 극적 줄거리가 있음을 분석하고, 등장인물 분석을 중심으로 섬세하게 문학 기교를 분석하는 읽기이다. 이를 테면 여호수아서의 첫 머리에 등장하는 라합과 이스라엘 정탐군 이야기는 결코 전쟁이야기에 등장하는 그런 군사 정탐보고서가 아니다. 이야기에서 특별히 강조되는 부분은 “여호와께서 이 땅을 너희에게 주신 줄을 내가 아노라”수2:9고 말한 라합의 고백에 놓여 있다. 이어지는 “간담이 녹고 마음이 녹고 정신을 잃은 모습”은 전쟁용사 야훼 하나님을 대하는 가나안 사람들의 공포 반응을 요약한 것으로서 하나님이 이미 전쟁을 승리로 이끌고자 일을 시작하셨음을 예고한다. 이렇게 보면 라합의 등장과 고백들은 땅 정복에 대한 확실성, 땅을 선물로 주셨음, 그리고 가나안 사람들에게 대항하다가 죽음을 당한 31명의 가나안 왕들의 운명보다는 야훼 하나님을 선택하고 생명을 얻는 운명을 선택하라고 촉구하는 기능을 한다.

이데올로기 비평은 글에 담긴 이데올로기에 저항하여 이것의 실체를 드러내는 읽기에 해당한다. 본문의 이해가 어느 누구를 향해 겨누는지를 예리하게 해부하려고 한다. 이를 테면 출애굽기와 신명기에 등장하는 십계명은 그것을 작성한 사람의 의도에 비추어 세상을 이해하게끔 만든다. 그런데 이데올로기 비평은 바로 이 이데올로기 자체에 순응하기보다 거꾸로(!) 비평하려고 시도한다. 도대체 누가 그것을 작성했는지 그 의도가 어디에 있는지를 묻는다. 이 같은 읽기는 "하나님의 손가락이 썼다"라는 표현조차 은유법이지 직설법이 아니므로 이 글을 쓴 어떤 사람이 말한 것이라고 본다.

십계명에 명시된 사람들은 한 개인, 한 남자, 한 이스라엘 사람, 고용된 자, 한 집의 소유자, 기혼남자, 일하기에 충분한 장년과 부모와 함께 살아야 하는 어린이, 도시 거주인, 소와 나귀 그리고 노예를 소유한 부자, 소송에서 중요한 증인 등이다. 이들은 계명을 범할 가능성이 많고 유혹을 받는 사람들이다. 여기에서 제외된 사람들은 여인, 딸, 아내, 거주하는 외국인, 노예, 어린이, 미혼남자, 나이든 부모, 불구자, 거지, 땅이 없는 자, 가산을 박탈당한 자, 일용직 일꾼, 그리고 도시의 가난한 자 등이다. 이들은 이야기 대상에 포함되지 않았다. 이들은 본문의 "이웃"이 아니다. 그런데 사회의 구성원이 모두 평등하며 동등한 기회를 가졌다고 가정하여 말하는 사람은 항상 가진 자들이다. 이런 허위를 가정하는 것이 그들의 이익에 부합하기 때문이다. 자기의 특권이 다른 사람들의 빈곤의 원인일지도 모른다고 걱정하지 않는 것이 그들에게 더 평안을 준다. 그리고 특권을 갖지 못한 사람들이 이 동등성을 믿으면 그만큼 사회의 마찰과 알력의 기회는 줄어든다. 이 본문을 말하는 자도 이런 처지와 크게 다르지 않다.

안식일 금지명령은 궁극적으로 안식일에 일을 하지 않아도 충분히 생계가 유지되는 사람들의 이해관계를 위해서 제정된 것이며, 그런 사람들은 농부도, 상인도, 제사장도 아니며 도시 지배계층과 행정가들 그리고 무역을 하는 갑부들뿐이다. 부모를 공경하란 계명도 나이 든 부모를 모시고 사는 장년 남성들에게 주어진 것이고, 유일신 경배와 우상금지 그리고 하나님의 이름을 함부로 일컫지 말아야 하는 이유는 모두가 정체성의 상징으로 기능하기 때문이다. 이것을 금지함으로써 이스라엘이 누구인지에 대해 합법적인 경계선을 삼을 수 있다. 이것을 위반하지 않을까 하고 염려하는 사람은 농부나 도공이나 평민이 아니라 정체성이 무너지면 그 지위가 위태로워지는 사회의 권력층 부자와 보수적이며 변화를 두려워하는 자이다.

09 | 구약성서를 읽는 방법 (7)

앞에서 소개한 이데올로기 비평의 과정과 결과를 읽고 충격을 받거나 놀란 가슴을 쓰다듬은 독자가 많았을 것이다. 전통적 성서 읽기와 많은 차이를 보였기 때문이다. 그러나 생각해보자. 어떤 읽기가 더 합당하고 덜 합당한지 누가 결정할 수 있겠는가? 교황제도와 상관없는 개신교에서는 누가 적합성 여부를 결정할 최종 권위를 가졌는가? 각 교단의 총회인가 개교회 목회자인가 아니면 신자 개인인가? 그렇다면 이 중 어느 쪽이 되든지, 성서해석의 적합성 여부를 결정할 권위를 가진다고 여기는 교회나 목회자는 성서의 권위보다 더 우위에 있다고 말할 수 있는가? 이 질문이 암시하듯이 성서의 권위와 그것을 해석하는 교회의 권위란 서로 대등하면서도 상호간에 견제와 균형의 관계에 있는 것이지, 어느 한 쪽이 다른 쪽보다 절대 우위에 있다고 말하기 어렵다. 세계 교회사는 종교개혁을 기점으로 성서해석의 권위가 교회 권위의 지배에서 해방되었음을 알려준다.

성서 해석의 적합성 여부보다 더 우선적으로 고려해야 할 문제가 있다. 그것은 누가, 어떤, 삶의 자리에서 성서를 읽는가 하는 것이다. 이를 테면 이데올로기 비평은 독자의 관점에서 성서 저자의 머릿속을 헤아려 본 것이고, 페미니스트 비평은 남성 가부장 사회의 그늘에서 억압당한 여성들의 경험이라는 삶의 자리에서 성서를 읽을 뿐이다. 그들은 그들의 관점에서 나름대로 필요한 읽기를 한 것이다.

그런데 문제는 이제까지 소개한 성서 읽기들 대부분이 서구의 남성 신학자들의 관점이라는 사실이다. 그 중에 일부는 이미 고인이 된 사람들의 것도 있다. 학계는 지금 성서 읽기의 해석학적 관점을 소중히 여기는 분위기가 대세이며, 세계의 성서학자들은 서구 신학의 편중성에서 해방되어 제3세계 해석자들의 기여를 기다리는 추세이다.

이를테면 미국에서 19세기 말의 노예 문제를 두고 흑백 문제에 대하여 편향된 해석을 하던 견해는 사실 창세기 9장에서 함을 저주한 노아의 말에 대한 백인 장로회 신학교의 성서 해석에 근거를 두었다. 그러나 오늘날 이 구절에 대한 해석은 그릇된 것으로 밝혀졌다. 셈, 함, 야벳을 황인종, 흑인종, 백인종의 기원으로 보는 읽기는 잘못된 것으로 드러났는데, 그 까닭은 창세기 10장에 수록된 야벳이나 함의 족보에 아시아 족속들이 포함되기 때문이다. 대표적으로 고멜, 마곡, 두발, 가나안, 구스와 니므롯 강자와 약자 사이에서 강자 위주의 해석이 관행이었던 실례는 미국인과 미국의 인디언, 남미 식민지를 지배하던 유럽인과 남미의 원주민, 남아프리카의 유럽계 백인과 흑인 원주민 사이 등에서 찾아볼 수 있다.

흔히들 예수의 복음이 서쪽으로 전파되면서 유럽과 미국 그리고 이제 한국까지 복음이 전파되었고, 복음이 닿는 곳마다 부흥과 축복을 경험했다는 얘기를 한다. 그러나 러시아로 전해진 복음도 있고 남미로 전해진 복음도 있지만, 러시아와 남미의 복음은 부흥과 축복이 못되었던 실례는 언급하지 않는다. 그런 의미에서 차라리 복음이 전해지고 그 복음대로 산 사람들에게는 참다운 행복이 있다고 말해야 옳다. 예수 복음의 진의를 왜곡한 채로 피정복지 사람들을 피부색과 문화가 다르다는 이유로 미개하고 저주받아 마땅한 사람들로 취급한 과거의 복음 전도자들은 예수 복음을 잘못 이해한 것이 틀림없다.

우리도 마찬가지이다. 우리는 미국의 선교사들이 전해주고 남겨놓은 성서해석을 정통한 것으로 믿고, 기타의 것들을 거부하는 분위기를 계승해왔다. 우리 민족의 고유한 형편에 부합한 해석은 민중 신학 밖에는 없는 형편이다. 그마저도 이러저러한 이유로 거부하거나 발전시키지 못하고 있다. 우리는 우리의 형편과 처지에 맞는 성서 읽기가 필요하다. 한국의 침례교는 미국침례교와 다른 형편과 필요에 직면해 있다. 우리는 우리 사회의 요청에 따른 독자적인 성서 읽기를 함양해야 한다. 무엇보다도 우리는 이데올로기 때문에 세계 역사상 유래 없는 민족분단을 경험하고 있다. 그것도 우리의 의지가 아닌 세계 강대국들의 의지에 따른 결과이다. 이렇게 뼈아픈 조국이 분단된 경험과 끝없이 이어지는 전쟁과 테러 위협은 우리 민족의 잠재력을 도약시키지 못하고 정체상태로 고착시키는 결정적 이유가 된다. 우리에게는 이런 현실을 반영하는 성서 읽기의 관점을 도입할 필요가 있다. 그것은 이제까지 강자의 눈으로 성서를 읽는 방식을 지양하고, 정치경제적 그리고 사회적 약자요 소수의 처지에서 성서를 읽는 방식을 고취시키는 방식이어야 한다. 누가 약자의 처지에서 성서를 읽거든 그것을 조용히 듣고 충분히 이해하며 한껏 장려해주고 똑같은 마음으로 살아가는 그런 분위기가 교회와 신앙공동체 안에 조성되어야 한다.

10 | 돕는 배필

창세기 2장 18~25절은 여러 가지 측면에서 아주 흥미로운 내용을 소개한다. 우리는 하와가 "돕는 배필"로 창조되었다는 정보를 여기서 발견하고 여성비하 풍토와 정서가 바로 여기에 근거함을 깨닫게 된다. 물론 디모데전서 2장 12~14절에"여자가 가르치는 것과 남자를 주관하는 것을 허락하지 아니하노니 오직 조용할지니라 이는 아담이 먼저 지음을 받고 하와가 그 후며 아담이 속은 것이 아니고 여자가 속아 죄에 빠졌음이라"는 말씀도 이와 같은 견해를 지지한다. 디모데서는 차치하고 창세기의 위 구절은 상당히 잘못된 해석에 근거한 것이라고 말해주고 싶다.

이야기의 흐름을 자세히 살펴보자. 하나님은 처음에 하나의 개체로서 사람을 만드셨다. 그러나 그렇게 혼자 사는 것이 보기에 좋지 않았으므로 그를 위해 "돕는 배필"을 짓기로 작정하셨다.2:18 여기서 "보기 좋지 않음"이란 표현은 창세기 1장에서 창조과정의 거의 매일 "보시기에 좋았다"는 기쁨의 표현들 이후 처음으로 형성된 하나님의 부정적 심정임을 주목하자. 그리고 "돕는 배필"이란 말의 히브리어 의미는 "같은 종류로서 그에 합당한알맞은 구원자"란 뜻이다. 이 의미에 의하면, 결국 여자로 불리게 될 이 두 번째 개체는 오직 하나로 존재하면서 형식으로나 내용면에서 결코 보기 좋지 않았던(!) 사람의 삶을 아주 보기 좋게 만들어 줄 해결사의 운명으로 지음 받는다.

더구나 사람의 이 문제를 해결하려고 하나님은 시행착오까지 겪으셨다. 처음에는 흙으로 각종 짐승을 지어서 첫 사람 앞에 데려오신 것이다. 그는 각종 짐승에게 이름을 지어주기는 했지만, 여전히 자신의 문제를 해결할 돕는 배필을 발견하지 못했다20절을 보라. 여기서 각종 짐승도 첫 사람처럼 흙이라는 똑같은 창조소재로 만들어진 것이 사실이다. 즉 같은 종류였다. 하지만, 그들은 첫 사람에게 구원을 주지 못했다.

하나님은 두 번째 시도를 감행하셨다. 이번에는 색다른 창조계획을 세우셨다. 첫 사람을 깊이 잠재우고 그의 갈비뼈를 꺼내어 살로 채운 후 그것으로 여자를 만드셨다21절. 같은 종류이어야 하기 때문에 창조소재를 고르실 때 더욱 세심해졌다. 이번에도 그를 첫 사람 앞에 데려왔다. 그러자 그의 반응은 예전과 달랐다. 그는 아주 기쁘고 즐거운 마음으로 이 둘째 사람을 보고 "여자"로 이름 지었던 것이다. 여기서 "뼈 중의 뼈요 살 중의 살"이란 말은 자신과 똑같은 종류임을 시인하는 어법이다. 이로써 하나님은 첫 사람의 고독이 해결된 것을 확인하셨다. 첫 사람은 둘째 사람을 "여자"로 이름 지으면서 자기 스스로는 남자로 인식하였다. 남자는 여자 때문에 남자가 된 것이다. 이 세상에 남자만 산다면 혹 여자만 산다면 두 개체는 아무런 존재의 의미가 없을지도 모른다. 두 개체는 서로가 함께 공존할 때 의미 있는 인류가 된다.

이 기사에 나타난 하나님의 모습은 다양하다. 첫째, 하나님은 마취에 능하고 수술에 능통한 외과의사이다. 아담을 재우고 뼈를 꺼낸 후 살로 채우신 것을 보라. 아담은 이 수술 후 아무런 통증도 못 느낀 것처럼 보이며 활동에도 아무런 불편이 없는 듯하다. 둘째, 하나님은 탁월한 건축

가이다. 아담에게서 꺼낸 뼈로 여자를 건축하였기에 그렇다. 여자를 만드셨다는데 사용한 히브리 동사는 건축하다는 의미를 지닌다. 건물을 짓는 일은 아주 섬세하고 면밀한 설계도가 필요하다. 그렇듯이 하나님은 여성의 몸을 굴곡 있게 만드셨는데 그 아름다움에 뭇 남성이 넋을 잃을 정도로 건축하시지 않으셨던가! 셋째, 하나님은 성공적인 중매쟁이시다. 처음에 짐승을 중매하는 데는 실패하셨지만, 두 번째로 여자를 남자에게로 데려와 그가 고독을 잊고 즐거운 노래를 부를 정도까지 결국에는 탁월한 결합을 주선하셨기 때문이다.

최초의 인류, 남자와 여자는 이렇게 창조되었다. 그들은 서로 아끼며 사랑하는 운명을 공유했다. "이러므로 남자가 부모를 떠나 그의 아내와 합하여 둘이 한 몸을 이룰지로다 아담과 그의 아내 두 사람이 벌거벗었으나 부끄러워하지 아니하니라."24~25절는 구절은 가족제도의 시작을 알려 준다. 이 창조기사에는 남자가 여자보다 우월하다든지 여자가 남자보다 열등하다는 의미를 그 어디에서도 찾아볼 수 없다. 문화적으로든 능력으로든, 만일 남녀가 능력에 차이가 있다면 그것은 서로가 보완할 영역의 차이로서만여성의 출산과 남성의 부양 영역처럼 의미 있을 뿐이다. 남자와 여자란 서로의 존재 때문에 삶의 의미를 발견하고 하나님이 부여하신 사명을 감당할 운명공동체이며 서로 대등한 존재이다. 그러나 인류의 문화가 이를 남성 우월주의로 발전시킨 자취는 위의 디모데서의 진술에 남아있다. 그리스도 예수 안에서 남자와 여자는 더 이상 불평등하지 않다. 어느 신앙인이 여자의 불평등 현실을 완고하게 고집한다면 그는 여전히 구원받지 못한 채 타락한 상태에 머문다는 증거가 아닐까? 창조 당시의 남녀가 가졌던 완벽하게 평등한 상태로 되돌아가도록 애써야 하는 것이 바로 예수 그리스도를 믿는 우리가 할 일이다.

11 | 에덴동산에서 벌어진 일 (1)

창세기 1~11장을 태고사 혹은 원역사라고 부른다. 역사 이전에 벌어진 일을 기록한 이런 본문의 해석에 중요한 것은 이 단락의 문학양식을 올바로 평가하는 일이다. 흔히 이 단락은 신화myth로 분류할 수 있다. 왜냐하면 신이나 짐승뱀이 등장하여 사람과 아무 어려움 없이 자유롭게 대화하는 모습을 기록하기 때문이다. 사실 이런 내용이 인간 현실 속에 기록된 그대로 일어났다고 생각하기 어렵다. 그래서 신화라고 부른다. 대개 신화myth란 믿을 수 없는 일의 기록이라고들 생각한다. 그러나 이것은 이 말의 진의를 곡해한 것이다. 고대인에게 신화란 '고대인만이 가졌던 그들 나름의 합리적 세계관' 이라고 정의해야 옳다. 고대인은 이런 방식의 내용으로 그들만의 세계에서 벌어지는 현실 이해를 표현했던 것이다. 따라서 우리는 이 신화를 해석함으로 고대 이스라엘 사람들이 창조 당시 인류에게 벌어졌던 일을 통해 자신의 현실을 이해한 내용을 설명할 수 있어야 한다.

특히 문서 기록은 고대 사회에서 왕실과 같은 사회제도가 존재할 때 작성 가능하다는 점을 감안할 때 이와 같은 신화본문이 읽혔을 시점은 이스라엘이 가나안에 정착하여 나라를 일군 후의 시절이라고 전제해야 한다. 그리고 왕실에서 건국이념이나 통치이념을 다양한 구성원으로 이루어진 백성에게 전달하여 하나의 백성이란 의식을 함양할 목적으로 이와 같은 문서를 작성했을 것으로 보고 해석해야 한다.

창세기 3장은 태초에 에덴동산에서 벌어진 일을 통해 가나안에 정착하여 생활을 시작한 고대 이스라엘 백성의 현실을 신앙적으로 교화할 목적을 지닌다. 여기서 하나님은 동산에 생명나무와 선악과를 심고 아담과 하와에게 선악과만은 절대로 먹지 말 것을 분부하셨다. 먹는 날에는 반드시 죽을 것이라는 단서와 함께.

사건은 이렇게 전개되었다. 뱀이 하와를 유혹하여 하나님의 말씀을 어기고 선악과를 먼저 먹게 하고 이어서 아담조차 먹게 만들었다. 뱀의 유혹은 선악과를 먹더라도 죽지 않을 것이라는 것이다. 하나님이 세워 놓은 질서를 정면으로 반대하는 말이었다. 죽느냐 사느냐의 갈림길을 놓고 하와가 시험에 들었다. 하나님의 말씀을 왜곡되게 해석한 것이다.

오늘날 주로 발생하는 문제는 말씀을 어긴 최초의 인류에게 주어진 하나님의 심판의 말씀에 관한 것이다. 심판의 말씀은 뱀-여자-남자의 순서로 주어졌다. 흔히 이 말씀을 곧장 저주로 이해하는 것은 조금 과장된 것이다. 뱀이 받은 심판은 저주를 받아 배로 다니고 종신토록 흙을 먹게 되리라3:14는 것이다. 여자가 받은 심판은 잉태하는 고통을 크게 더하고 수고해야 자식을 낳을 것이며 남편을 사모하고 남편의 다스림을 받아야 한다는 것이다.3:16 남자는 불순종 때문에 저주를 받은 땅에서 종신토록 땀 흘리는 수고를 해야 소산을 먹게 되고 결국에는 흙으로 돌아가게 된다는 심판을 받는다.3:17~19

이 본문은 다음과 같이 해석할 수도 있다. 뱀은 땅으로 기어 다니기에 흙을 먹을 것이라는 고대인의 자연발생적 이해와 맞물려서 이와 같은 진술이 유래한 것으로 보인다. 뱀의 후손과 여인의 후손이 서로 원수가 된다는 말씀을 보통 기독론적으로 해석하여 주 예수 그리스도의 십자가 사건으로 확대해석하는 것이 일반적이지만, 문자적 대응이 어렵다는 점을 알아야 한다. 뱀의 머리가 사탄의 권세이고 여인의 후손의 발꿈치가 다치는 것을 예수의 십자가 죽음으로 보는 것은 아무래도 논리적 비약이 심하고 문자적 대응이 일치하지 않는다. 그저 땅에 기어 다니는 뱀이 사람의 발꿈치를 상하게 하거나 사람은 뱀의 머리를 쳐서 퇴치하는 자연스런 인간 경험의 반영으로 보는 것이 어떨까 싶다.

여자는 말씀을 어기기 전에는 해산하는 아픔이 적거나 없었으나 말씀을 어긴 이후로 해산의 고통이 극심해졌다는 해석이 일반적이다. 하지만, 이 구절을 묘사하는 히브리어 문장은 달리 해석할 여지를 안고 있다. "증가하다"는 동사에 "잉태"와 "땀 흘리는 수고"라는 목적어가 병렬되어 있으므로, "여자는 땀 흘리는 수고도 증가하고 이와 동시에 잉태하는 횟수도 증가할 것이다"는 의미로 읽을 수 있다. 이와 같은 읽기는 고대 팔레스타인의 산악지대에 정착했던 이스라엘 백성이 열악한 생태환경에서 노동력이 아주 귀했던 시절, 남녀가 함께 농사일을 해야 했던 경험이 반영된 것으로 볼 수 있다. 다시 말해서 이 구절은 여자에게 들일의 고통이 증가하는 동시에 해산의 횟수도 덩달아 증가하는, 고통이 이중으로 겹친다는 의미로 이해된다. 이럴 때, 여자의 임신과 해산의 고통이 말씀의 불순종 이후에 급격히 증대했다는 전통적 해석이 안고 있는 불합리한 측면을 완화시킬 수 있다. 이 해석은 여자가 겪는 해산의 고통이란 항상 변함없었을 것이라는 생각과 고대 이스라엘 사람의 정착현실을 이 구절에 반영시켜 본 것이다. 이런 상황에서 여자는 잉태 횟수를 줄여 이런 고통에서 벗어나길 바라는 의도로 남자의 결단을 추구하지만, 남자는 일방적으로 여자의 의지를 무시하고 남자의 뜻을 강요할 뿐이라는 것이 이어지는 구절의 의미이다.

남자는 좋은 조건의 에덴동산에서 누렸던 경작의 결과가 동산에서 쫓겨난 후 가시덤불과 엉겅퀴로 대변되는 열악한 자연환경 속에서, 전과 달라진 나쁜 조건에 시달리는 삶을 살 것이라는 뜻으로 풀이할 수 있다.

12 | 에덴동산에서 벌어진 일 (2)

앞서의 에덴동산 풀이가 일반 독자에게 손쉽게 이해될만한 내용이 아닐 수도 있다. 그래서 이에 대해 조금 더 설명하려고 한다. 우리는 성서를 지나친 신비감에 젖어 읽는 경향이 있다. 특히 창세기의 원역사혹 태고사를 다룰 때 더욱 그렇다. 인류 역사의 시초에 벌어진 이야기이니 얼마나 신기할까! 말하는 뱀이 있고, 먹으면 선악도 알게 해 주거나 영생도 얻는 신비한 나무 열매도 있다니 얼마나 흥미진진한가! 그러나 이런 내용조차 훗날 서기관들이 오랜 연구와 기도 끝에 신앙생활에 꼭 필요한 내용을 기록한 것이요 결코 상식에 벗어나지 않는다는 사실만큼은 잊지 말자.

경전의 모든 이야기는 해석할 필요가 있는 내용으로 구성되어 있다. 기록된 내용을 단순히 나열하거나 암송하는 것은 신앙생활에 큰 의미를 던져 줄 수 없다. 문학은 현실에서 글의 소재를 얻는다. 내용전개는 독창적일지라도 그것을 표현하는 소재만큼은 전부 현실에서 파생한다. 그런 의미에서 말하는 뱀이란 민수기의 발람 이야기에 등장하는 말하는 당나귀민22장처럼 이야기의 진행을 위해 필요한 문학기교에 불과하다.

선악과란 선악을 알게 해주는 나무를 뜻한다. 다시 말해서 그 나무는 에덴동산의 주인이 누구이며 경작을 위임받은 존재가 누구인지를 일깨워주는 질서의 나무이다. 이 나무의 열매는 먹지 말라는 것이 주인의 분부요 그것을 먹지 않는 것이 관리자의 마땅한 자세이다. 이 열매를 따 먹는 일은 그가 더 이상 동산의 관리자 위치에 있지 않고 주인이 되었다는 선언적 행동인 것이다. 그만큼 이 나무는 관리자의 행위로 선함과 악함을 알게 해주는 나무라는 뜻이다. 혹자는 "눈이 밝아져"란 말이 이 과일의 지닌 효능을 표시한다고 생각할지 모르겠다. 그럴지도 모른다. 하지만, 과일을 먹기 전 배고플 때와 먹고 나서 배부를 때의 상황을 비교한 것으로 본다면 특별할 것도 없다. 생명나무에 관해서는 그것을 체험할 기회조차 갖지 못했기에 더 이상의 상세한 언급이 불가하다.

뱀의 묘사처럼 하나님에 대한 묘사도 사실을 떠나 지극히 문학적이다. 하나님이 바람이 불 때에 동산을 거니시는 모습에 대한 묘사창1:8를 보라. 이때는 낮의 뜨거운 해가 진 저녁 즈음을 지칭한다. 뜨거운 열기를 피해 서늘한 저녁에 동산을 거니는 하나님의 모습에서 전능하심을 찾아볼 수 있는가? 그것은 하나님을 마치 나이 많은 노인처럼 묘사한다. 이것 역시 하나님을 여느 사람처럼 묘사하는 것이 이 성서단락창2~11장의 문학적 특징이란 것을 알면 크게 문제 되지 않는다.

창세기 3장 16절에서 여자가 받은 심판 중에 "너는 남편을 원하고 남편은 너를 다스릴 것"이란 표현은 고대 이스라엘이 가나안의 중앙 산간 지역에 정착하던 초기 시절을 염두에 두고 생각할 필요가 있다. 그 당시는 열악한 환경에 노동력이 무척 부족했던 시절이었다. 그래서 자녀를 많이 출산하는 일이 큰 축복이요 세력의 크기를 결정지었다. 시편에서 "보라 자식들은 여호와의 기업이요 태의 열매는 그의 상급이로다 젊은 자의 자식은 장사의 수중의 화살 같으니 이것이 그의 화살 통에 가득한 자는 복되도다" 시127:3~6a라고 노래한 까닭도 이런 정황에서 우러나온 기도문이다. 그래서 남편들은 할 수만 있으면 많이 낳기를 원했다. 저 유명한 사사들을 보라. 사사 기드온은 여러 아내에게서 자식 칠십을 낳았고 삿8:30, 사사 야일은 아들이 삼십 명이었으며 삿10:4, 사사 압돈은 아들 삼십에 딸 삼십을 두었다 삿12:9. 그러나 아내들은 지친 노동 끝에 자녀를 낳아야 하므로 자식 갖는 일을 멈추기를 간절히 원했을 것이다. "남편을 원하고" 하지만, 남편의 태도는 아내의 이런 뜻을 묵살하기 쉬운 가부장 문화였다. "남편을 너를 다스릴 것" 따라서 오늘날도 남편이 아내의 의사를 묵살하는 경향은 에덴동산 이후 인류에게 스며든 죄의 영향일 뿐이지 결코 성서적으로 옳은 태도가 아니라는 사실만은 짚어둔다. 부부는 평생의 동반자이다. 남녀는 이 지상에서 서로에게 필요한 동반자로 여기고 서로를 존중하며 사는 것이 바른 신앙적 삶의 자세이다.

끝으로 에덴동산은 경작을 필요로 하는 땅이란 점을 언급해두고자 한다. 창세기 2장 15절에는 분명히 사람으로 하여금 이 동산을 "경작하며 지키게" 하셨다고 말씀한다. 에덴동산은 사람의 땀, 즉 노동이 필요한 곳이었다. 일하지 않아도 식량이 저절로 생겨나는 곳이 아니란 말이다. 필요 적절한 노동력을 투입하면 그에 상당하는 식량을 얻을 수 있는 비옥하고 풍부한 환경이 마련된 곳이 곧 에덴동산이다. 심판받고 쫓겨난 이후의 에덴동산은 접근이 불가하게 되었고, 온 세상은 가시덤불과 엉겅퀴를 내는 경작이 힘든 땅으로 변모했다. 심판받은 인류가 직면한 환경은 이제 통제가 용이하지 않은 상태로 바뀐 것이다. 땀을 흘려도 소득은 그에 상응하지 않는 환경이라 오직 실망과 패배감을 맛볼 수밖에 없는 곳에서 그래도 살아가야 하는 것이 인류의 현실이 되어버렸다는 뜻이다. 우리 신앙인이 꿈꾸는 낙원이란 요한 계시록의 새 하늘과 새 예루살렘으로 상징화되는데 이 역시 원래의 에덴동산에서 자급자족하며 사는 것을 염원하는 일과 다르지 않다. 성서에서 말하는 천국의 삶이란 이와 얼마나 다르다고 생각하는가?

13 | 기후변동과 성서해석 (1)

성서를 해석하는 일은 오늘 우리가 사는 이 세상의 문제와 긴밀히 연결되어 있다. 이 세상의 문제와 고립된 채 이루어진 성서해석이 있다면, 그것은 무용지물이 되거나 골동품 신세를 면키 어려울 것이다.

오늘의 세상이 직면한 위기 중에서 가장 위태로운 것이 있다. 그것은 생태계의 위기이다. 특히 지구 온난화 현상은 예측불허의 기후변동으로 우리가 매일 경험하는 현실이 되었다. 하지만, 그 심각성은 거의 모든 사람이 깨닫지 못하고 있다. 2007년 2월, 지구변화에 대한 정부간협의체IPCC가 기후변화의 위기상황을 보고한 바 있다. 이 보고서는 지구전체에서 화석연료를 장기, 다량 사용하여 "온실가스"이산화탄소, 메탄, 일산화탄소가 증가함으로 기후가 변화했고 북극온도, 빙하, 대양의 염도, 바람의 변화를 초래하였으며, 이로 말미암아 지구 온도가 상승하고 빙하가 녹아 내려 해수면의 고도가 상승한다고 밝혔다. 더불어 2100년까지 지구 온도는 섭씨 6도가 상승할 것으로 예상하였다. 이 섭씨 6도의 온도상승은 지난날 지구에 닥친 빙하시대가 겨우 섭씨 5도 낮아져서 발생한 것임을 기억한다면, 그 위력이 얼마나 가공할만한지 가히 짐작할 수 있다.

극지대의 빙하와 히말라야 산맥의 빙하가 전부 녹아내리면 해수면이 몇 미터 높아져 섬들은 사라지고, 저지대 해안 지역은 물에 잠기며, 물이 많아진 지구는 태양열을 더 많이 흡수하여 더욱 더 뜨거운 지구촌이 될 전망이다. 더욱 심각한 문제는 이렇게 한번 상승한 지구온도를 낮추기란 불가능하다는 사실이다. 그래서 인류가 할 수 있는 일은 고작 지구온도 상승률을 지체시키는 정도의 일이라는 것이다.

생태신학자들은 가중되는 지구온난화로 생명전체를 소멸시킬 수 있는 기후 임계점의 현실을 21세기 신학의 가장 절실한 해결과제로 삼는다. 이런 관점에서는 "기후가 인간의 존재근거"였음을 새삼 인식하고 이것을 파괴하는 모든 현실과 맞서는 것이 신학의 과제이다. 기후변화로 닥친 생태계의 위기가 신학의 주제인 학자들의 시각에서 볼 때, 전통적 기독교는 기존 신학의 틀을 수정해야 한다. 그 무엇보다 시급한 일은 이런 위기를 눈치 채지 못하거나, 알면서도 그다지 심각하지 않을 것이라 뒷짐 지고 있는 신학계의 회심과 진실한 참여이다. 그 다음에는 생태계의 위기를 전제하는 신학을 구사하여 신앙공동체를 지속적으로 널리 교육하는 일이다.

성서를 해석하고 가르치는 필자도 이와 같은 책임에서 예외일 수 없다. 생태계의 위기를 잠시 잠깐 주목한 적은 있어도, 그것에 지속적인 관심사를 갖고 성서신학의 주요과제로 삼은 적이 없는 자신을 깊이 반성한다. 그리고 지금껏 진행시켜온 성서해석의 방식에도 새로운 전환이 필요하다고 느낀다. 앞으로 몇 차례에 걸쳐 생태계의 위기를 주제로 삼고, 그것을 극복하기 위한 전략적 성서해석들을 소개하려고 한다.

1. 기존의 신학은 인간중심적이다. 이젠 하나님 중심으로 바뀌어야 한다.
우리 신학은 인간 구원을 중심과제로 삼고 전개되어 온 것이 사실이다. 그러나 생태신학에서는 인간이 세상의 주인노릇을 하긴 했어도 진정한 지구의 주인이라고 할 수 없다. 다른 모든 피조세계는 인간 없이도 존속이 가능하지만, 인간은 다른 피조세계가 없으면 존속불가능하다. 인간은 피조세계의 면류관이라고 자부하지만, 현실적으로 볼 때 바로 이 피조세계를 파괴시켜온 장본인이기도 하다. 성서적 창조기사의 관점으로 본다면 인간은 피조세계에 가장 늦게 초대된 손님이요, 이미 완성된 피조세계를 돌볼 책임이 부여된 존재에 불과하다. 그들인간에게는 세계를 파괴할 자격과 지위가 부여된 바 없다. 이미 파괴된 것이 있다면 이제라도 그것을 원상복구하거나 일정 수준으로 회복시켜 놓아야 한다. 이것이 하나님 중심의 신학이 요청하는 것이다.

2. 기후변화가 발생해온 이면에는 의롭지 못한 세계의 정치와 경제 구조가 자리한다. 기후변화를 초래하는 직접적 원인이 되는 이산화탄소 배출량이 많은 나라들은 결코 아프리카와 아시아 같은 못사는 나라가 아니라 세계의 1/3밖에 되지 않지만, 잘사는 선진국이다. 신고전주의neo-classicism 경제학은 시장 자본주의를 옹호하며 개인이나 집단의 이익창출을 위한 노력과 성과를 최고선으로 긍정한다. 그러나 이 경제학이 지배하는 세계에서는 개인의 능력에 따라 자원이 분배되기 때문에 자연과 환경보호가 자리잡을 곳이 없고, 지구 공동체의 생존이 불가능해진다.
대신에 생태경제학은 지구공동체의 공동 생존을 위하여 자원의 배분을 추구하되 정의의 원칙강대국과 약소국의 현실 배려에 입각하여 지속가능한 세상을 만드는 것을 목표로 삼는다. 사회 구성원 사이의 불의를 지탄하고 공정한 삶이 이루어지길 바라는 의미의 정의를 외치는 성서적 예언정신은 이 생태적 경제학의 성서적 근거가 된다.

3. 기후변동은 신학을 하는 모든 이에게 인류공동의 운명에 함께 대처하는 신학의 자세를 요청한다. 우리가 누구인지, 어디서 사는지, 또 거기서 어떻게 살아야 하는지를 곰곰이 살펴보아야 한다. 오늘 우리는 성서읽기와 신학하기를 새롭게 시작할 시점에서 있다. 기후변동이라는 엄청난 위기를 극복하고 우리와 미래의 인류가 이 지구별에 계속해서 살아가기 위하여.

14 | 기후변동과 성서해석 (2)

고대 팔레스타인은 농경사회였다. 농업은 주요 생업이며, 고대인의 이념, 종교, 정치, 경제 그리고 삶을 형성하는데 지대한 영향을 미쳤다. 농사짓는 구약시대의 사람을 생각할 때 농사를 주업으로 살았던 한국인이라면 누구나 성서를, 특히 구약성서를 손쉽게 이해할 수 있다. 창세기 1장에서 온 세상 만물을 창조하신 하나님의 이야기는 신학적으로 선뜻 받아들이기 어려울지라도, 농사짓는 환경에 아주 친근한 내용으로 전개되는 창세기 2장은 누구나 어렵지 않게 이해할 수 있다.

창세기 2장 5절은 농사를 짓는데 가장 기본적인 환경 이야기로 시작한다. 태초에는 먼저 비가 오지 않았으므로 물이 없었다. 따라서 산과 들에는 식량을 삼을 식물의 세계가 완성될 수 없었다. 게다가 일을 할 사람마저 없었다. 그런 상황에서 하나님의 창조 작업은 시작된다. 창조의 순서는 우선 사람을 만들고 에덴동산을 건설하여 식량이 될 각종 과일나무를 자라게 하셨다. 물론 이 동산은 강의 발원지로서 사방으로 물이 풍족하게 흘렀다. 물과 사람과 식물. 농사짓는 인류에게 가장 필요한 세 요소가 구비된 것이다.

짐승의 창조는 첫 창조 작업 이후에 홀로 사는 인간이 좋지 않음을 발견하신 하나님이 이 존재의 동반자를 찾아주는 과정 중에 창조되었다. 그러나 인간은 짐승을 동반자로 받아들이지 못하였다. 최초의 인간은 남편과 아내라는 두 인류로 개체가 나뉘고 기능이 분화되면서 상대방을 동반자로 확인한 후 비로소 창세기 2장의 창조는 완성된다.

인류에게 부여된 최초의 생존 환경은 분명하다. 동산의 땅, 강물, 식물, 그리고 짐승으로 구성된 완벽한 환경과 그것을 보존하면서 인류의 생존을 위해 지켜야 할 하나님의 계명으로 압축될 수 있다. 하늘의 하나님, 땅의 환경, 사람은 성서가 말하는 지구 환경이다. 이 세 요소는 상호간 밀접하게 연관되어 있다. 하나라도 분리되거나 소홀하게 다루어진다면 인류의 생존은 불가능하다.

하나님과 인간 사이에 지구 환경이 존재한다. 지구 환경은 하나님이 인간 세상을 운영하실 때 종종 이용하시는 하나님의 실체적 도구이다. 인간이 하나님의 뜻을 따르기에 실패할 때 하나님은 환경을 악화시킴으로써 심판하신다. 한편, 하나님을 떠난 인간은 환경을 무시하고 파괴할 수 있다. 하나님과 인간 중 어느 한 요인이라도 무시되거나 왜곡되면, 지구 환경은 세계의 질서와 인류 생존의 균형을 파괴하는 막강한 힘으로 변할 수 있다.

그런데, 이 태초의 균형이 깨어졌다. 가장 먼저 파괴된 것은 하나님의 말씀이었다. 파괴의 장본인은 아담과 하와로 대표되는 사람이었다. 이후, 인류는 하나님의 심판을 받는다. 그들은 생산성 높은 땅에서 축출되어 방황하게 되고, 물의 부족, 식량의 결핍과 동물의 위협에 시달리는 삶을 영위할 수밖에 없는 처지가 된다. 아름다운 동산에서 쫓겨나 방랑하던 인류는 형제간에 살인을 저질렀고, 살인자였던 가인은 다시 방랑하다가 정착한다. 정착하여 구축한 최초의 환경은 도시문명이었다. 창4:16~17

여기서 주목할 것은 도시 문명이란 하나님을 떠난 인류가 스스로 삶의 안정을 추구하려고 고안한 대안이었다는 사실이다.

이로써 인류는 두 가지 삶의 양태를 지니게 되었다. 그것은 농촌 중심의 삶과 도시 중심의 삶이다. 어느 환경이든지, 인류의 삶은 하늘의 하나님이 세우신 질서를 인정하고 자연환경에 순응적으로 살 때, 존속 가능하다. 그런데 성서는 도시 중심의 대안적 삶이 하나님의 저주 아래 시작된 삶이었다는 점을 가르친다. 이것이 구약성서의 정신세계 밑바탕에 깔린 영성이다. 따라서 하나님의 축복을 누리는 것은 예전의 에덴동산에서 누렸던 삶, 즉 농촌 중심으로 자연과 더불어 사는 삶으로 돌아가는 일이다. 적어도 이 성경적 진리는 인류의 생존이 태초의 환경과 그 조화로운 상태를 이해하는데서 출발하고, 다시 그런 환경을 회복할 때 인류의 구원이 완성될 수 있음을 웅변한다. 구원 받은 그리스도인은 하나님, 인간, 자연의 세 요소가 다시 태고의 질서대로 회복되는 상황을 위해 살아가야 한다.

지구온난화의 주범은 도시에 사는 인류이다. 석탄과 석유를 연소시켜 에너지를 만들고, 그것에 의존하여 살아가는 도시 거주자는 에너지 돼지energy hogs이다. 엄청난 에너지 소비로 말미암아 지구상의 온실효과는 가속화되어 지표면과 해수면의 온도를 상승시키고 이어 대기 온도를 상승시킨다. 이로 말미암아 빙하와 북극의 얼음이 녹으며 바다가 따뜻해져서 기후에 변동이 생긴다. 기후변동은 그저 평년에 비해 조금 더 따스한 겨울이나 예년에 비해 훨씬 무더워진 여름을 보내는 정도에서 그치지 않을 전망이다. 기후변동은 지난 날 2차 세계대전 당시 숱한 인명을 살상한 독일의 히틀러와 나찌nazi 당처럼 피할 수 없는 위협, 그 이상의 힘으로 우리 앞에 다가온다. 지구별에 다가오는 이 위기 앞에서 우리 신앙인은 무엇을 어떻게 해야 하는가?

15 | 기후변동과 성서해석 (3)

예언자 요엘이 전하는 말씀이다. 하늘에서 재앙이 일어났다. "팥중이가 남긴 것을 메뚜기가 먹고 메뚜기가 남긴 것을 느치가 먹고 느치가 남긴 것을 황충이 먹었도다."욜1:4 농사가 망가진다.욜1:10,12 대지와 초목, 식물과 짐승이 모두 뜨거운 태양열을 견디지 못하고 시들고 헐떡인다.욜1:17~20

하늘의 변고가 땅을 불모지로 바꾼다. 농부들이 수고하여 거둔 땅의 농산물을 다시 하늘과 자연이 거두어간다. 식량은 일시에 일어난 거대한 곤충 떼에게 모조리 소진된다. 남은 식량은 전무하다. 자연은 인류에게 적대적이 되었다. 이런 피해를 대비한 농사법도 쓸모없다. 과일 나무마다 열매를 얻을 수 없고, 아예 나무 자체가 말라 죽는다. 급기야 농부들은 최후의 식량조달원disaster bank on the hoof인 가축을 도살한다. 그러나 가축마저 이미 생존이 불확실하다. 지속적으로 건조해진 기후에 의해 발생하는 화재, 장기 가뭄, 메마른 땅은 생명의 순환 고리를 끊어놓는다.

땅은 생명을 공급하는 장소가 아닌 단절의 장소로 변했다. 땅은 생명을 생산하고 재생산하는 순환고리이다. 그 순환고리의 다른 한편에 하늘이 존재한다. 그 하늘이 땅에게 이로운 것을 더 이상 주지 않는 상황이 도래한 것이다. 기후가 달라졌다. 이런 기후조건에서는 인간도, 짐승도, 식물도, 즉 지구상의 어떤 생명체도 살아갈 수 없다. 지옥이 다른 곳이 아니다. 눈뜨고 처참한 광경을 목도하고 경험하는 곳이 지옥이다. 천재天災를 겪는 땅이 바로 지옥이다.

도대체 왜 이상기후가 발생하여 이 같은 천재天災가 생겼는가? 그 원인은 무엇인가? 요엘은 선언한다. 인재人災때문이라고. 예언자 요엘은 모든 문제의 원인이 예루살렘과 유다에 거하는 백성에게 있다고 말한다.욜2:1 "땅의 거민"이란 도시나 지방의 주요 거점에 거주하는 부재지주 토지를 지방에 소유하면서도 도심에 거주하는 자로서 실제로 농사를 짓지 않고 소작료를 받는 자로서 사회의 지도계층 일반을 지칭하는 표현이다. 구체적으로 그들이 어떤 죄악상을 자행했는지 요엘은 표현하지 않지만, 그는 하늘의 재앙이 모두 이들 부재지주 계층에 대한 하나님의 심판이라고 선언한다. "야훼의 날"은 구원이 아니라, 심판하는 날이다.욜1:15, 2:1 참고. 암5:18~20 이 날은 구체적으로 나라 사이에 벌어진 전쟁을 통해 도래한다. 이 전쟁 또한 자연과 생존환경을 황폐하게 만드는데 일조한다.

이 기후변동의 재앙에서 벗어날 길이 있다. 인간과 땅, 식물, 동물이 다 함께 좋은 지구 기후 속에서 살 수 있는 길이 있다. 요엘은 그것을 "회개"라고 말씀한다. 회개에는 형식적인 회개와 마음으로 뉘우치는 진정한 회개가 있다. "너희는 옷을 찢지 말고 마음을 찢고 너희 하나님 여호와께로 돌아올지어다"2:13 참된 회개는 야훼 하나님의 심정적 변화를 초래한다. 긍휼히 여기지 않던 마음에 긍휼히 여기는 마음이 생기게 만든다. "그 때에 여호와께서 자기의 땅을 극진히 사랑하시어 그의 백성을 불쌍히 여기실 것이라".욜2:18 하나님의 긍휼은 땅과 기후의 원상복귀를 허락하신다. 하나님의 긍휼만이 모든 피조 세계, 즉 자연환경과 인간 사회의 회복을 가져올 수 있다.욜2:21~26

우리 사회는 발전에 발전을 거듭해 왔다. 그러나 이 발전 도상에서 우리는 너무 많은 희생을 눈감아왔다. 특히 자연환경의 훼손은 극심하다. 인간사회의 오염은 자연의 오염으로 이어져왔다. 소수의 행복을 위해 다수의 행복추구권을 무시하는 불의한 사회를 하나님은 방관하지 않으신다. 하나님의 심판은 가장 먼저 하늘의 재앙으로 나타나는 것이다.

자연재해가 날 때마다, 아니 현재의 기후변동 앞에서 우리가 무엇을 잘못해 왔는지 깊이 반성하고 회개해야 한다. 수해가 날 때마다 제방공사를 미룬 관청이 원망스럽다. 예로부터 훌륭한 지도자의 업적은 주로 치산치수였다. 최첨단 과학문명을 자랑하는 오늘날 무엇이 그렇게 달라졌나? 골짜기마다 공장이 들어서고 주택지와 레저시설이 몰리면서 강물의 근원은 부지불식간에 오염된다. 부익부 빈익빈의 악성사회구조는 환경과 기후조건마저 위태롭게 만든다. 게다가 도로를 내고 건물을 세우려고 숲을 없애고 잘라낸 산허리는 국민 다수의 생존을 위태롭게 한다. 파헤친 만큼 더 많은 나무를 심어야 하고 자연환경을 보존하려는 노력은 갑절 이상으로 필요하다. 우리가 세상의 정의를 망각하고 소수의 행복을 정당시하며 살아가는 동안, 우리는 스스로 하늘의 재앙을 자초하고 있음을 깨달아야 한다.

기후와 자연환경은 한번 깨지고 무너지면 회복이 극히 어렵다. 그것들은 인간의 생존을 위해 필수적 요인이다. 그것이 망가지면 고도의 문명조차 일순간에 무너질 수 있다. 우리는 자연의 힘 앞에 겸허해야 한다. 그러려면 우리는 빈부격차를 줄이도록 공평과 정의의 삶을 추구해야 한다. 그리고 자연과 더불어 사는 지혜를 길러야 한다. 하나님께 지구의 관리를 위탁받은 신앙인이기에 더욱 그러하다.

16 | 기후변동과 성서해석 (4)

지구의 기후임계점 상황에 처한 지금, 지구의 온도상승을 저지하려는 환경보호 노력은 개인적이면서도 동시에 국가적으로 추진되어야 한다. 이와 같은 취지의 말씀은 8세기 예언서인 아모스와 미가에서 읽을 수 있다. 두 예언자는 각각 북 왕국 이스라엘과 남 왕국 유다의 멸망을 예언하였고, 그들의 예언은 적중했다. 북 왕국과 남 왕국은 멸망했다. 그러나 피할 길이 없었던 것도 아니다. 아모스가 "오직 정의를 물 같이, 공의를 마르지 않는 강 같이 흐르게 할지어다"암5:24고 외쳤을 때, 공법과 정의의 대상은 사람들뿐만 아니라 자연에게도 적용된다. 아모스가 바라는 세상은 "그 때에 파종하는 자가 곡식 추수하는 자의 뒤를 이으며 포도를 밟는 자가 씨 뿌리는 자의 뒤를 이으며 산들은 단 포도주를 흘리며 작은 산들은 녹으리라… 포도원들을 가꾸고 그 포도주를 마시며 과원들을 만들고 그 열매를 먹으리라암9:13,14, 미가는 "각 사람이 자기 포도나무 아래와 자기 무화과나무 아래 앉"아서미4:4 사는 세상을 희망한다. 이스라엘과 유다의 정치 지도자들은 자연 환경을 포함하여 사회에 정치적, 경제적, 사회적 공법과 정의를 구현했어야 했다. 사실, 지도자들의 정치란 경제적 변수, 사회적 변수, 종교적 변수를 항상 포함하지만, 아모스와 미가는 여기에 환경적 변수까지도 포함해야 한다고 역설한다.

이스라엘과 유다의 멸망을 초래했던 지도자들의 죄는 집단적으로 그리고 조직적으로 이루어졌다. 그 죄는 일차적으로 도시의 부자들이 농촌의 가난한 농부들의 삶을 경제적으로 착취하는 일에서 시작된다. 이 경제적 착취란 불가피하게 빚을 진 농부들이 생존기반인 토지를 강탈당하고, 가옥과 전답을 몰수당하며, 그리고 가족 구성원이 종으로 팔려가거나 일일 날품팔이로 전락하여 뿔뿔이 흩어지는 가족 해체로 이어지는 악순환을 일컫는다. 이 경제적 착취는 강대국 만들기를 목표로 군사력 증강을 위해 군수물자말과 전차와 군사 기술자를 수입하고, 종교적 상징물과 기념비적 건축물성전과 왕궁과 국고성 등을 짓고자 값비싼 건축자재를 수입함으로써 초래한 비용을 감당하려고 행해진다. 이 비용을 감당하려고 지도자들은 팔레스타인 농촌의 3대 주산물인 밀, 포도주, 기름을 가능한 한 많이 수출했다. 특별히 지도자들은 지역 별로 생산할 품목을 강제로 정해줌으로써 집약적 농업생산 시스템을 정책적으로 구축한 적도 있다. 대표적 인물이 8세기 유다의 웃시야 왕이다. "또 거친 땅에 망대를 세우고 물웅덩이를 많이 팠으니 이는 육축을 많이 기름이며 평야와 저지대에는 농부를, 또 여러 산과 좋은 밭에는 포도원을 다스리는 자를 두었으니 이는 농사를 장려함이었더라." 대하26:10, 사역

명령경제 아래에서 농부들은 전통적 생산방식을 포기하고 생산품목도 자율적으로 결정하지 못한 채 왕실의 요구에 응하지 않을 수 없었다. 단위 지역에서 일정 농산물을 집중적으로 재배하면 토질저하는 물론, 생산량 감소는 자명한 이치였다. 농가의 생산량이 감소하면 농부들은 불가피하게 도심의 지주들에게 담보를 잡히고 식량과 파종할 씨앗을 빌

리지 않을 수 없다. 그러나 10년에 한 두 차례 2~3년씩 이어지는 가뭄이라도 만나면 농가는 이듬해 어김없이 채무불이행으로 고발되고, 이것이 해마다 축적되면서 담보로 잡힌 농기구, 가축, 토지, 가옥, 자녀 등을 지주들에게 하나씩 차례대로 빼앗겼다. 지주들은 이렇게 토지를 확장하면서 생산에 열을 올렸고, 그래서 부와 권력과 위신을 한없이 키워 나갔다.

경제적 성장과 정치적 안정을 추진하는 정부 정책은 대체로 농민의 기본적 삶을 해체하면서 동시에 생태계마저 악화시키는 경향이 있다. 악화된 생태계는 기근[암4:6], 가뭄[암4:7], 풍재와 메뚜기와 팥중이[암4:9], 전염병[암4:10], 그리고 지진[암4:13] 등으로 나타난다. 토질 저하와 개발지상주의에 의해 멍든 생태계는 궁극적으로 사회적 생산 기반의 해체를 초래한다. 탐욕과 위선이 가득한 지도자들에게 돌아온 결말은 정권의 몰락과 포로로 잡혀가는 일뿐이다. 그들이 백성의 안녕과 평화를 말하는 것은 순전히 정치적 선전일 뿐이다. 진정으로 바라는 것은 정권의 연장과 자신들이 누릴 부귀의 영속화였다. 그러나 그런 사람들은 이제 남의 나라에 포로로 잡혀갔다. 이제야 땅은 가쁜 숨을 몰아쉬고 안식한다. 환경과 생태계가 안정을 되찾는 것은 정치적-경제적 억압과 착취를 일삼는 제도적 상부구조가 사라진 뒤에 가능하다.

제도적 상부구조를 근본적으로 부정할 수 없는 오늘의 현실 속에 신앙인은 어느 위치에 있든지 땅과 자연 환경이 차지하는 실질적 중심성 essential centrality을 철저히 깨달을 필요가 있다. 땅과 환경은 개인과 지도자들이 바라는 만큼 언제나 순조롭게 호응하지만은 않는다. 한번 변질되면 그것을 원상복귀 시키기 쉽지 않다. 복귀된다 해도 그 동안 사람들은 피해와 고통을 감당해야 한다. 만일 인간 사회가 아름다운 미래를 꿈꾸고 어떤 계획을 추진한다면, 지도자나 정책 입안자는 환경요건이 차지하는 실질적 중심성을 충분히 그리고 장기간 고려해야 한다. "너희는 나를 찾으라 그리하면 살리라"암5:4는 말씀은 오늘 이 시대에 자연환경이 파괴되고 기후시스템이 붕괴되어가는 현실에 대처하는 자세를 신앙인들에게 촉구하는 하나님의 음성이다.

17 | 기후변동과 성서해석 (5)

싱그러운 꽃과 풀 냄새와 함께 5월의 맑고 신선한 공기를 흠뻑 들이마셔보라. 조만간 자연환경이 주는 이런 행복을 더 이상 누릴 수 없는 지구촌이 된다는 경고음이 벌써 20년 넘게 울리고 있다. 적어도 2100년에는 지구의 평균온도가 현재의 섭씨 13도에서 최고 6도가 상승한 19도가 될 것이 확실하다고 예측한다. 그렇게 되면 시원한 가을과 추운 겨울 없이 오로지 뜨겁고 무덥기만 한 사계절을 살아가는 정도에서 그치지 않을 것이다. 뜨겁고 건조해진 공기로 이곳저곳에 큰 산불이 멈추지 않고 계속 번져가는 정도만으로도 끝나지 않는다. 남극과 북극의 빙하는 전부 녹아 해수면은 지금보다 훨씬 높아져서 몇몇 섬은 수면 아래로 침수당해 사라지고, 아주 따뜻해진 바다는 지구의 공기 온도 조절능력을 상실한다. 전문가들은 그때가 되면 지구촌이 한마디로 불바다가 될 것이라고 경고한다. 사람을 포함한 모든 생명체가 도저히 살 수 없는 지구가 된다니 상상이 되는가?

오늘날의 기후변동과 환경보존에 우리가 특별한 경각심을 가져야 하는 이유는 우리 자손이 안온한 지구에서 살아가게 하기 위함이다. 우리가 그런 의미에서 성서를 새로운 관점으로 보는 것은 당연한 요구이다. 그동안 성서학계는 라틴아메리카 원주민, 흑인, 여성, 아시아 그리고 민중 등의 억압당한 당사자의 처지에서 성서를 해석하자는 관점이 대두되었고, 그것이 해방신학, 흑인신학, 여성신학, 아시아신학, 그리고 민중신학 등의 모습으로 자리 잡았다. 이제는 기후변동을 주제로 지구가 위기에 내몰리고 있다. 억압받는 당사자가 다름 아닌 지구 생태계가 된 것이다. 이제 성서학은 지구의 생태계 보호에 초점을 맞추어 성서를 해석하는 중차대한 과제에 봉착했다고 말해도 결코 과언이 아닌 시점에 이르렀다.

지구가 억압당한 당사자라면 이 지구의 처지가 곧 해석자의 처지가 되어야 한다. 지구의 처지에 서서 우리는 성서를 새롭게 읽어야 한다. 지구의 목소리를 성서에서 찾아보아야 하는 과제 앞에 서게 되었다는 말이다. 이런 견해를 수립하려면, 먼저 그동안 인간의 목소리와 필요, 남성중심의 목소리와 필요에 초점을 맞추어온 인간중심적 성서 해석, 남성 가부장적 성서 해석을 탈피하는 노력이 요청된다.

이런 관점으로 수행된 대표적 성서해석이 창세기 1장 26~28절의 문화명령을 중심으로 이루어져 왔다. "생육하고 번성하여 땅에 충만하라, 땅을 정복하라." 이것을 과거에는 인간이 창조의 면류관으로서 자연을 정복하고 통치하는 특권을 인정해주는 본문으로 해석해왔다. 그러나 지구의 처지에서 본다면 인간은 기후 및 여타의 생태계에 의존하여 사는 생명체에 불과하다. 그동안 지구는 인간이 망쳐놓은 환경과 생태계로 말미암아 길고도 긴 고난의 역사를 살아왔다. 때로 그 고난에 대해 지구는 전염병과 병충해와 기근 및 해일과 지진, 태풍과 토네이도 등등으로 표현해왔으나, 사람들은 이 지구의 목소리를 하찮은 것이라고 귀를 기울이지 않았다. 이 지구의 울부짖음이 극에 달한다면 그 때는 하나님께서 더 이상 방관하지는 않으실 것이다. 마치 애굽에서 고역에 시달리던 히브리인의 울부짖음을 놓치지 않고 큰 긍휼로 이들에게 출애굽의 구원을 베푸셨던 것처럼, 창조주 하나님은 사람들이 지구를 억압하여 모든 생태계가 조화롭게 생존하기 어려운 환경으로 만들어가는 일을 더 이상 보고만 있지 않을 것이다.

의로운 욥이 까닭 없이 당한 고난을 중심으로 펼쳐지는 욥기를 지구와 지구생태계의 처지에서 다시 읽어보자. 욥과 네 친구는 욥이 경험한 고난의 원인이 무엇인지에 관해 갑론을박한다. 하지만, 그곳에는 해답이 없다. 인간의 경험에 입각한 인간중심 신학으로는 해법이 없다는 뜻이다. 여기에 해답으로 제시된 욥기 38장 이하에 수록된 하나님의 긴 연설을 주목하라. 하나님은 우선 폭풍 속에 등장하셨다. 폭풍이란 기후변동으로 생기는 자연현상이다. 지구생태계가 사람들의 행위에 분노한다는 표시 아니겠는가? 게다가 하나님은 욥이 당한 고난의 문제에 대하여 일언반구도 관심을 표현하지 않는다. 그 대신 인간을 제외한 자연생태계 전반을 골고루 철저하게 보살피는 하나님의 생각과 행동 묘사에만 치중한다. 이것이 무슨 의미인가? 인간이 당하는 고난의 직접적 원인은 어쩌면 인간이 그동안 지구 생태계를 무시하여 착취하고 억압했던 소행의 직접적이고 간접적인 결과가 아닌가 되묻는 것이 아닐까? 그래서 하나님은 상처받고 혼란스러워진 자연 생태계를 원상태로 유지하도록 돌보시는 장면을 장황하게 언급하시는 것이 아닐까?

지구의 처지에서 말한다면 욥은 다른 이유로 고난 받은 것이 아니다. 욥기서는 그가 고난당한 이유를 어쩌면 그가 부유하게 살고자 각종 사업을 통해 지구의 생태계를 혹사시켰을 지도 모르기 때문이라고 말하는 것이다. 그래서 하나님은 상처받은 지구를 위로하시고 치료하심으로 지구의 구원을 베풀고 계신 것이다. 그리고 나서야 욥의 고통과 불행은 사라지고 원상복귀 된다.

기후변동! 가볍게 넘길 현실이 아니다. 앞으로 지구의 목소리에 귀를 기울이는 성서해석으로 우리 신앙공동체의 책임 있는 삶을 촉구하는 해석이 풍부해졌으면 좋겠다. 이에 발맞추어 우리 모두 친환경적 삶에 더욱 박차를 가해야 할 것은 두말할 필요도 없다. 우리의 생태계는 우리가 지켜야 하기 때문이다!

18 | 가정마다 성서를 가르치라

서구문명이 우리에게 남긴 가장 큰 폐해 중 하나는 극단적 개인주의로 말미암은 대가족의 해체와 핵가족의 등장이다. 그나마 이제는 소수의 핵가족마저 파괴되어 가는 실정이다. 역시 극단적 개인주의가 득세하기 때문이다. 십대 청소년의 가출과 미혼모 문제는 보편적 사회 현상으로 자리 잡았으며, 황혼이혼이나 5년도 채 살지 않은 신혼부부의 이혼도 역시 증가하고 있다. 이렇게 가정이 해체되는 이유를 근본적으로 해소시켜줄 처방이 있는가? 무너져 가는 우리의 가정을 되살리고 지킬 수 있는 길은 무엇일까?

신구세대 사이의 충돌은 의사소통에 해답이 있고, 이혼은 인격적 신뢰도 문제에 해답이 있다. 늙은 부모를 돌보지 않고 방기放棄하는 이유는 주로 경제 문제와 직결된다. 이 모든 문제의 배후에는 지극히 부실한 인간이해와 삶에 대한 지극히 얕은 생각이 있다.

고대 이스라엘 나라에 왕을 세웠던 사무엘 선지자는 백성에게 대단히 존경받는 인물이었다. 그의 노년에 두 아들, 요엘과 아비야가 브엘세바에서 사사로 세움을 받았는데 이들은 아버지와 달리 이익에 따라 뇌물을 받고 판결을 굽게 하였다.삼상8:1~3 결국 이 일을 빌미로 백성은 왕을 요구한다. 사무엘의 가정교육으로는 재물 욕심에 눈 어두워 부패한 사사가 된 자식의 행태를 미연에 방지하지 못했다. 사무엘의 전임자였던 엘리 제사장과 그의 자식들도 이와 크게 다르지 않았다. 엘리의 두 아들 홉니와 비느하스는 아버지가 중앙 성소의 제사장이라는 막강한 지위를 등에 업고 하나님께 제사 드리기 전에 손질 중에 있는 고기를 자신들이 좋아하는 대로 마음껏 골라먹거나 회막을 섬기는 여인들과 동침하기도 하였다.삼상2:12~36 나이든 아버지 엘리는 그런 행실을 알면서도 엄히 다스리지 않고 대충 묵인했다. 결국 두 자식은 블레셋과 벌인 전쟁터에서 죽고 이 소식에 충격을 받은 아버지 엘리가 죽자하나님의 궤를 말할 때에 엘리가 자기 의자에서 뒤로 넘어져 문 곁에서 목이 부러져 죽었으니 며느리마저 출산 중에 죽는 비극을 경험해야 했다.

다윗 왕의 가정도 크게 다르지 않았다. 아비가 저지른 불륜은 자식들에게 그대로 전이되었다. 다윗 왕이 밧세바란 여인과 벌인 부적절한 관계의 대가로 그의 가정은 파탄의 길로 치닫는다. 왕자 압살롬은 같은 배에서 태어난 공주 다말을 범한 이복 왕자 암논을 죽였고, 그 대가로 왕궁에서 쫓겨난다. 요압 장군의 설득으로 예루살렘에 복귀한 압살롬은 아버지 다윗의 보위를 찬탈할 반란을 일으키고 잠시 성사시킨다. 반란자 압살롬을 처단하고 도성으로 복귀한 다윗 왕은 이제 늙어 두 아들 사이의 치열한 왕위 계승 전에 끼이게 된다. 아도니야와 솔로몬의 경합은 백중지세였으나 솔로몬의 어머니 밧세바와 나단 선지자의 계책으로 결국 솔로몬이 왕위를 차지한다.왕상1장 솔로몬은 형제 아도니야를 따르던 모든 정적을 깨끗이 척결하고 바야흐로 일인 중심의 전제군주 정치를 시작하게 된다.왕상2장 솔로몬이 왕위에 오르기까지 다윗의 집안은 한 마디로 말해서 풍비박산이었다. 어느 나라의 왕권이든 계승할 후보인 왕자가 많으면 많을수록 그 투쟁사가 복잡하게 얽히기는 마찬가지일 것이다. 자식들은 한편으로는 복수심에, 다른 한편으로는 왕권을 차지할 욕심에 우애하기는커녕 끊임없이 서로 싸우고 죽이는 모습을 보여주었다.

다윗 집안의 이야기를 한동안 듣노라면 과연 이들이 모세가 준 율법의 가르침을 제대로 교육 받았는가 라는 의구심이 든다. 사무엘이나 엘리도 마찬가지이다. 그네들에게도 야훼 신앙이라는 것이 그저 형식에 그친 것이 아닐까 하는 생각을 한다. 물론 아무리 가르쳐도 교육에는 한계가 있는 것이 사실이다. 그럼에도, 가정에서 성서 말씀을 교육하는 일은 지속되어야 하고 철저히 이루어져야 한다. 이들의 가정이야기를 듣노라면, 부모와 자식 사이에 시내산 율법을 통해 하나님이 주신 인생살이의 대원칙이 제대로 교육되지 않았을 것이라는 생각이 앞선다.

사람이 권력과 부귀와 명예를 초연해서 살기란 여간해서 쉽지 않다. 그럼에도, 성서의 가르침은 이렇다. 가정의 구성원이 갖는 권력이든 부귀든 명예든 모든 것은 오로지 하나님이 주신 선물이다. 그리고 그 선물들을 활용하는 데는 하나님이 정하신 원칙이 있다. 그것은 약자보호 우선주의이다. 생명 우선주의이다. 정의 제일주의이다. 우리네 가정에서 구성원이 서로서로 이 성서의 대원칙을 적용하는 연습을 하고, 항상 이것을 일깨워주는 가정이 되었으면 한다. 가정에서 아내와 남편은 서로에게서 발견되는 약한 점을 감싸 안아 주며 살아가야 한다. 남녀는 하나님 앞에서 서로 동등하다. 어른은 경험을 이유로 어린아이에게 윽박지르지 말고, 어린 자녀의 의견을 선도하는 지혜가 필요하다. 자녀가 부모에게서 경제적 자유를 누리고 싶거든 그에 합당한 상황과 환경을 만들고 나서 주장하라고 설득하라. 남녀의 욕망이란 누구에게나 있는 것이지만, 그것은 절제하여 사용할 때만이 아름다운 생명 에너지가 될 수 있다. 재정문제로 나이든 부모를 버리는 자는 자신도 반드시 그런 운명을 당할 줄 알아야 한다. 삶이란 자기가 뿌린 대로 거두기 마련이다. 좋은 씨앗을 뿌린 자는 좋은 열매를, 그 반대는 반대의 열매를 거둔다.

19 | 타살, 자살, 그리고 의로운 죽음

십계명의 여섯 째 계명은 "살인하지 말라"이다. 이 계명의 뜻풀이는 단순명료하다. 생명의 주권이 하나님께 있으므로 피조물인 사람이 또 다른 사람의 목숨을 빼앗아서는 안 된다는 의미이다. 그러나 살인의 정황을 두고 살펴볼 때 인간 사회는 다양한 상황에 대한 토론이 가능하다. 예를 들면 전쟁에서 살인하는 일은 정당한가? 타인의 목숨을 빼앗는 일뿐만 아니라 자신의 목숨을 스스로 끊는 일을 포함하지는 않는가? 여호와의 증인과 같은 이단에서는 이 계명에 근거하여 전쟁반대를 주장하며 심지어 군 입대까지 반대한다. 용서 받을 수 없는 흉악한 죄악으로 체포된 죄인을 사형하는 일에 대한 반대 운동을 벌이는 것도 이 계명에 대한 해석에서 비롯된다.

이 계명은 남의 목숨을 빼앗는 행위는 어느 때라도 반대하고 엄히 금지하는 가르침임에 틀림없다. 그러나 복잡한 사회구조와 인간관계 속에서 살펴본다면 살인금지명령은 개인과 개인뿐 아니라 집단과 개인 혹은 국가와 개인의 문제까지도 확장되어 설명될 필요가 있다. 무엇보다도 절대 권력을 내세우는 국가가 개인의 목숨을 빼앗는 때는 그에 합당하고 분명한 근거와 명분이 있어야 한다. 언젠가 테러에 대한 논의에서 잠시 언급한 바 있듯이 국가가 개인을 테러하는 것이 개인이 국가를 향하여 벌이는 테러보다 더욱 빈번한 것이 현실이다. 더구나 공권력이 개인의 삶에 깊이 파고들 때면 개인은 이를 저항할 힘이 없어서 어쩔 수 없이 극단적 선택을 하는 때가 종종 발생한다. 기독교 신앙의 원칙은 국가권력을 이용하여 개개인의 목숨을 앗아가는 것에 대하여 특별히 주의를 환기시킨다.

자살도 이 계명이 금지하고 보호하는 영역에 속한다. 구약성서에는 자살이란 단어가 등장하지 않는다. 그러나 자살에 대한 보도는 몇 군데 등장한다. 사울 왕이 전쟁에 부상당하자 적군에게 비참하게 죽임을 당하느니 차라리 자기 목숨을 끊어 달라고 자기의 병기를 든 사병에게 요청하여 목숨을 끊었다.삼상31:4~5 아버지 다윗 왕을 권좌에서 끌어내리는 쿠데타에 일시적으로 성공했지만, 결국 패배로 끝나게 된 압살롬의 반란 이야기 중에 그동안 압살롬의 자문 역할을 했던 아히도벨은 자기의 모략이 실패로 돌아간 줄을 알고 고향으로 돌아가 스스로 목을 매어 죽었다.삼하17:23 북 왕국 초창기에 쿠데타로 정권교체를 성공했던 시므리는 민심이 이탈하여 오므리 장군에게로 향하고 오므리가 도성 디르사를 에워싸고 공격해오자 성을 불사르고 그 안에서 죽음을 택했다.왕상16:18 신약성서에서는 가룟 유다가 예수님을 판 자신의 행동을 후회하고 자살한다.마27:5

이와 같은 자살 행위를 두고 성서는 이를 특별히 금지하거나 또 그런 행위를 명백하게 정죄하지도 않는 것이 사실이다. 하지만, 성서의 하나님이 창조주요 생명의 주인이란 사실에 비추어 볼 때 자살이란 절대로 용납되지 않는다. 오직 하나님만이 생명을 주시기도 하고 빼앗기도 하는 유일한 분이기 때문이다. 이에 비추어 볼 때 자살은 어떤 때라도 잘못된 선택이며 동시에 어느 누구도 함부로 환경에 압력을 가하여 타인의 생명을 스스로 끊게 하는 일을 계획하거나 저질러서는 안 된다.

그럼에도, 이 계명의 가르침과 자살에 대하여 예외적으로 적용해 볼 사례가 전혀 없지 않다. 바로 의로운 죽음, 즉 대속적 죽음이다. 예수 그리스도는 인류의 죄악을 속죄하려고 로마의 정치권력과 유대교의 종교권력 앞에 스스로 목숨을 맡기셨다. 자기 목숨을 보호할 실력이 있으셨음에도 말이다.마26:51~55 이런 의로운 죽음이라면 참으로 인류의 삶에 크게 유익하다. 그분의 죽음 덕분에 우리는 지금 밝은 희망을 갖고 살아가니 이 얼마나 감사한가! 한 사람의 죽음으로 많은 사람이 공적으로 유익하게 된다면 그런 죽음을 만류할 수는 없는 일이다. 하긴 그런 죽음을 추천해 줘도 대부분의 사람은 용기가 없어서 시행하기 극히 어렵지만 말이다.

결국, 사람이 죽음에 이르는 것은 자연사를 제외하고는 타살, 자살, 그리고 의로운 죽음, 이 세 가지로 압축할 수 있다. 이 세 가지 중에서 고금을 망라하여 우리 사회에서는 의로운 죽음을 찾기가 지극히 불가능하다. 타살의 경우, 국가의 공권력이나 힘 있는 자의 압력으로 개인이 부당하게 죽임 당하는 때와 견딜 수 없는 삶의 압력에 스스로 목숨을 끊는 때가 너무나 비일비재하다는 것을 알 수 있다.

이 자리를 빌려 다시 한 번 더 생명이 존중되고 존중받는 세상이 다가오기를 모든 그리스도인과 함께 간절하게 희망해본다. 특별히 전직 대통령이 스스로 목숨을 끊은 사례는 유사 이래 찾아볼 수 없는 특이한 사건으로 모든 국민의 가슴을 깊이 아프게 했다. 그의 죽음에 깊이 애도하는 바이다. 그 이유로 국가가 무분별하게 공권력을 행사한 결과라는 말도 있다. 어찌 되었든, 누가 되었든 사람의 생명과 인권을 소중하게 존중하는 법적 절차와 사회적 분위기가 참으로 아쉬운 대목이다. 더불어 요즘처럼 권력 앞에, 재물 앞에 목숨이 너무도 손쉽게 사라지는 분위기가 자주 발생하는 현실에서 이 사건은 우리의 마음을 더욱 안타깝게 만든다. 누군가 말했다. 죽으면 끝이다. 살아 숨 쉬는 것만이 가치 있다! 수치스럽고 부끄럽게 사느니 차라리 죽음을 택한다는 항변도 나름대로 의미 있겠지만, 그러나 생명을 끊는 일은 안 된다. 수치스럽게 사는 것이 죄에 대한 벌이라면 그것을 살아서 감당하는 자세가 책임 있는 사람의 마땅한 도리로 여겨진다. 우리의 목숨은 생명의 주인이신 하나님의 것이기에 그렇다. 적어도 예수 그리스도를 믿는 우리는 의로운 죽음이 아니라면 함부로 목숨을 다루는 일에 관하여 감히 그 어떤 무서운 상상도 해서는 안 된다.

20 | 역사비평과 문학비평 사이에서

그 동안 성서를 해석하는데 주요한 두 가지 학문적 방식이 자리매김하여 왔다. 하나는 역사비평이라는 방식이고 다른 하나는 문학비평이라는 방식이다. 둘 다 평신도가 성서를 읽는 경건한 읽기와는 그 차원과 격이 상당히 다르다. 역사비평이란 작성된 성서문헌을 역사적으로 긴 시간 동안 여러 저자의 손길이 축적된 결과라고 보고 그 과정을 구별하여 의미를 얻으려는데 치중한다. 한마디로 본문에 통시적diachronic으로 접근하는 방식이라 정의할 수 있다. 이것은 성서를 마치 창문을 통하여 과거를 거슬러 여행하는 것과 같은 느낌을 준다. 문학비평이란 과거의 작성과정에 관심을 두기보다는 현재 눈앞에 있는 본문을 최종본문으로 보고 그 안에 들어있는 각종 문학적 장치를 분별하여 의미를 얻는데 치중한다. 이것을 공시적synchronic 접근이라고 부른다. 이것은 성서본문을 뒷면을 볼 수 있는 창문이 아니라 뒤를 볼 수 없지만, 물체를 반사하는 거울처럼 쳐다본다.

두 가지 성서 해석방식은 본래 적대적이 아니었음에도, 성서해석의 역사는 둘 사이를 대립적 구도를 지닌 것으로 오해하게 만들었다. 역사비평학자들은 성서라는 문헌을 분석하는 과정에서 상이한 주장과 상충되는 진술에 직면하고 이를 풀 수 있는 대안으로 그것들이 서로 다른 자료에서 유래한 것이라 보기 시작했다. 그리고 각각의 자료의 작성연대를 추정하였고, 그리하여 문서가설document hypothesis이란 말을 사용한다. 이 말을 뜯어보면 역사비평이란 방식은 '문서'라는 말을 써서 '문서'를 분석하고 해석하는 한 방식이었다는 사실을 알려준다. 하지만, 이 방식은 각 문서 층에 대한 연대를 설정하고 그 연대에 벌어진 사건들을 중심으로 작성의도를 추정한다. 여기서 특별한 점이 있다면 문서의 연대를 평가하는 방식이라고 할 수 있다.

문학비평 역시 '문서'를 읽는 방식이라는 점에서는 성서해석 역사의 시초부터 존재해왔다 해도 과언이 아니다. 하지만, 이 방식이 본격으로 그 틀을 갖추고 성서를 해석하는 그룹을 만든 것은 20세기 중반이다. 1968년 뉴욕의 유니온 신학대학원 구약교수였던 제임스 마일렌버그James Muilenburg가 「양식비평과 그 이후」form criticism and beyond란 글로 미국 성서학회 회장 취임연설을 발표한 이래 문학비평은 그 모습을 드러내기 시작했다. 그의 제자였던 여성신학자 필리스 트리블Phyllis Trible이 이 원리를 이용하여 수사비평rhetorical criticism을 집대성하고 명성을 떨쳤기 때문이다. 거의 동시대에 예일 대학교 신학대학원 구약학 교수였던 브레바드 차일즈Brevard S. Childs도 기존의 역사비평이 더 이상 풍부한 성서해석을 도출할 수 없는 위기에 봉착했다고 진단하고, 성서본문의 정경적 형태에 근거한 해석을 해야 한다는 정경적 접근canonical approach을 제안했다. 아울러 20세기 초반부터 형성되어 온 미국과 유럽의 문학계와 사상계에서 시작된 구조주의structuralism와 러시아 문학을 연구하면서 출현한 형식주의formalism는 영미 문학계에서 신비평new criticism으로 변모하였고 이것이 본격적으로 성서연구에 접목되기 시작하였다. 구조주의 비평

structural criticism, 설화비평narrative criticism, 수사비평rhetorical criticism, 신문학비평new literary criticism, 과거의 문서가설에 입각한 비평적 연구와 구별하려는 의미에서 '신' 이란 접두사를 붙임 등이 여기에 속한다. 이런 연구방식의 공통점은 성서 문헌의 역사적 근거를 제시하는데 관심이 없다는 것이다. 다만 문학적 분석만을 염두에 두고 그것이 현재 어떻게 접목되는지를 연구하는데 관심을 기울인다.

역사비평과 문학비평 사이에는 닿을 듯 말듯하지만, 결코 닿을 수 없게 만드는 큰 강이 가로놓여 있다. 그것이 '역사' 라는 것이다. 역사비평은 글을 다루면서 역사를 다루는데 비해, 문학비평은 글만 다루고 역사를 전혀 다루지 않는다. 혹자는 둘 사이의 해석 지평이 전혀 다르기 때문에 어느 한 쪽이 다른 한 쪽을 나무라는 것은 옳지 않다고 지적한다. 성서의 글에서 '역사' 를 다룰 때 역사성이 있느냐 없느냐는 별개의 문제이다.

두 비평적 접근방식은 서로에게 배울 점이 너무 많다. 한쪽이 잘 모르는 내용을 전개한다고 해서 그것을 부인하거나 배척하기보다는 모르는 것을 배우려는 자세를 갖추는 것이 성숙한 자세이다. 성서를 어떤 방식으로 해석하든지 오로지 성서의 의미를 더욱 풍부하게 해 줄 수만 있다면, 그 어떤 것도 용납할 수 있다. 기껏 전문적 방식을 쓰는 것 같더니 그 결과가 이미 아는 지식을 도출하고 재탕, 삼탕하는 것으로 그치거나 혹은 누구라도 말할 수 있는 평이한 결론을 말하거나, 그것도 아니면 남이 하는 말을 형태만 바꿔서 풀어 말하는 일은 아무 쓸모도 없는 헛짓에 불과하다. 오늘의 성서해석, 아니 우리의 성서해석은 어디에 있는가? 그것이 교회가 교회되는 일에 일익을 감당하는가? 교회를 개혁하고 새롭게 세워 가는데 우리의 성서해석이 견인차 역할을 하는가? 아니면 새로운 것 없이 구태의연한 것에 머물되 그것을 전통이라고 자신을 속이는가?

21 | 하나님의 정의로운 통치를 믿는가?

하나님은 이 세상을 정의의 원칙에 입각하여 통치하신다. 창조 때부터 이 세상이 끝날 때까지 이 진리는 변치 않는다. 신앙인들이여, 이것을 믿는가? 만일 하나님이 세상을 정의로 통치하지 않는 것처럼 여겨지는 현상이 우리 삶의 현장에 벌어진다면 그 때는 어떻게 할 것인가?

이와 똑같은 질문을 던진 예언자가 있었다. 주전 7세기의 하박국이 바로 그런 사람이었다. 그는 자기가 사는 땅에서 벌어지는 온갖 폭력과 죄악, 패역과 겁탈을 목도하였고, 그 결과로 변론과 분쟁이 일어나고 율법이 해이하여 정의가 시행되지 않으며, 악인이 의인을 에워싸고 정의가 굽게 행해지는 현실을 경험하였다.[합1:3~4] 하박국은 그런 세상이 펼쳐지는데 그 나라를 과연 하나님이 다스리는 나라라고 말할 수 있는가 라고 하나님께 직접 반문하였다. 어찌하여 아무리 외쳐도 주께서는 응답치 않으시고 이를 구원하지 않으시는 것입니까?[합1:2]

하나님은 외국 강대국의 개입으로 이에 응답하셨다. 주전 7세기 유다 사회에게 강대국이란 신바벨론 제국의 등장을 의미했다.[합1:6] 국내 정치 판도로는 더 이상 해결할 여지가 보이지 않았다. 그래서 외국의 개입으로 국내 문제를 푸는 것이다. 유다 사회는 결국 신바벨론 제국에게 멸망당했다. 주전 586년에 예루살렘은 함락되었고 성전은 파괴되었다. 성 안에 살던 왕족과 모든 신하는 가족들과 함께 바벨론에 포로로 잡혀갔다. 이렇게 해서 온 나라에 불의를 자행하던 주범들은 패거리로 끌려가 백성의 시야에서 사라져버렸다. 물론 외국인 지도자들이 대신 들어와 땅에 남아 있던 백성의 삶을 감독하여 권력을 행사했을 것은 당연한 일이다.

그러나 하박국은 다시 바벨론 제국의 손길이 유다 사람들에게 너무 가혹하며 악하다는 불평을 토로했다. 그리고 악을 차마 보지도 못하시는 하나님께서 왜 그들을 방관하시냐며 항의하였다. 합1:12~17 이에 다시 하나님은 이들조차 정의의 원칙에 입각하여 처벌하실 것을 예고하셨다. 합2:1~20 역사를 살펴보건대 이 하박국의 예언은 그대로 적중했다. 과연 바벨론은 페르시아에게 패망하였고, 그 페르시아는 유다의 포로들이 고국으로 귀향하는 것과 성전을 재건하는 일을 허용하는 정책을 시행하였다.

유다 사회의 패망과 재건 사건을 면밀하게 들여다보면, 어느 구성원의 관점에서 말하느냐에 따라 표명된 말은 서로 상이했다. 그럼에도, 변치 않는 원칙이 있다면 그것은 하나님이 정의로 세상을 다스린다는 사실이다. 각 사람은 그가 저지른 행위에 따라 정확하게 보응을 받는다. 누군가를 선대하였으면 선으로 보상받을 것이고, 누군가에게 악행을 저질렀다면 악으로 되갚아질 것이다. 하나님의 정의로운 통치를 믿는가? 백성에게 악행을 저질렀던 지도자들은 패망하여 포로로 끌려갔고, 이들을 악하게 대우한 바벨론 제국 역시 또 다시 패망하였다.

필자가 목회초년 시절에 경험하였던 일이다. 같은 교회에 일하던 사역자들 중에 필자의 신학대학원 후배이면서도 나이가 많아서 목사안수를 먼저 받고 사역하던 분이 둘 있었다. 한 분은 여태 변함없이 우정과

교분을 나누지만, 다른 한 분은 전도사였던 필자를 괄시하고 교회 안에서 공공연한 언사로 모욕주기를 서슴지 않았다. 그럴 만한 이유를 제공한 적이 없는 필자는 내심 분했지만, 대처할 도리가 없었다. 필자에게 상당한 상처를 주었던 그 분은 10년도 채 못 되어 목사직을 파직당하고 공직에서 쫓겨나는 운명을 맞이하였다. 이런 일을 겪으면서 필자가 느낀 것은 한 가지이다. 하나님의 정의로운 통치! 누군가에게 상처와 괴로움을 준 사람에게 언젠가 반드시 동일한 아픔과 상처로 되갚아 주시는 정의로운 하나님이 계시다는 사실은 우리 모두의 가슴을 서늘하게 한다. 한창 힘 있고 높은 지위를 차지하며 득세하는 사람들은 이런 진실에 귀 기울이거나 눈을 돌리지 않는다. 오직 약자만이 가슴에 새길 뿐. 그러나 그 때가 오면 하나님의 의로운 통치는 약자 편에서 보면 참으로 통쾌하게 드러날 것이고, 심판을 당하는 당사자에게는 처절한 패배로 다가올 것이 틀림없다.

예언자 하박국이 남긴 말씀은 개인과 국가 모두에게 의미심장하다. 개인적으로 억압을 당하는 자들이여! 약한 여러분을 긍휼히 여기시고, 여러분의 고통을 치료하고자 의로운 통치를 보여주실 하나님을 굳게 믿고 기다리라. 국가 간의 문제일지라도 하나님의 의로운 통치와 긍휼히 여기심은 똑같이 적용된다. 하나님은 세상을 통치하시는 분이다. 오직 의롭다고 여김을 받을 사람은 그분의 정의로운 통치를 굳게 믿는 사람들이다.합2:4

신앙을 개인적 고백의 수준으로 머물게 하는 것은 여전히 부족하다. 우리가 살아가는 현장 한 가운데로 우리의 신앙을 이끌고 가서 그곳에서 신앙고백의 내용을 실천해야 한다. 정치인에게도 신앙의 원칙은 적용되어야 하고, 경제인에게도 신앙은 현실적 삶의 결단을 좌우해야 할 가르침이며, 종교인이라면 더더욱 그렇다. 하나님에게 실컷 은혜 받고 나서는 자기만 알고, 자기만 소중히 여기고, 남을 무시한 채 남을 짓밟으려 온갖 불의한 언행을 일삼고 제멋대로 사는 사람이 있다면 바로 그런 사람이 사실상의 무신론자요 그 어떤 신앙 없는 무신론자보다 더욱 악한 사람일 것이다. 하나님은 어느 때라도 그 분의 정의로운 저울을 임의로 기울이시지 않는다. 그분의 공평하고 정의로운 판단 앞에 흠 없이 서도록 우리는 오직 스스로를 헤아려 내 안의 불의를 제거하고 정의의 원칙에 합당하게 사는 일에 힘써야 한다.

22 | 탄원시

시편은 다양한 삶의 정황을 다양한 장르에 담아 표현한 기도문들이다. 150개의 시편 가운데 주로 등장하는 장르는 크게 탄원시, 감사시, 찬양시이다. 성서학자 월터 부르거만Walther Brueggemann은 이를 신학적 주제별로 다시 방향상실disorientation, 방향설정orientation, 방향재설정reorientation으로 구분한다. 삶 가운데 견디기 어려운 고난과 역경에 부딪혀서 하나님께 구원을 요청하는 시가 탄원시요 방향상실에 속하고, 이 역경을 극복하고 하나님께 감사하는 시가 감사시요 방향설정이며, 하나님의 구원역사를 찬양하는 각종 제의시와 찬양시가 방향재설정에 속한다.

그 가운데 2/3정도로 가장 많이 등장하는 시가 탄원시이다. 탄원시가 가장 많이 등장하는 까닭은 신앙인의 삶의 여정에 가장 많이 겪는 일이 고난과 역경이기 때문일 것이다. 특별히 신앙인들 사이에서 벌어지는 각종 음모와 술수 때문에 힘 없는 자가 고난당하는 때가 의외로 많은 것이 현실이다. 그중에서 시편 22편은 우리에게 단연 먼저 기억되는 탄원시이다. 이 시의 내용은 시편저자가 더 이상 강자에게 저항할 힘이 없어 애꿎은 고난을 당해야 하는 정황을 묘사한다. 그래서 특별히 이 시를 메시아의 고난을 예고하는 시라고 부르기도 한다.

이 시는 "내 하나님이여 어찌 나를 버리셨나이까 어찌 나를 멀리 하여 돕지 아니하시오며 내 신음 소리를 듣지 아니하시나이까"1절라고 탄식하는 말로 시작한다. 그는 다른 사람들은 구원을 경험하는데 왜 자신은 그 구원을 경험하지 못하는 것인가 의아해하며 장탄식 중이다.4~5절그래서 그는 자기가 마치 벌레 같고 사람의 훼방거리요 백성의 조롱거리가 되었다고 푸념한다.6절

그리고 그가 이런 극한 상황에 처한 이유는 이렇다. "많은 황소가 나를 에워싸며 바산의 힘센 소들이 나를 둘렀으며… 개들이 나를 에워쌌으며 악한 무리가 나를 둘러 내 수족을 찔렀나이다… 그들이 나를 주목하여 보고 내 겉옷을 나누며 속옷을 제비뽑나이다."12,16~18절 이 구절들은 황소, 바산의 황소, 개들의 정체가 곧 이 시의 저자를 쓰러뜨리려고 힘을 합쳐 모해하고 공격하는 악한 무리요 힘센 자들이라는 것을 밝힌다. 그리고 이 악한 무리가 저자를 공격하는 궁극적 목적은 저자를 죽음으로 몰아넣고 죽음에 처한 그의 옷을 나누어 갖는 것이다. 여기서 옷은 저자의 인간으로서의 명예와 고귀한 생명을 상징한다. 악인들은 힘으로 저자의 고귀한 생명과 명예를 빼앗고, 그 전리품을 차지하는 데만 관심이 있다. 이 시에는 저자를 선인으로 간주하고 악인을 악인으로 규정할 만한 어떤 특별한 도덕적, 윤리적 특징이 표현되어 있지 않다. 구체적 이유를 알 수 없지만, 단지 악인들은 힘이 세고 저자는 약해서 이런 역경과 고난을 당할 뿐이다.

혹독한 고난을 당하는 저자의 내면세계는 이렇게 표현된다. "나는 물같이 쏟아졌으며 내 모든 뼈는 어그러졌으며 내 마음은 밀랍 같아서 내 속에서 녹았으며 내 힘이 말라 질그릇 조각 같고 내 혀가 입천장에 붙었나이다."14,15절

여기서 시편 저자는 야훼 하나님의 구원이 확실히 기대할 만한 것이라는 사실을 재차 고백한다. 22절 이후에서 저자는 회중에게 야훼를 두려워하고 찬송하라고 선포한다. 이유는 자신이 당하는 이 역경을 하나님께서 반드시 회복시켜 줄 것임을 굳게 믿기 때문이다. "그는 곤고한 자의 곤고를 멸시하거나 싫어하지 아니하시며 그의 얼굴을 그에게서 숨기지 아니하시고 그가 울부짖을 때에 들으셨도다."24절는 진술이 바로 이런 확신을 분명하게 증거 한다.

세상 현실은 언제나 공정하게 펼쳐지지 않는다. 신앙여부와 관계없이, 힘 있는 자와 힘없는 자가 펼쳐가는 세상에서는 언제나 약자의 신음이 존재한다. 억울하게 당할 수밖에 없는 약자의 처지에서 볼 때, 이 세상은 그저 부당하고 불의할 뿐이다. 그래서 천지의 주재이신 하나님의 간섭과 중재를 간절하게 기대하는 것이다.

이 시편은 특별히 신앙공동체의 구성원에게 심각한 교훈을 제공해준다. 신앙 세계 안에서도 힘 있는 자와 힘없는 자가 공존하기 때문이다. 기득권을 누리는 기성그룹과 유능한 신참자 사이에는 이런 관계가 형성되기 쉽다. 체제에 안주하는 자들과 체제에 새 바람을 일으키는 자들 사이에는 극심한 마찰이 예상된다. 이스라엘은 고대 팔레스타인 세계에 새로운 삶의 희망을 갖고 출발한 신참자이다. 그래서 주변 강대국들의 질시의 대상이 되었고, 언제나 침략에 노출되었다. 다윗도 사울에게는 신참자였다. 열심을 내는 새 신자는 기성신자에게, 새바람을 일으키는 개척교회는 기성교회에게, 전도양양한 전도사는 나이 든 담임 목회자에게, 신임학자는 기성학자에게… 그러나 예수를 믿는 신앙인 사이에는 질시와 배척하는 마음에서 생기는 이유 없는 힘의 행사가 사라졌으면 좋겠다. 그래서 이런 마찰과 대립의 풍토가 사라지고, 대신에 새 희망을 불어넣고 새 바람을 일으키는 신참자에게 격려와 칭찬을 아끼지 않는 분위기가 자리 잡아야 한다. 그렇게만 된다면 우리의 교회는 문제의 소용돌이에 휩싸여 정체되지 않고 그 대신에 날로 새로워지는 교회를, 새로운 생명으로 충만해진 교회를 이 세상에 자부심을 갖고 보여줄 수 있을 것이다.

23 | 성전 입장시

시편은 모두 150편이며 이들은 각기 다섯 권의 묶음으로 나뉘어 전해진다. 왜 다섯 권으로 묶었는지에 대하여 여러 가지 설명이 가능하겠지만, 가장 적절한 설명은 모세 오경이 다섯 개의 두루마리로서 신앙생활의 표준을 위한 절대적이고 신성한 권위를 지닌 것처럼 이 시편을 그렇게 믿고 묵상하게 하려는 의도가 깃들어 있다는 것이다. 그것이 그럴만한 이유는 시편 1편에서 찾아볼 수 있다. 시편 1편은 전체 시편 중에서 가장 늦게 작성되었지만, 현재의 위치에 배치되었는데 그 내용의 강조점 때문에 토라시 혹은 율법시라고 부른다. 이 시는 율법을 중시하고, 그것의 묵상과 실천을 강조하고, 그에 따른 복과 화를 언급한다.

모세 오경 즉 토라에는 세계 창조와 족장의 삶과 약속 그리고 출애굽 사건과 시내산 언약 및 율법이 기록되어 있어서 신앙의 표준과 원칙을 제시한다. 만일 시편이 이런 토라의 권위에 맞먹는 권위를 내세우려면, 그에 합당한 내용도 포함되어야 마땅하다.

주로 노래 형식의 기도문으로 구성된 시편 가운데 시내산 언약체결 때 언약의 조건으로 제시하였던 율법의 비중을 지닌 내용을 담은 시편은 무엇일까? 시편 15편과 24편에서 그것을 발견할 수 있다. 이 두 편의 시는 어느 정도 내용이 중복되는데 예배자들이 성전에 입장할 때 교독하면서 불렀던 시로 간주하여 성전입장시라고 부른다.

시편 15편을 보자. 고대 이스라엘 사회에서 예배드리는 모습은 아마도 이랬을 것이다. 우선 성전을 향해 가는 예배 행렬은 제사장들이 법궤를 메고 앞장섰을 것이다. 그들이 "야훼여 주의 장막에 머무를 자 누구오며 주의 성산에 사는 자 누구오니이까"라고 외치면 뒤따르는 예배자들은 2절 이하의 내용으로 응답하였을 것이다. 이 예배자들이 응답하는 부분시15:2~5의 내용은 오경에 등장하는 언약법전,출20:22~23:33 성결법전, 레17~26장 그리고 신명기법전신12~26장에서 요구하는 신앙인의 윤리적인 삶을 요약적으로 압축한다.

그 내용을 구체적으로 새겨 보자. 성전에 올라가 하나님을 예배할 자격을 갖춘 자는 다음과 같은 사람들이다. 첫째, 정직하게 행동하고, 공의를 실천하며, 그의 마음으로 진실을 말하는 자이다. 둘째, 그의 혀로 남을 허물하지 아니하며, 이웃에게 악을 행하거나 비방하지 아니하는 자이다. 셋째, 망령된 자를 멸시하고, 야훼를 두려워하는 자를 존대하며, 마음에 서원한 것은 반드시 지키는 자이다. 넷째, 이자를 받으려고 돈을 꾸어주는 자가 아니며, 뇌물을 받고 무죄한 자를 해롭게 하지 않는 자이다. 체계적이지는 않지만, 응답하는 내용은 너무나 뚜렷하다. 하나님 예배에 합당한 자는 성결한 자요 거룩한 자이다. 그는 개인의 영적 수준이나 그의 대인관계나 사회적 신분에 따른 인간관계를 막론하고, 어느 모로 보나 책망 할 것이 하나도 없는 자이다.

어떻게 보면 참으로 엄격한 수준의 요구사항이 아닐 수 없다. 내면과 외양 모든 측면에서 완벽하게 생각하고 행동하며, 옳다고 평가받을 수 있는 자가 예배에 합당한 자라는 것이다. 이 시를 이해하려면 조금 더

비평적 시각이 요청된다. 지금 이 성전은 예루살렘 성전이다. 그리고 그곳에 올라갈 수 있는 자는 가난한 농민이 아니라 부유한 권력자이다. 그들은 판결하고 돈을 빌려줄 수 있고, 또 뇌물을 받을 수 있는 처지에 있는 사람들이기 때문이다. 따라서 이 시는 도성에서 권세를 쥔 당대의 엘리트 지배층이 읽고 준수해야 할 기도문인 셈이다.

권력자들은 속성상 자신의 속마음을 감추면서 남을 속이고 미화하는 말을 하기 쉽다. 그 결과, 남들의 마음에 상처와 실망을 안겨주기 쉬운 까닭도 여기에 있다. 그런데 오늘의 시편은 정직하고 공의를 실천하며 진실을 말하는 자라야 하나님 예배에 합당하다고 천명한다. 지도자는 모름지기 자신의 이기심이나 공명심 그리고 자존심을 내세우지 말아야 한다. 그는 희생을 무릅쓰고 백성 다수의 유익을 위해 자신의 목숨과 명예를 다 걸어야 하는 사람이다. 권력자들이 마음에 들지 않는 누군가를 험담해서 쓰러뜨리기란 아주 쉬운 일이다. 그런데 신앙인이라면 마땅히 그런 일을 해서는 안 된다고 선을 긋는 것이다. 하나님을 예배하기 원한다면 자신의 재물을 가지고 치부하는데 전념하기보다 가난한 자에게 무이자로 꾸어주고, 뇌물을 거절하며 무고한 자를 해롭게 하는 일에 절대 끼어들어서는 안 된다고 못 박는다.

권력, 뇌물, 치부, 거짓, 비방, 험담, 학대 이 단어들과 하나님의 성산에서 드려야 마땅한 예배는 전혀 어울리지 않는다. 목회자든 평신도든, 지도자이든 지도받는 구성원이든, 보수신학을 고집하는 교회든 진보신학을 선호하는 교회든, 위 현상은 그 어디든 편만하게 발견할 수 있는 현실이다. 이 시편은 하나님을 예배하는 데 합당한 태도와 삶이 어떤 것인지를 스스로 점검하고 고치는 측이 참으로 진실한 신앙인이며, 하나님의 성전 예배에 참여할 수 있는 거룩한 사람이라고 선언한다. 그것이 아니라면 그들은 거룩의 탈을 쓰고 야훼 하나님을 모욕하는 참담한 무리일 수밖에 없다.

24 | 맥추절

출애굽기 20장 22절~23장 33절을 언약법전, 레위기 17~26장을 성결법전, 신명기 12~26장을 신명기법전이라고 부른다. 이 세 법전 모두는 출애굽 한 이스라엘 백성과 야훼 하나님이 시내산에서 맺은 언약과 그 언약관계를 지속시키고 유효하게 만드는 삶의 원칙들을 수록했다. 이 가운데 이스라엘 백성 중 스무 살 이상 된 남자가 매년 반드시 지켜야 할 세 가지 축제가 기록되어 있는데 그것은 유월절, 맥추절초실절, 칠칠절, 오순절, 그리고 초막절장막절, 수장절이다. 다른 절기는 몰라도 그 중에서 맥추절은 오늘날까지 한국 교회가 하나 같이 6월 말에서 7월 초 사이에 반드시 지키는 절기가 되었다. 그것도 맥추감사절이라는 이름으로 일년 중 상반기를 결산하고 감사하는 절기로 지킨다. 여기에 신약시대의 오순절에 제자들에게 성령이 강림하신 사건을 축하하는 의미를 추가하는 교회도 있다.

구약성서의 다른 절기는 안 지키는데 우리는 왜 하필 맥추절을 지키는 것일까? 그 이유는 한국에 복음을 전한 선교사들의 가르침에 절대적 영향을 받은 것 같다. 필자가 미국에서 공부하던 시절을 회상해보건대

한국의 이민교회는 몰라도 미국 교회 대다수는 이 맥추절을 지키지 않는다. 그 대신 오순절이라는 이름으로 초대 교회 시절에 발생했던 성령 강림을 더욱 의미 있게 축하하였다.

앞서 말한 대로 맥추절은 고대 이스라엘 백성에게는 가나안 땅에 정착해서 밀과 보리와 같은 곡식을 파종한 후 그것을 처음으로 추수하고 지키는 절기였다. 하나님이 비를 내리시고 풍요로운 결실을 허락하셔서 양식을 풍성하게 거두게 하신 은혜를 감사하는 절기였는데, 이를테면 우리 민족이 가을에 곡식을 추수하고 지키는 추석과 같은 절기였다. 이스라엘 백성은 이에 덧붙여 가을에 과실까지 거두고 모든 식량을 창고에 저장하는 초막절수장절을 별도로 지켰다. 성서의 맥추절은 우리나라에서 곡식을 거두는 문화 현실과는 계절적으로 잘 맞지 않는다. 하지만, 성서 전승은 이 절기를 또 다른 사건과 결부시켜 왔다.

주전 587년 예루살렘 성전이 파괴된 이후 맥추절은 유대인에 의해 점차 시내산에서 율법을 계시하신 사건과 결부되기 시작했다. 유월절이 출애굽을 기념하고 출애굽기에서는 그 다음으로 기록하는 사건이 출애굽기 19장 이하에 나오는 시내산 계시와 언약 사건이기 때문에 자연스럽게 맥추절을 시내산 계시 수여 사건과 결부시킨 것으로 추정된다. 그래서 주후 200년경에는 이 절기에 출애굽기 19장을 읽었으며, 그 이전에 이미 유대인은 이 때 룻기를 읽어 왔다. 곡식 추수를 배경으로 전개되는 내용의 성서라서 그런 것이다. 비록 명백하게 성서가 맥추절에 시내산에서 율법을 하사하였다고 기록하지는 않지만, 맥추절과 시내산 율법 하사 그리고 신약성서의 오순절 성령강림 사건은 서로에게 중요한 의미를 부여하는 사건들로 얽혀있다.

이스라엘 백성의 가을추수 축제, 사람이 지키고 살아야 할 기본 도리로서 율법 수여, 그리고 성령 강림. 이 세 가지를 함께 축하해야 하는 절기가 우리의 맥추감사절이라면 그 의미는 남다르고 심오하기 그지없다. 말씀과 성령의 관계는 신학적으로나 교회의 삶을 놓고 볼 때 두말할 필요 없을 정도로 중요하다. 이 두 가지는 결단코 서로 떨어질 수 없는 신앙과 신학의 두 축이다. 그리고 그것을 삶을 지탱해주는 곡식추수절기에 기념하는 것이다. 이는 먹고 사는 일이 말씀과 성령의 상호사역과 불가분의 관계를 맺고 있다는 의미를 교훈한다. 우리는 대체로 먹고 사는 일은 육적인 세속적 일이고, 말씀과 성령을 언급하면 그것은 영적 일로 구분하는 경향이 있다. 그러나 구약성서에서는 먹고 사는 일을 결코 속된 일이라거나 육적인 일로 보지 않는다. 레위기 17~26장을 보라. 성결법전에서 가르치는 거룩함의 영역은 눈 뜨고 일하여 먹는 식탁에서부터 부부관계가 이루어지는 잠자리에 이르기까지의 전체 영역을 망라한다. 거룩함을 유지해야하는 시간도 태어나서 죽기까지이다. 성소 안과 밖에 있을 때를 포함하는 것은 말할 필요조차 없다. 어느 시간, 어느 장소, 어느 상황을 막론하고 거룩함의 관심사에서 벗어난 것이 하나도 없다. 그러므로 먹는 일이나 그 먹거리를 확보하고자 수행하는 모든 일을 속되다고 해서는 안 된다. 사람 사는 일이 먹지 않고 가능한 것이 있는가? 그래서 우리의 먹거리를 확보하는 일에 올바른 신앙의 원칙이 필요하고, 그 원칙에 말씀과 성령에 의한 하나님의 개입과 간섭이 필요하다. 그래서 그렇게 이루어진 수확을 두고 하나님께 감사함을 고백하는 일은 너무나 당연한 일 아니겠는가?

이 맥추감사절에 우리는 한 해의 절반을 되돌아보면서 우리의 지극히 작은 일상사에 하나님의 가르침을 적용하면서 살았는지, 순간순간 성령을 의지하면서 정의와 생명 그리고 평화를 추구하는 올바른 결정을 해왔는지를 헤아려보자. 주신 것을 감사하면서도 아울러 잃어버린 것에 대하여 깊이 뉘우치고 또 새까맣게 잊어버렸던 신앙의 원칙을 다시금

되새겨보자. 살기 위해, 먹기 위해, 누리기 위해 원칙도 명분도 없이 발악하듯, 미친 듯, 홀린 듯, 속고 속이면서 살아 왔다면, 이 맥추감사절은 우리가 다시 새로운 신앙적 삶의 지평으로 나가기로 결단하는 전환점이 되어야 한다. 그러려면 다시 한 번 성령이 강림하는 사건이 우리의 삶 속에 일어나야 한다. 그리고 하나님께서 주신 엄숙한 말씀 앞에 마음을 조아리며 살아야 한다. 그렇게 확보한 먹거리가 많든 적든, 참으로 그동안 어려움을 감내하며 올바로 살아온 우리 자신을 하나님 앞에 내어 놓을 때 하나님은 비로소 그러한 감사를 인정해주실 것이다.

25 | 오경의 신학사상

성서 독자들은 성서를 낱권으로 읽는데 익숙하다. 그러나 성서를 전체적으로 읽는 훈련은 충분하고 적절하게 이루어지지 않는 것 같다. 그 증거로 독자들은 하나의 책을 읽을 때도 한 페이지 지나 다음 페이지를 읽을 때, 당장 읽고 있는 내용과 앞서 언급한 내용이 어떻게 연결되는지 묻지도 않고, 별다른 관심도 없다. 그저 매 페이지마다 언제 부딪혀 올지도 모를 하나님의 음성에만 민감하다. 이 또한 좋은 태도이긴 한데 큰 단락으로 묶어놓은 분량이 많은 성서의 사상을 전체적으로 파악하는 데는 미흡하다고 할 수 있다.

창세기를 읽고 출애굽기를 읽을 때면 요셉의 헌신으로 애굽 땅에 정착한 이스라엘 백성이 바로의 폭정 앞에 어떻게 견디어 갈지에 관심을 가진다. 하지만, 창세기와 출애굽기의 신학사상이 어떻게 연결되는 지에 관해서는 묻지도 따지지도 않는다. 하긴, 저명한 구약학자인 크니림 Rolf Knierim조차 창세기와 모세의 일대기 형식을 갖고 전해지는 출애굽기-레위기-민수기-신명기의 상관관계에 관하여 그저 모호하게만 진술할 정도니 오죽하겠는가. 그는 창세기가 뒤따르는 네 권의 성서에 대하여 서론적이며 도입이나 준비 기능을 한다는 정도만 진술하고 더 이상의 자세한 진술을 유보한다.

구약학자들이 이 정도니 평신도에게 무엇을 더 요구할 수 있겠는가? 하지만, 오경은 그 최종 형태에서 나름대로 의미상의 일관성conceptual coherence, 크니림 교수의 용어!을 지닌다. 필자는 일찍이 이 지면을 통해 오경 각 권의 사상을 간략하게나마 이곳저곳에서 피력한 바가 있다. 이제는 그것을 한 군데 모아서 설명해보려고 한다.

창세기는 서두에 온 세상을 창조하시는 하나님을 기술한다. 그리고 이 창조질서에 합당하게 살아갈 존재로서 인류와 각종 피조물에 대한 묘사가 이어진다.창1장 이어지는 태고사 혹은 원역사로 부르는 창세기 2~11장에는 이 창조질서에 합당하게 살지 못한 인류의 불행에 대한 대표적 이야기들이 기술된다. 그 불행은 인류가 하나님이 세워놓으신 질서에 순응하지 못하고, 도리어 하나님이 되려는 욕망을 갖가지 형태로 분출한 데서 기인하였다. 이어지는 족장사창12~50장는 이와 반대로 인류가 마땅히 취하여 살아야 할 자세를 명시해준다. 인류가 마땅히 취하여 살아야 할 길은 약속의 말씀을 굳게 믿는 믿음의 길이다. 이 길의 마지막에 등장한 요셉은 창조 질서에 합당하게 살되 오직 믿음으로 산 실례였다.

출애굽기는 애굽에 살던 이스라엘의 후손들이 바로에게 학대를 당하는 이야기로 시작한다. 그리고 모세를 통해 이스라엘을 구원하신 출애굽 이야기가 흥미진진하게 기록되고,출1~15장 광야를 거쳐 시내산에 당도한 이스라엘이 하나님과 언약을 맺고 성막을 건설하는 이야기로 끝난다.출16~40장 출애굽기는 창세기에서 언급한 믿음의 길을 더욱 구체적으로 상술한다. 그것은 십계명으로 압축되어 전해지는데, 십계명에는 창조질서에 따라 합당하게 사는 도리가 깃들어 있다. 정의롭게, 생명을 소중히 여기고 평화를 추구하며 사는 삶이 그것이다.

창세기와 출애굽기의 관계는 이렇게 설명된다. 믿음으로 살아도 삶의 고난은 언제든지 발생할 수 있다. 그리고 그것은 고난 받는 사람들을 긍휼히 여기시는 야훼 하나님의 정의로우신 간섭으로 해결된다. 그것이 출애굽의 구원사건이다. 또 구원받았다고 해서 그것이 끝이 아니다. 구원받은 자는 마땅히 구원 받은 자답게 살아야 할 의무와 책임이 주어진다. 그래야 하나님이 영광을 받으실 수 있고, 사람은 진실로 행복해 질 수 있다. 이것이 시내산 언약이고 그 언약의 조항이 곧 계명과 율례와 법도이다. 계명과 율례와 법도는 구원 받은 자가 취하며 살아야 할 마땅한 의무와 책임이다.

이 관계를 지속시켜주는 제도가 성막에서 드리는 각종 제사 제도이며, 이것이 이어지는 세 번째 성서인 레위기에 구체적으로 명시된다. 레위기는 제사규정집으로만 알려져 있는데 이것은 잘못된 지식이다. 제사란 구원을 지속시켜주는 장치이다. 레위기는 예배를 회복하여 거룩한 삶을 살라고 가르친다. 민수기는 시내산을 출발하여 약속의 땅으로 가는 광야 여정 속에서 벌어진 일을 통해 고비마다 순종과 믿음의 길을 교훈한다. 신명기는 오경의 마지막 성서로서 모압 평지에 도착한 모세가 지나간 40년을 회상하며 시내산 언약을 거듭 강조하고 해설한다. 요지는 하나님을 사랑하라는 것이다.

창조의 하나님, 믿음의 대상이신 하나님, 구원을 주시는 하나님, 예배 받으시기에 합당한 하나님, 거룩한 삶을 요구하는 하나님, 사랑을 요구하시는 하나님. 이것이 오경에 기록된 하나님이시다. 피조 된 유한한 존재, 창조질서에 합당하게 살아야 할 존재, 정의와 공평, 생명과 평화를 추구하며 사는 것이 도리인 존재, 모든 피조세계를 돌보고 유지할 책임이 있는 존재, 모든 피조세계에 의존하며 사는 존재, 하나님의 약속을 믿고 희망을 간직하며 거룩한 삶을 살되 사랑을 주고받아야 행복을 느낄 수 있는 존재, 지구상에서 하나님과 유일하게 언약을 맺은 고상한 존재. 이것이 오경에 기록된 사람의 정의요 사람이 살아가는 도리이다.

26 | 70이란 숫자의 의미

성서는 질문이 없는 자에게 말씀하지 않는다. 질문이 없는 사람에게는 성서에 쓰인 글들이 그저 무미건조할 수밖에 없다. 반대로 질문이 있는 사람은 반드시 모종의 답변을 듣는다. 성서를 연구하는 즐거움은 그런 질문이 해소될 때 생성된다. 그 즐거움이 우리의 신앙을 더욱 돈독하게 해 주는 것은 두말할 필요도 없다.

애굽 감독관을 죽인 후 광야에서 40년 동안 도피생활을 하던 모세의 마음에도 이런 질문이 있었을 것이 틀림없다. 하나님은 왜 이스라엘 백성의 고난을 방관하시는가? 내가 동족의 고난을 방관할 수 없어 애굽 감독관을 죽이고 동족간의 분쟁을 만류하는 일이 뭐가 잘못되었을까? 동족은 언제 저 혹독한 박해에서 벗어날 수 있을까? 모세의 마음을 떠나지 않는 그런 질문에 대한 답변은 광야에서 장인 이드로의 양떼를 먹이다가 떨기나무에 불이 붙어 타오르면서도 나무를 태워버리지 않는 불꽃을 만났을 때 듣게 되었다.출3장 고대 교회사의 위대한 교부로 자리매김한 성 어거스틴 역시 방탕한 시절 마음 한 구석에 단 한 번도 잊지 못하고 자리 잡고 있던 진리와 참 신앙에 대한 탐구욕과 열의가 결국 로마서 한구절의 답변으로 해소되지 않았던가!롬13:11~14 종교개혁자 마틴 루터도 이와 크게 다르지 않았을 것이다. 그 역시 마음 깊은 곳에 울려나오는 질문이 있었다. 교회가 파는 면죄부가 과연 죄 많은 영혼을 천국으로 인도할 수 있을까? 그는 이것을 믿을 수 없었다. 대신 이에 대한 답변을 로마서 1장 17절에서 들었다. "오직 의인은 믿음으로 말미암아 살리라!" 구원이 면죄부가 아닌 믿음을 통해서 얻는다는 성서의 음성을 들었던 것이다.

그러나 성서에 올바른 질문을 던지려면 적절한 신학적 훈련과 신앙적 삶의 연단이 필요하다. 앞으로 몇 회 동안 출애굽기를 읽어가면서 이와 같은 질문을 던지고 그에 대한 성서적 답변을 들어보려고 한다.

출애굽기 1장 서두에는 야곱의 자손 70명이 애굽에 내려갔으며 요셉과 그 형제가 다 죽은 후에 요셉을 모르는 새 바로가 일어나 이스라엘 자손을 온당치 않은 이유로 박해하기 시작했다는 대목이 기록되어 있다. 이 성서에 던질 수 있는 질문은 우선 이렇다. 왜 하필 70명이 내려갔을까? 이스라엘 자손이란 말은 야곱의 후손들이란 말인데 창세기 46장 26절에는 야곱의 며느리를 제외한 자로 애굽에 내려간 사람은 모두 66명이라고 적혀있다. 이어지는 창세기 46장 27절과 이곳 출애굽기 1장 5절은 이미 애굽에 살던 요셉의 가족까지 합하여 70명이라고 기록한다. 또 훗날 이스라엘 자손이 출애굽 한 이후 시내산에 도착하여 하나님과 언약을 체결하는 예식에 참여한 사람은 아론과 나답과 아비후 외에 이스라엘 장로 70명이 참여했다.출24:1 이 장로들이 이스라엘의 열두 지파를 대표한다면 지파 당 6명씩 72명이 참석해야 상식이다. 그러나 딱 잘라서 70명이 이 언약 체결 의식에 참석했다는 것이다. 그래서 조금 인위적이라는 인상을 받는다.

하지만, 성서의 저자는 70이란 숫자에 대해 집요할 정도의 일관성을 보여준다. 한 주일을 7일로 계산하여 안식일을 명령하고 7년에 한번 안식년을 공포하였으며, 7년을 일곱 번 지난 다음 해인 제 50년째에 희년이란 제도를 세우고 가르친 이들의 사고에는 언제나 7과 7의 10배수에 대해 강하게 집착한다. 예레미야의 포로기 70년이란 예언도 이와 동일한 범주의 숫자개념이 들어있다. 우연일 수도 있지만, 가나안의 우가릿 현재의 라스 사므라. 1400~1200BC에 존재했던 시리아 북부의 해안 도시국가 신화에는 세상을 대표하는 신들의 수가 70명으로 기록되어 있다. 왜 그런 것일까? 출애굽기의 70이란 숫자는 아무런 뜻도 없는 그저 사실 그대로의 기록일까?

신명기 32장 8절을 읽어보면 우리의 질문은 전혀 색다른 방향에서 그 답변을 찾아갈 실마리를 만나게 된다. "지극히 높으신 자가 민족들에게 기업을 주실 때에, 인종을 나누실 때에 이스라엘 자손의 수효대로 백성들의 경계를 정하셨도다." 이스라엘 자손의 수효 70은 세상 민족들의 수효를 대표한다는 의미로 이해하게 해 주는 말씀이다. 그래서 저 우가릿 신화 본문에도 세상의 신이 70이라고 말한 것 아닐까? 이스라엘이나 가나안의 도시국가는 같은 문화와 세계관 속에서 살았기 때문에 숫자에 대한 이해도 함께 공유했을 것이다. 따라서 야곱의 자식이 실제로 70명이었을 수도 있고, 야곱의 자식들의 이야기인 이스라엘의 이야기를 온 세상 역사를 대표하는 이야기로 가정하여 70명을 상정한 것으로 생각해볼 수도 있다. 즉, 70은 세상 전체를 대표하는 의미의 숫자였던 것이다. 앞으로도 접하겠지만, 성서의 숫자들은 실제보다 훨씬 더 많은 상징적 의미를 내포하는 것을 빈번하게 발견할 수 있다.

특정 숫자에 대한 성서저자들의 생각은 아마 이미 통용되던 개념들에 비추어 특정한 의미를 부여하고자 사용되었을 것이다. 70이란 숫자에 대한 위의 짤막한 이해는 성서세계를 엿보는 하나의 좁은 창문에 불과하다. 아직도 성서세계는 우리 대부분에게 닫혀 있는 세계인 것이 확실하다. 우리는 그곳에 작은 촛불을 하나둘 밝혀서 주변의 어두운 세계를 쳐다보는 처지에 있다.

27 | 절대 권력자 바로

출애굽기 1장에 요셉을 모르는 바로가 등장한다. 바로는 애굽 제국의 왕을 일컫는다. 애굽 세계에서 그는 곧 신이다. 신의 대리인이 아니다. 그보다 앞서 통치했던 바로는 요셉의 아버지 야곱과 그의 자손들이 고센 땅에 거하도록 처리하였다.창47:27 한동안 야곱의 자손과 요셉은 그곳에서 생육하며 번성하였다. 그동안 이들은 아무 문제도 일으키지 않았다. 그러나 요셉을 모르는 새로운 바로는 즉위하자마자 이들의 생육하며 번성함을 염려하였다. 그의 염려는 이들이 혹시 전쟁이 일어날 때 애굽의 대적과 연합하여 애굽을 공격하고 그 땅에서 나갈까하는 것이었다. 그래서 고안해 낸 새로운 정책이 이들에게 국고성 비돔과 라암셋을 건축하는데 강제 노동을 시키는 일이었다. 그리고 이들의 세력을 약화시키려고 두 명의 히브리 산파에게 이들이 낳는 남자 아이는 모두 죽이라는 명령을 내렸다. 그러나 그 명령은 지켜지지 않았다. 히브리인의 수효는 줄어들지 않았고, 결국에는 우여곡절 끝에 이들은 다른 수많은 잡족과 함께 애굽을 탈출하기에 이르렀다.출12:37~38 이때가 야곱의 자손들=이스라엘 백성이 애굽에 머문 지 430년 되던 해라고 성서는 기록한다.출12:41

우리는 여기서 애굽의 신으로 군림하던 바로의 통치가 안고 있는 맹점을 엿볼 수가 있다. 그의 정책은 그 수효가 장정만 헤아려도 60만 명이 넘는 백성을 애굽에서 떠나게 만들었다. 이스라엘 백성은 그 땅에서 400년이 넘도록 아무 문제도 일으키지 않고 평화롭게 살던 사람들이었다. 400년 동안 한 곳에 함께 살았으면 이제는 더 이상 인종이나 출신에 아무런 문제도 없었을 그런 백성에게 민족적 구별의식을 내세워 이들에게 차별대우를 한 것 자체가 제국의 바로가 보여준 문제점이었다. 더욱이 그들은 과거 애굽의 생존을 위해 큰 공훈을 세운 사람의 후손이었다. 한 나라의 통치자는 백성 때문에 존재한다. 그러나 새로운 바로는 이들을 잘 통치할 식견이나 지혜가 없었다. 과거의 바로는 나라의 안녕을 위해 실력이 있으면 출신도 묻지 않고 높은 직위에 기용하여 국정을 운영해나갔다. 지금의 바로는 이를 완전히 무시하는 정책을 펼쳤다. 백성 알기를 벌레만도 못하게 여겼다.

바로는 당시의 절대 권력자였다. 그의 생각은 곧 하늘의 생각이었다. 그의 명령 한 마디면 산천초목도 순종해야 했다. 그러나 출애굽기 1장을 읽어보면 그의 명령은 생각처럼 그렇게 손쉽게 실현되지 못하고 반대에 부딪히는 시련을 겪는다. 우선 하잘것없는 히브리 산파들조차 그의 명령을 이행하지 않았다. 아니 그의 명령은 통하지 않았다고 해야 한다. 생명을 받아내는 산파가 어찌 어린 생명들을 죽일 수 있겠는가? 더구나 같은 동족의 자녀들을. 산파들의 거역은 생명을 짓밟으려는 바로의 권력이 얼마나 힘없이 무너질 수 있는지를 단적으로 웅변해 준다. 신처럼 군림하던 바로의 결정은 이름 없는 두 여인에 의해 간단히 거절당한다.

바로의 실책은 여기서 끝나지 않는다. 히브리인의 남아를 하수에 던지고 여아를 살려두라는 명령조차 바로의 딸에 의해 무효화된다. 출2장

자신의 딸마저 아버지의 명령이 잘못된 것임을 알았는지 공주는 하수에 떠내려 오는 갈대상자 속에서 히브리 아이를 발견하고 그 아이를 거두어서 길렀다. 그가 장차 이스라엘 백성을 출애굽 시킨 하나님의 종 모세가 되리라는 것은 예상 못한 채.

장성한 모세가 하나님께 소명을 받고 중한 고역과 압제에 시달리는 이스라엘 백성을 구하려고 바로 앞에 섰을 때도 바로는 자신의 정책이 잘못되었음을 전혀 깨우치지 못했다. 그는 자신의 권력을 믿고 모세의 요청을 거부하며 끝까지 버텼다. 열 가지 재앙이 계속되는 동안 애굽 백성 중에서 고통을 당하지 않은 백성은 하나도 없었다. 그래도 바로는 버텼다. 백성의 안녕은 이미 안중에도 없었다. 아마 그는 구겨진 자존심을 만회하려 끝까지 고집을 부리면서 자신의 결정을 번복하지 않고 버텼을 것이다. 성경은 그의 이런 모습을 "완악한 마음"이라고 수차례 묘사한다.출 7:13,22, 8:15,19,32, 9:7,12,34, 10:20,27, 13:15, 14:4,8 등등

열 가지 재앙은 피, 개구리, 이, 파리, 생축이 죽는 악질, 짐승과 사람에게 생기는 독종, 우박, 메뚜기, 흑암, 장자재앙이다. 장자재앙을 제외하고 나머지 재앙 중에 처음 두 가지는 애굽 술사들도 똑같이 일으킬 수 있음을 보여 준다. 그러나 세 번째 재앙인 이 재앙부터는 애굽 술사들이 모세와 아론처럼 재앙을 일으킬 수 없었다. 그래서 애굽 술사들은 이를 "하나님의 권능"손가락이라며 두려워했고, 이후부터 애굽 술사들은 아예 등장하지도 않는다. 그러나 바로는 열 번째 재앙인 장자재앙을 당할 때까지 마음을 돌이키지 않았다. 사람과 짐승의 장자란 미래를 상징한다. 나라의 미래가 암울해질 때에 이르러서야 바로는 마음을 돌이켜 이스라엘 백성이 애굽을 떠나는 것을 허락한다. 그러나 그것도 잠시. 바로는 다시 완악해져 군대를 동원하여 떠나가는 이스라엘 백성을 추격하다가 바다에 몰사하는 참사를 당한다.

이 지경에 이르는 동안 절대 권력자 바로가 얻은 것은 과연 무엇인가? 나라 안팎은 흉흉해지고, 백성의 삶은 각종 재앙으로 피폐해졌으며 군대는 바다에 빠져 몰사했다. 얻은 것보다 잃은 것이 훨씬 많았다. 이 모두가 백성의 안녕과 행복을 무시하고 자신의 명예와 권위만을 내세운 정책을 고집하다가 이렇게 된 것이다. 도대체 명예와 자존심이 뭐 길래 그렇게 큰 희생을 치렀을까? 바로의 완악함과 그의 실패를 보고 교훈을 배우는 우리의 지도자가 많아 지기를 바래본다.

28 | 구원사의 조연으로 사는 일

출애굽 구원은 순전히 하나님의 은혜의 산물이었다. 이 구원사의 주역은 단연 모세이다. 모세는 80세에 거룩한 부름을 받았고 120세가 되어 임종할 때까지 그 부르심에 충성을 다 바쳤다. 소명은 성공적으로 완수되었다. 그래서 그의 삶과 사역은 성서적 계시의 가장 기본적 모델을 형성한다. 우리는 언제나 모세에게 주목한다. 그러나 모세의 사명 모델을 성서에서 가장 근본적인 모델로 만들기까지에는 그 옆에서 그의 사역이 진척되는데 반드시 필요했던 여러 명의 조연이 있었음을 잊어서는 안 된다. 출애굽기부터 신명기에 이르는 네 권의 성서를 읽을 때 미디안의 제사장 이드로혹은 르우엘, 십보라, 아론과 훌, 미리암, 여호수아 그리고 갈렙 등을 발견할 수 있다. 만일 그들이 존재하지 않았거나 모세의 사역을 돕지 않았더라면, 모세의 사명은 불완전하게 끝나거나 미완성이 되었을지도 모른다는 불필요한 생각마저 든다.

인생에서 주인공이 되기만을 꿈꾸는 사람들이 많다. 그러다가 실패하거나 이에 못 미치면 그간에 쌓아왔던 역량을 구원사에 반대되는 힘으로 활용하거나 아예 이를 접고 회의주의자나 냉소주의자가 되어 예전의 긍정적 삶을 왜곡되게 활용하는 모습도 본다. 여하튼 구원의 역사란 언제나 선한 주인공 한 명의 일인 플레이로 이루어지지 않는다. 구원사의 무대에는 주연뿐 아니라 조연이 필요한 것은 말할 것도 없고 잠시 등장했다가 사라지는 엑스트라나 단역배우조차 절대적으로 필요하다.선하고 의로운 구원사를 빛나게 하도록 하나님이 사용하셨던 악인의 존재가 불가피했다는 사실은 여기서 제외하기로 하겠다. 주연 외에 조연 배우가 얼마나 중요하고 절실한지에 대해서는 더 이상 강조하지 않겠다. 문제는 조연과 단역배우 그리고 엑스트라의 역할이 어느 정도나 주연의 역할을 빛나게 하느냐는 것이다.

미디안 제사장 이드로는 이스라엘 백성이 아니었음에도, 모세의 장인으로서 출애굽 한 이스라엘 백성의 삶에 꼭 필요한 지혜를 모세에게 제공했던 사람이다. 그는 수많은 공동체 구성원 사이에 생기는 분쟁을 모세 혼자 전부 해결하는 것이 무척 번거롭고 심히 벅차다는 사실을 깨닫고, 모세의 지도력을 분담하는 평신도 지도자 제도천부장, 백부장, 오십부장, 십부장를 수립하는 아이디어를 제공했다.

이드로의 딸이자 모세의 아내가 된 십보라는 모세가 소명을 받고 광야에서 애굽으로 가는 길목에서 밤중에 슬기를 발휘하여 모세에게 할례를 베풀었다. 아마 남편이 여전히 무할례자였음을 알고 거룩한 사명을 감당하기 직전에 남편을 무흠한 자로 세우려는 뜻에서 시도한 것이 아닌가 생각된다.

아론과 훌은 아말렉과 싸운 광야의 전쟁에서 승리하도록 높이 치켜든 모세의 두 팔이 내려가지 않도록 모세의 좌우에서 두 팔을 지탱해주는 사소한 일을 주저하지 않았다. 훌은 이후 성서에서 더 이상 언급하지 않지만, 광야에서 벌어진 이 전쟁의 승리를 가져온 주역이라고 불러도 무방한 인물로 자리매김한다.

모세의 형 아론은 훌보다 훨씬 많이 모세 옆에서 사역을 감당했다. 모세가 바로와 대면하여 하나님의 말씀을 직접 전하는 일은 언제나 언변이 좋은 아론이 감당했다. 성막 건립 이후 제사장으로 구별되어 매우 힘들고 까다로운 사명을 감당하는 일도 아론은 마다하지 않았다. 여동생 미리암과 합세하여 모세가 구스 여인을 취한 문제를 공론화하여 공의를 주장하기도 했고, 시내산에서는 계시를 받으러 간 모세를 기다리다 못해 황금송아지를 만들어 출애굽의 신이라고 이스라엘 백성을 그릇 선동하는 성급함과 지나친 맹목적 신앙을 보인 적도 있다.

여호수아의 사역은 모세에 관한 사역 묘사로 가득한 오경에서 거의 주목받지 못하지만, 그는 언제나 모세 곁에서 묵묵히 그를 시종 드는 사람이었다. 섬기는 주인의 의지와 계획에 100% 수긍하기란 참으로 어려운 일이다. 그러나 그는 언제나 모세의 뜻을 받들었다. 갈렙과 더불어 가나안 땅을 정찰했을 때 그가 본 정황은 사실 정복에 긍정적이지 않았던 것이 틀림없다. 가나안 주민의 외모가 출애굽 한 이스라엘 백성보다 월등했기 때문이다. 그러나 그는 자기 눈으로 본 정황보다 모세의 뜻과 하나님의 약속을 더욱 신뢰하였다. 그는 백성 앞에서 부정적 보고를 전했던 다른 10명의 정탐꾼과 달리 갈렙과 더불어 하나님이 함께 하시면 그 땅을 넉넉히 차지할 수 있다는 확신을 전했다. 결국 그는 모세의 지도력을 계승하고 이스라엘 백성을 이끌고 가나안 땅을 정복하는 주역으로 우뚝 선다.

인생은 서커스의 회전목마와 같다. 작은 자가 큰 자로 군림하기도 하고 큰 자가 작은 자로 전락하기도 한다. 한때 주목받지 못했지만, 인고의 세월 속에 자신을 지키고 신앙과 능력을 기르며 인덕과 신의를 베풀고 사노라면 언젠가는 때가 되어 자기가 주역으로 일할 때가 오고 좋은 결실을 거둘 수도 있다. 이 모든 결정권은 오로지 하나님께 달려 있다. 우리 모두 자기가 맡은 역할을--단역이든 다수의 엑스트라이든--성실히 수행하면 때가 되어 하나님이 큰일을 맡기실 수도 있다. 설혹 그런 일이 벌어지지 않는다 해도 후회하거나 부끄럽지 않게 살아온 삶으로 말미암아 하나님께 영광을 돌릴 지복至福을 누릴 것이므로 아쉬울 것이 없다.

29 | 유월절: 전통고수와 진보적 변화

유월절은 이스라엘 백성이 압제 당하던 애굽에서 구원받은 역사적 사건을 기념하는 구약의 주요 절기이다. 애굽에 머물던 이스라엘 백성은 가정마다 집에 모여 그 날 저녁에 양을 잡고, 그 피를 집의 출입구 격인 문 좌우 설주와 가로대에 바르고, 고기는 식구끼리 모여 앉아 먹었다. 그 날 밤새도록 죽음의 신(여호와는)은 집마다 방문하여 피가 발라진 문을 보면 지나가고 그렇지 않은 집에는 들어가 집 안의 모든 초태생을 죽였다. 이스라엘 백성은 대대로 이 절기를 지키면서 야훼 하나님의 구원을 기억하였다.

그런데 오경에서는 이 절기를 지키는 방식에 관하여 대부분의 독자가 모르는 큰 변화를 기록해 두었다. 출애굽기 12장에는 이 절기를 "각 가정"에서 지키도록 명시한다. 반면에 신명기 16장에는 "야훼 하나님이 자기 이름을 두시려고 택한 곳"에서 이 유월절 제사를 드리라고 분부한다. 성서학자들은 "하나님이 자기 이름을 두시려고 택한 곳"이란 곧 훗날 이스라엘이 가나안에 정착하여 나라를 세우고 다윗 왕조가 건설한 예루살렘 성전이라고 설명한다. 게다가 유월절 양을 요리해서 먹는 방식에 관해서도 히브리어 성서는 다른 표현을 사용하는데 출애굽기의 유월절에는 고기를 구워먹어야 하고, 신명기의 유월절에는 고기를 삶아 먹으라고 명령한다. 유월절을 지키는 방식에 관해서는 약간의 변화가 발생한 것이고, 지켜야 하는 당위성에 대해서는 전통을 고수하는 셈이다.

출애굽 구원은 구약성서의 진리를 전하는데 있어서 너무나도 중대한 사건이다. 그러나 그 사건을 기념하는 형식에는 변화가 주어졌지만, 정신은 고수한 것을 볼 수 있다. 무슨 이유로 어떤 정황에서 그런 변화가 발생했는지를 알아보는 것은 성서를 이해하고 그 의미를 구현하려는 오늘의 신앙공동체에게 중요한 교훈을 제공해준다.

가나안 땅에서 유월절을 지킨 사건들은 도합 세 번 등장한다. 우선 여호수아 5장에 보면 가나안의 여리고 성을 점령하기 직전에 시내산 언약에 따라 여호수아와 이스라엘 백성은 길갈에서 유월절을 지켰다.수5:10 이 날에 이스라엘은 가나안 땅의 소산을 먹었고, 그 이후로 광야에서 먹던 만나는 그쳤다고 한다. 또 다른 한 번은 히스기야 왕 시절에 준수되었다. 히스기야 왕은 이스라엘과 유다 온 땅의 백성을 예루살렘으로 소집하여 그곳에서 유월절을 성대히 준수하였다.대하30:1~22 마지막 한 번은 유다 왕 요시야 시절에 준수되었다. 요시야 왕 역시 예루살렘으로 백성을 모으고 그곳에서 유월절을 지켰다.왕하23:21~23; 대하35:1~19 여호수아 시절에는 백성이 각기 자기 장막에서 지킨 것이 분명하지만, 나머지는 모두 예루살렘에 모여서 지켰다. 세 번 모두 유월절을 지킨 이유가 단지 율법에서 지시하기 때문만이 아닌 다른 이유가 더 있었던 것으로 추정된다. 여호수아 시절에는 이스라엘을 가나안 백성과 구별하려는 이유가 명백하다. 할례를 베푼 후 절기를 지켰기 때문이다. 물론 절기를 지켜야 할 때가 되었기 때문에 그랬을 것이기도 하다. 그러나 히스기야와 요시야는 더욱 특정한 이유가 있었다. 두 왕 모두 오랫동안 압제해오던 앗수르의 주권에서 벗어나려는 정치적 의도가 더욱 강하게 작용한 것으로 볼 수 있다. 그런 의미에서 본다면 성서의 유월절은 단순히 과거의 출애굽 구원을 축하하는 전통을 준수하는데 그치지 않고, 이스라엘 백성의 정치적 자유와 주권을 공개적으로 천명하는 사건과 결부되어 준수한 절기였음이 틀림없다.

사실 유월절 절기를 지키려고 온 백성이 예루살렘에 모이기란 그리 쉽지 않은, 아주 어려운 일이었다. 모든 백성이 각 가정에서 유월절을 지키던 관습을 버리고 제각기 양을 이끌고 도성으로 모이는 장면을 상상해보라. 이 점에서 볼 때 히스기야와 요시야는 유월절 전통을 지키면서도 거기에 주요한 의미를 더욱 각인시켜주는 경험을 남긴 셈이다. 성서학자들은 이 두 왕이 신명기 법전의 유월절 준수 명령의 배후에 있는 사람들이라고 이해한다. 다시 말해서 신명기 법전의 유월절 기록을 포함해서 법전 내용 자체가 히스기야 왕과 요시야 왕 시절에 기록된 것으로 본다는 뜻이다. 모세 오경의 내용이 언제 전부 기록되었는지에 대한 문제는 더 구체적이고 세밀한 설명이 필요하므로 이 문제는 여기서 접기로 하겠다.

우리는 무엇보다도 유월절이 구약성서에서 가장 중요한 사건과 결부되어 준수한 절기로써 내용과 형식의 변화에 주목할 필요가 있다. 유월절 준수는 정치적 자유와 해방 그리고 신앙공동체의 구별의식과 깊은 상관이 있다. 그것은 결코 잊어서는 안 되는 중요한 성서적 정신이다. 그것을 변경하거나 희석시킬 수는 없다. 그러나 형식에서 구워먹기와 삶아먹기 그리고 준수 장소가 필요에 의해 바뀌었다는 사실을 주목하자. 이런 성서적 변화는 오늘의 신앙공동체가 전통을 지킬 때 내용과 형식을 나누어 생각할 필요가 있음에 대한 지혜로운 결단법을 가르친다.

무조건 전통을 고수하자는 사람들은 성서의 이 사건을 깊게 음미해야 한다.

우리 민족의 아픈 경험을 극복하고 복되게 맞이하는 광복절에 우리 신앙공동체는 이 귀한 과거사를 하나님의 구원사건으로 크게 경축해야 마땅하다. 예배 시간에 광복절 노래를 한 번 부르는 것으로 끝내기에는 너무 아쉽다. 신앙공동체가 앞장서서 이를 하나님이 우리 민족에게 주신 놀라운 구원사건으로 의미 있게 승격시켜 경축하는 절기로 삼았으면 하는 마음이다.

30 | 바다에서 거둔 승리

출애굽 구원역사에서 백미로 손꼽히는 이야기가 있다면 홍해에서 구원받은 이야기가 단연 으뜸이다. 홍해 구원은 성서 이야기 중에 가장 인상적인 광경이며 가장 통쾌한 이야기에 속한다. 그럴 만한 이유가 있다. 이스라엘 백성이 압제 당하며 살던 애굽에서 구원받기까지 벌어진 일 중에서 인상적인 일은 단연 열 가지 재앙이다. 그 중 마지막 재앙은 장자재앙으로 이스라엘 백성에게 극적으로 애굽을 탈출할 환경을 제공해 주었고, 그 경험은 매년 지키는 유월절을 통해 생생히 전해지게 되었다. 그러나 이스라엘이 애굽을 떠난 뒤 곧장 벌어진 사건은 더욱 위협적이었다. 잠시 완악한 마음을 누그러뜨렸던 애굽의 바로가 정신을 차리고 군대를 소집하여 이스라엘을 추격하기 시작한 것이다. 반면에 이스라엘 백성 앞에는 배 없이는 건널 수 없는 홍해바다가 가로막고 있었다. 이제 막다른 상황에 처한 것이다. 애굽과 전쟁을 치를 준비가 안 된 이스라엘 백성은 애굽 군인의 칼에 몰살당하거나 바다에 빠져 죽는 일만 남은 셈인 것이다. 처참한 종말을 예감한 이스라엘 백성은 급기야 모세를 원망하기 시작했다.출14:11~12

이때 야훼 하나님의 극적인 간섭이 시작된다. 모세는 하나님의 분부에 따라 지팡이를 든 손을 바다를 향해 내밀었고, 이에 하나님은 밤새 동풍을 불게 하여 바다를 좌우로 갈라지게 하셨다. 마른 땅이 드러난 바다를 이스라엘 백성은 안전하게 건넜고, 그 뒤를 추격하던 애굽 군대가 바다 한 가운데까지 이를 즈음에 모세는 또 다시 하나님의 분부로 손을 바다 위로 내밀었고 이에 바다의 힘이 회복되어 애굽 군대는 바다 가운데서 모두 몰살당한 것이다.출14:21~28

성서는 이 일의 결말을 이렇게 묘사한다. "이스라엘 여호와께서 애굽 사람들에게 행하신 그 큰 능력을 보았으므로 백성이 여호와를 경외하며 여호와와 그의 종 모세를 믿었더라."출14:31 흔히 홍해의 기적이라고 부르는 이 일을 고대 이스라엘 사람들은 하나님의 "큰 능력"을 본 것이라고 묘사한다.

이어지는 출애굽기 15장 1~18절에는 모세의 노래가, 21절에는 미리암의 노래가 수록되어 있다. 학자들은 모세의 긴 노래보다 미리암의 짧은 노래가 원래의 내용에 더욱 가깝다고 해석한다. 모세의 노래는 이 바다의 구원과 승리를 매우 구체적인 은유로 묘사하면서 "기업의 산"훗날의 예루살렘 성전?에서 야훼의 영원한 통치를 찬미하는 쪽으로 발전해서 후대에 가필된 내용14절 이하에 아직 정착하지 않은 가나안 땅의 족속들이 언급됨을 보라을 담은 것으로 여겨지는 한편, 미리암의 노래는 오로지 야훼가 말과 그 탄 자를 바다에 던지신 승리를 찬미하기 때문이다. 여하튼 우리가 홍해의 구원이라고 부르는 이 사건의 성서적 초점은 애굽과 그의 군대에 맞서서 바다에서 일구어낸 하나님과 그 백성의 승리에 맞추어져 있다.

다시 말해서 우리가 흔히 홍해의 기적이라고 부르는 이 성서 이야기가 전하는 신앙적 메시지는 다만 기적 이야기로 그치지 않고, 또 다른 측면에서 볼 때 보다 깊은 진리를 찾아볼 수 있다. 이 이야기가 바다의 승리라는 데에 주목해볼 때 더욱 그렇다. 왜 승리인가? 그것은 병거를 끌고 추적해오는 애굽 군대와 도저히 맞서 싸울 수 없는 오합지졸의 이스라엘 백성의 대결이기에 엄청난 승리였다. 비록 출애굽 한 이스라엘 백성의 수효가 장정만 60만 명이지만, 이들은 아직 격렬한 전투를 수행할 수 없는 오합지졸에 오랫동안 강제노동으로 병약해진 사람들이었다. 출애굽기 14장 22절을 읽어보라. 당시의 기준으로 볼 때 완벽한 살인병기였던 애굽 군대는 훈련된 말과 이 말들이 끄는 병거 위에 각종 최신 무기를 지닌 정예 군대였고, 상대방은 맨발로 길을 걷는 노예 출신의 이스라엘 백성이었다. 마치 철저히 무장한 블레셋의 골리앗과 물맷돌을 든 맨손의 다윗이 벌인 한판 싸움과 같은 격이었다. 그러나 승리는 무기의 다소에 있지 않고, 누가 야훼 하나님의 편에 있느냐가 결정지었다. 바다를 이용하신 것은 하나님의 선택이었다. 이유는 분명하다. 야훼 하나님이 참으로 하나님 되심을 보여주고 영광을 거두려 하신 것이다.

바다의 승리. 더구나 바다의 이미지를 성서에서 많은 물로 표현할 때는 대체로 무질서와 혼돈을 상징하는 세력으로 묘사된다. 그것은 질서를 어지럽히고 평화를 교란하는 세력의 근원이다. 하나님은 그 무질서의 바다를 통제하신 것이며, 그로써 백성의 구원을 일구어내신 것이다. 하나님은 창조의 하나님이시기 때문이다. 창조시절에도 하나님은 혼돈하고 흑암이 깊고 많은 물이 가득한 곳에서 세상을 질서 있고 조화롭게 창조해내셨다. 이스라엘 백성의 홍해 구원은 그저 한 민족 집단의 구원 사건으로 끝나지 않는다. 이 이야기 묘사에는 야훼 하나님이 창조의 주인이심에 대한 살아있는 경험과 진실한 고백이 담겨 있다. 홍해 구원 사건은 바다에서 경험한 놀라운 승리이며, 이로써 애굽에 대한 기억과 시시때때로 찾아오는 지나간 애굽 시절에 대한 막연한 동경, 즉 요약하면 과거의 종살이에 대한 기억을 깨끗이 잊어야 하는 것이다. 그리고 앞으로 주어질 새로운 삶에 대한 소중한 가르침을 가슴 깊이 새기며 살아가기로 결단해야 할 중대한 전환점으로 자리매김한다. 우리는 기적을 부인하지 않지만, 기적만을 바라는 삶도 지양해야 한다. 더욱 근원적으로 중요한 것은 우리의 삶이 하나님의 구원의 참 뜻에 합당한지에 대한 끊임없는 각성이다.

31 | 쓴 물과 악취 나는 삶

출애굽 한 이스라엘 백성이 시내산에 도착하기 전까지 광야에서 겪은 일들은 출애굽기 15장 22절~18장 27절에 기록되어 있다. 마라의 쓴 물이 단 물로 바뀐 일, 신 광야를 지나면서 굶주리자 원망하는 백성이 만나를 먹기 시작한 일, 맛사/므리바에서 물을 공급받은 일, 르비딤에서 아말렉과 싸운 일, 모세의 장인 이드로의 충고로 천부장, 백부장, 오십부장, 십부장을 세운 일이 그것이다. 주의 깊게 오경을 읽은 독자라면 이와 같은 일들은 이스라엘 백성이 시내산에 머물다가 떠난 뒤에도 거의 동일하게 반복되는 것을 알 것 이다. 민수기 10장 11~12절에는 "둘째 해 둘째 달 스무날에… 이스라엘 자손이 시내 광야에서 출발하여 자기 길을 가더니"라고 기록하여서 이 구절로 우리는 이스라엘이 이 년만에 시내산을 떠났음을 알 수 있다. 이어지는 기사에서 다베라에서 불평하는 백성민11:1~3, 음식 부족에 대한 불평으로 만나와 메추라기를 공급받은 일민11:4~15,31~35, 과중한 업무로 힘들어 하는 모세에게 조력자 70인임명민11:16~30, 가데스에서 물 부족으로 불평하는 백성민20:1~13 아말렉과 벌인 전투민14:39~45 기록은 출애굽기에서 읽었던 것과 동일한 주제가 반복되는 것을 깨닫게 한다. 광야를 통과하면서 겪은 일들이므로 유사한 경험은 반복될 수 있다고 생각할 수도 있다. 그러나 위의 사건들이 시내산을 중심으로 반복되는 것은 여러모로 해석할 여지를 남긴다.

여하간 시내산에 도착하기 전에 광야에서 경험한 일 중에 두 가지 사건은 우리가 신앙생활을 하는데 있어서 반드시 묵상해야 할 소재를 제공해준다. 먼저 마라의 쓴 물 사건을 생각해보자. 출애굽과 홍해에서의 놀라운 일들을 통해 생생한 구원을 경험한 이스라엘 백성은 사흘 길을 걸어도 물을 얻지 못했고 마라라는 샘물을 찾았지만, 써서 먹을 수 없자 모세를 원망하기 시작했다. 이에 모세가 하나님의 지시로 한 나무를 샘에 던지자 물이 달아졌다는 내용이다. 이 사건 후 하나님은 법도와 율례를 정하시고 백성을 시험했다고 기록한다.출15:25 이어서 "나 여호와의 말을 들어 순종하고 내가 보기에 의를 행하며 내 계명에 귀를 기울이며 내 모든 규례를 지키면 내가 애굽 사람에게 내린 모든 질병 중 하나도 너희에게 내리지 아니하리니 나는 너희를 치료하는 여호와임이라"출15:26고 말씀한다. 마라 샘물의 경험은 하나님의 율례와 법도를 지켜 의를 행하면 질병에 걸리지 않고 건강하게 살 수 있다는데 초점이 있다.

물을 먹는 일은 인생살이에서 가장 기본적인 일이다. 이 말씀은 단순히 식수 공급의 문제로만 그치지 않는다. 사람과 사람이 함께 살면서 겪는 일도 종종 물 먹는 일에 비유하곤 한다. 우리가 이러저러한 사람을 믿고 좋은 관계를 맺고 지내다가 배신당하면 이를 마치 쓴 물을 먹은 일로 표현한다. 신앙인이라면 누구에게든 생수가 되는 삶을 살아야 한다. 예수 때문이다. 그런데 만일 우리가 누군가에게 쓴 물을 먹여 괴로움을 준다면 그런 사람에게는 아마 하나님이 지시한 바로 그 나무이 때는 징계의 막대기로!가 그 쓴 물 인생을 사는 그 사람을 단 물로 바꾸는데 효력을 발휘할 것이다. 그래서 내가 혹 쓴 물은 아닌지 돌아볼 일이다.

두 번째로 묵상할 사건은 출애굽기 16장에 등장하는 만나 이야기이다. 이것은 하나님께서 백성에게 일용할 양식을 공급해주시는 내용을 담고 있다. 그런데 출애굽기 16장 17~20절에는 깊이 새겨들을 만한 말씀이 기록되어 있다. "이스라엘 자손이… 그 거둔 것이 많기도 하고 적기도 하나… 많이 거둔 자도 남음이 없고 적게 거둔 자도 부족함이 없이 각 사람은 먹을 만큼만 거두었더라… 그들이 모세에게 순종하지 아니하고 더러는 아침까지 두었더니 벌레가 생기고 냄새가 난지라 모세가 그들에게 노하니라."

만나 이야기의 초점은 모든 백성이 빈부귀천을 떠나 하나님 앞에서 공평하게 식량을 먹는 일에 있다. 그러나 진밖에 나가서 만나를 거두는 노동을 하기 싫은 자나 만나로 또 다른 이익을 추구하려는 탐욕을 가진 자는 만나를 다음 날까지 남겨두는 사례가 발생하였다. 그러나 그런 만나에는 벌레가 생기고 냄새가 났다. 썩은 만나는 백성의 진영에 악취를 풍겼다. 신앙공동체 안에서 이렇게 사소한 일로 게으름을 피우거나 이익을 챙기려고 탐욕을 부리는 자를 종종 접한다. 그런 사람에게 삶의 악취가 나는 것은 자연스런 결과이고, 지도자의 노여움을 사며 더불어 하나님의 진노를 겪게 될 것은 자명하다.

만나! 매일의 식사를 적당히! 자신의 삶을 지탱할 만큼의 건강을 제공하는 필요한 만큼의 의미를 지닌 식량이다. 공동체 구성원 모두가 함께 평화롭게 광야를 여행하여 다함께 목적지에 도달하도록 제공하는 식량이었다. 거룩한 하나님의 계획의 틈바구니를 노려 개인의 이익을 추구하려는 자가 머문 곳에는 악취가 났다. 어떤 사람이 그런 작자인지는 냄새로 알 수 있었다. 공동체의 적이 외부에 있기도 하겠지만, 여기서는 다름 아닌 바로 그런 사소한 이익에 눈이 어두운 공동체 내부 사람들로 드러난 것이다. 나를 내세우고 나를 이익의 중심에 두면 언제나 더러운 냄새가 나는 법이다. 예수의 향기란 자기에게 주어진 사명을 성실히 감당하며 자기의 본분에 합당하게 살 때 풍겨 나온다. 그 이상의 탐욕을 추구하면 남을 괴롭히는 쓴 물이 될 것이고, 악취 나는 삶으로 공동체를 오염시켜 결국에는 지탄받을 것이다. 혹시나 내가 쓴 물은 아닌지 혹은 악취가 나는 삶을 살고 있지는 않은 지 살펴볼 일이다.

32 | 반석에서 나온 물, 아말렉 전투, 재판제도

하나님의 계시가 주어지는 시내산에 도착하기 전, 이스라엘 백성이 광야 여정 중에 겪은 일은 마라의 샘과 만나와 메추라기 사건 외에도 세 가지가 더 있다. 므리바에서 벌어진 일, 아말렉 전투, 그리고 모세에게 장인 이드로가 충고한 대로 재판을 분담하는 일 등이다.

므리바 혹은 맛사라는 곳에서 벌어진 일은 백성이 물이 없어 갈증에 시달리자 그 고통의 원인을 또 다시 모세에게서 찾고 그에게 불평과 원망을 퍼부은 것이다. 그들은 "당신이 어찌하여 우리를 애굽에서 인도해 내어서 우리와 우리 자녀와 우리 가축이 목말라 죽게 하느냐"출17:3고 덤벼들었고, 이에 모세는 "내가 이 백성에게 어떻게 하리이까 그들이 조금 있으면 내게 돌을 던지겠나이다"출17:4라고 하나님께 하소연하였다. 백성은 심한 갈증 때문에 출애굽의 감격과 은혜를 모두 잊어버렸고, 모세에게 돌을 던지기 일보 직전의 극도로 흥분한 상태로 돌변하였다. 하나님의 은혜를 잘 기억하고 오랫동안 변함없이 간직하기가 얼마나 어려운지 새삼 느껴본다. 이스라엘 백성은 바로 얼마 전에 출애굽과 홍해 사건 등을 통해 하나님의 놀라운 기적적 구원과 은혜를 체험하지 않았던가? 그런데 또 그들은 과거의 은혜를 새까맣게 잊고 현재의 필요에만 매달리고 있다. 도대체 믿음이란 언제 생기는 것일까? 매일의 필요를 채워주어도 그것이 조금이라도 결핍되면 곧장 불신과 원망으로 줄달음치는 이스라엘 백성의 모습에서 우리 또한 우리 자신의 연약하고 부족한 신앙의 모습을 발견하게 된다.

모세는 또 다시 반석을 쳐서 백성에게 물을 공급한다. 백성의 필요를 미리 간파하고 그것을 채워주는 지도자였더라면 하는 아쉬움도 생긴다. 그랬다면 아예 다툼조차 생기지 않았을 테니까.

아말렉 족속과 벌인 전투. 아말렉은 이스라엘과는 철천지원수였다. 무방비의 이스라엘 백성을 광야에서 수시로 공격하고 괴롭혔기 때문이다. 이들과의 싸움에 여호수아가 선발로 보내졌다. 여호수아는 실제 전쟁터에 나가 싸웠고, 모세 그리고 아론과 훌은 전쟁 상황을 바라볼 수 있는 높은 장소에서 기도하는 자세로 싸웠다. 이스라엘은 두 그룹이 공동으로 싸우는 셈이 된 것이다. 실제 칼을 휘두르며 싸우는 여호수아와 영적인 기도로 싸우는 모세-아론-훌이 그들이다. 어느 누구도 승리를 위해서 없어서는 안 되는 존재로 드러났다. 영적으로도 육체적으로도 양자는 전쟁 승리에 모두 필요한 존재였고, 필요한 사역을 감당했다. 만일 몸으로만 싸우고 영적으로 싸우지 않았더라면 아말렉에게 패배했을지 또 누가 알겠는가? 기도만 하고 수고하지 않거나 수고는 하지만, 기도하지 않는다면 우리는 성취의 열매를 먹지 못할지도 모른다. 우리는 범사에 기도하되 땀 흘리는 수고를 게을리 해서는 안 되며, 동시에 땀 흘리는 수고를 하되 아울러 기도하는 일도 결코 소홀히 해서는 안 된다.

출애굽기 18장은 이드로의 충고로 모세가 백성 모두를 홀로 재판하는 수고를 덜게 되었다는 내용이 기록되어 있다. 천부장, 백부장, 오십부장, 십부장은 백성 사이에 발생하는 각종 시비를 모세에게 직접 갖고 가기 전에 해결하도록 세운 재판제도였다. 그래도 해결이 안 될 정도로 판단이 어려운 때는 모세에게 갖고 갈 수 있었다. 천부장, 백부장, 오십부장, 십부장 제도는 마치 군대의 지휘체계를 연상시키는 제도이지만, 광야시대의 이 제도는 오로지 백성의 시비를 판결하는 재판제도였다. 훗날 이스라엘이 나라를 세웠을 때 이 재판제도는 사회적 부패와 타락 현상에 일조하였음이 틀림없다. 물론 이 천부장–백부장–오십부장–십부장 제도가 왕정시절에도 그대로 유지되었는지, 아니면 이와 달리 재판기능을 지니는 또 다른 행정관이 중앙에서 지방으로 파송되었는지는 확실치 않다. 하지만, 촌락사회에서는 마을의 장로 격인 어른들이 마을 사람들의 사소한 시비를 해결하는 일차 재판기능을 유지했던 것으로 이해된다. 그럼에도, 전통적이든 왕정 치하의 사법제도이든 그 자체가 문제된 것이 아니라 재판을 통해 판결을 내리는 지위를 악용한 사람들이 문제로 부각된 것이다.

광야시대에는 적어도 이들이 모세의 지도력에 도전한 사례를 찾을 수 없기에, 일단 이 제도의 출발은 모세의 지도력 분담이라는 측면에서 긍정적인 제도로 확립되었다. 필요에 의해서 생긴 유용한 목적의 사회제도이지만, 사람들은 언제라도 이권에 개입하지 않을 수 없기 때문에 이 재판권의 민주화는 머지않아 사회 권력의 집중화라는 폐단을 초래할 것이다. 맡긴 직분을 시종여일 성실하게 감당하는 사람들을 찾아보기란 참으로 어렵다. 우리의 지나간 역사 속에서 청렴결백한 관리를 뜻하는 청백리가 아쉬운 요즈음이다.

영적 지도자가 되었든 제도적 지도자가 되었든, 맡은 일을 묵묵히 수행하여 그들의 헌신과 봉사를 마음껏 감사하는 구성원을 마음에 꿈꾸며 일하는 신앙적 사명자들이 필요한 시대이다. 출애굽 공동체는 물론 그 이후의 이스라엘 백성이 이 광야 시절을 가장 이상적인 시절로 기억하는 데는, 어떤 일이든 그 일의 사명에 합당하게 묵묵히 땀 흘리며 수고하고 감당하는 진정한 사명자가 많았기 때문이다. 지금도 마찬가지이다. 진정한 사명자가 많을 때 그때와 같은 광야의 이상이 오늘날도 우리에게 구체적 현실로 경험될 수 있다.

33 | 시내산과 십계명

출애굽 한 이스라엘 백성은 우여곡절 끝에 드디어 시내산에 당도했다. 시내산의 위치에 관해서 신앙인들은 이곳에 관한 묘사를 근거로 적어도 세 곳을 실제 사건이 벌어진 장소로 여겨왔다. 전통적으로는 시내 반도의 최남단과 시내 광야와 유다의 남부가 맞닿은 곳, 가데스바네아 부근 그리고 시내산보다는 아라비아 반도의 북서부 지역으로서 에돔 지역에 속한 곳 등이다. 이렇게 실제 시내산 후보지를 다양하게 주목하는 까닭은 시내산 묘사가 마치 화산 폭발과 유사한 장면을 보도하고 있어서 화산 가능성이 있는 곳을 물색했기 때문이다. 하지만, 어느 곳도 성서의 바로 그 시내산이라 장담할 수 없다. 오늘날 성지 순례여행을 하러 가는 시내 반도 남단의 장소 역시 확신하기는 어렵다. 이곳을 예벨 무사jebel Musa, 즉 모세의 산이라고 부르지만, 그 역시 초대 교회 이후의 순례자들이 붙인 이름에 불과하다.

사실 시내산의 "시내"라는 단어는 히브리어로 그저 시내 광야에서 흔히 발견할 수 있는 "가시덤불"이란 의미이다. 다시 말해서 시내산이란 시내, 즉 가시덤불이 많은 장소라는 뜻이다. 더구나 성서의 다른 구절에서는 이곳을 "호렙 산"이라고도 부르는데 그 까닭 역시 호렙, 즉 "건조한 땅"이란 의미를 지니기 때문에 붙여진 명칭이다.

오늘날 우리는 모세와 하나님이 만난 신성하고 유일무이한 경험이 살아있는 그 신성한 산을 확실히 알 수 없다. 다만 그런 신성한 경험이 벌어졌던 성서의 기록만을 진실한 것으로 긍정할 따름이다. 만일 이처럼 특정한 성서적 의미가 깃든 바로 그 거룩한 산을 확인한다면, 아마도 그곳은 오늘날 마치 예루살렘을 둘러싸고 벌어지는 종교분쟁처럼 또다른 종교분쟁의 요인이 될 것이다. 성스런 전승이 머무는 장소에 대한 인류의 지나친 종교심 때문이다. 어떤 의미에서 우리는 오늘날 순례하는 바로 그곳이 성서에서 말하는 그 곳이라는 지나친 확신은 삼가는 것이 좋다. 다만 경건한 신앙을 일깨워주는 장소이면 족하다.

한편, 출애굽기가 제공하는 십계명 묘사는 아주 특이한 문학 구조를 통해서 전해진다. 출애굽기 20장 1~17절의 십계명 전후에는 하나님이 지상에 그 모습을 드러내는 독특한 장면묘사가 위치한다. 출애굽기 19장 18~19절에 보면 하나님이 지상에 나타나시는 모습을 "자욱한 연기, 불, 연기, 나팔소리" 가운데서 "음성"이 들린 것으로 기록하고 십계명이 끝나는 출애굽기 20장 18절에도 마찬가지로 "우레, 번개, 나팔소리, 연기"가 목도되었다고 기록한다. 흔히 성서학에서는 이 "연기, 불, 나팔소리, 우레와 번개"와 같은 표현을 하나님과 관련하여 신현현theophany 장면묘사라고 부른다.

훗날 열왕기상 19장의 북 왕국 시절에 활동한 선지자 엘리야가 여왕 이세벨의 위협을 피하여 도망한 장소가 바로 이 호렙산, 즉 시내산이었다. 그곳에서 그는 야훼 하나님과 만난다. 이 때 그는 "크고 강한 바람, 지진, 불" 가운데서도 하나님을 만나지 못하였다고 한다. 여기서 우리는 앞서 출애굽기에서 볼 수 있는 것과 동일한 현상, 즉 신현현 징조들을 접한다. 그러나 엘리야는 이 전통적인 신현현의 현상에서 하나님을 만나지 못하고, 그 대신 "세미한 소리" 가운데서 하나님의 음성을 들었다.왕상19:12 열왕기상의 이 구절이 의미하는 바는 엘리야 시절 이후 하나님의 음성을 듣는 구조가 달라졌음을 새롭게 가르친다.

여하간 이런 문학구조는 십계명 전후에 위치하는데, 이런 구조는 십계명을 하나님이 지상의 사람들에게 직접 들려주시는 살아계신 하나님의 음성으로 이해하게끔 만든다. 특이한 것은 이처럼 중요한 십계명이 의외로 이후에 기록된 구약성서의 이야기와 사건에서 그리 중요한 것으로 취급되지 않는다는 점이다. 십계명의 신학적 중요성이 다시 언급되기 시작하는 곳은 주후 2세기 초에 기록된 신약시대의 디다케didache라는 문서이다. 더구나 십계명과 유사한 숫자와 내용을 지닌 계명들이 이곳 이후에 여러 곳에서 산발적으로 등장한다. 이를 테면 출애굽기 34장에 열두 개 정도의 금지명령이 등장하며, 레위기 19장 3~4절에는 십계명의 몇 가지 계명이 순서 없이 등장한다. 십계명이 하나님의 거룩한 입에서 나온 말씀이고 시내산 계약의 중심에 있는 말씀이라면, 나중 세대가 이를 기억할 때 언제나 언급되어야 마땅할 것이다. 모세가 모압 평지에서 재차 언급한 십계명도 약간의 변화를 동반한 채 전해진다.신5장

그럼에도, 시내산 언약의 핵심이 바로 이 십계명에 담겨 있다는 사실은 아무리 강조해도 지나치지 않다. 구약성서의 여러 책이 이 사실을 강조하지 않고 없는 듯 지나친다 해도, 이것은 여전히 부인할 수 없는 성서적 진실이다.

재차 강조하고 싶은 것은, 하나님의 입에서 나온 십계명은 신앙공동체의 삶에서 가장 소중히 여겨야 하는 근본 원칙들을 담고 있다는 점이다. 십계명의 문학적 맥락은 십계명이 하나님의 입에서 직접나온 신성한 권위를 지는 계명들임을 강조한다. 이 말씀에 합당하게 사는 것이 하

나님과 언약을 맺고 살아가는 백성의 마땅한 도리이다. 예수님께서는 이를 완벽하게 성취하셨다. 성령과 동행하는 우리 역시 예수님처럼 이 언약의 내용을 완성하는 삶의 자세와 목표를 갖고 살아야 한다.

34 | 언약법전 (1)

시내산에서 야훼 하나님은 십계명과 더불어 중요한 생활규범을 주셨다. 소위 언약법전 혹은 계약법전으로 불리는 이 규범집은 출애굽기 20장 22절~23장 33절에 기록되어 있다. 언약법전으로 불리는 까닭은 출애굽기 24장에서 야훼 하나님과 이스라엘이 언약을 체결하는 장면을 묘사하는 도중에 "언약서" 언약의 책란 말이 등장하므로 이 말은 십계명을 제외한 이 법전을 지칭하는 것으로 이해하는데서 유래했다. 이 언약을 체결하는 장면은 상당히 소상하게 기록되어 있다. 우선 모세는 이 사실을 백성에게 알리고 이 내용을 책으로 기록한 다음, 이른 아침에 제단을 쌓고 이스라엘 열두 지파를 상징하는 돌기둥 열두 개를 세운다. 그 뒤에 청년들을 시켜 번제와 화목제를 드리고 짐승의 피 절반은 제단에 뿌리며, 나머지 피는 여러 양푼에 나누어 담고 그것을 백성에게 뿌리며 "이는 언약의 피니라"라고 외쳤다. 그리고 모세는 아론, 나답, 아비후, 이스라엘 장로 70인과 함께 산에 올라가서 하나님 앞에서 언약을 기념하는 공동식사를 하였다.

이 신성한 언약체결 예식을 거치면서 백성에게 전달된 법전이 바로 언약법전이다. 이 법전의 발의자는 야훼 하나님이시다. 때문에 이를 잘 준수해야 시내산 언약을 유효하게 만들 수 있다. 다른 말로 하자면, 하나님은 이스라엘 백성이 이 법전에 기록된 내용을 철저히 지키기를 바라시며, 이스라엘은 그제야 비로소 하나님의 백성이 되는 것이었다. 하나님의 백성다운 삶이란 과연 어떤 것일까?

언약법전의 시작출20:22~26과 끝 부분출23:18~19은 성소에 관한 내용으로 이루어져 있다. 서두의 성소법에는 특기할 만한 사항이 기록되어 있다. 그것은 하나님의 "이름을 기념하게 하는 모든 곳에서" 제사를 드리도록 허락한다는 점이다.출20:24 따라서 이스라엘 백성은 가나안 땅에 정착한 후에 하나님의 이름이 기념되는 장소라면 어디서든 제사드릴 수 있었다. 즉 솔로몬의 예루살렘 성전이 이스라엘 백성의 유일한 제사장소가 아니었다는 뜻이다. 이를 복수 성소법이라고 한다. 그러나 신명기법전 12~26장에서는 오로지 "오직 너희의 하나님 여호와께서 자기의 이름을 두시려고 너희 모든 지파 중에서 택하신 곳인 그 계실 곳으로 찾아 나아가서"신12:5,11,14,18,21에서만 제사 드리도록 규정한다. 이처럼 오경의 두 법전 사이에서 제사드릴 수 있는 성소의 수효에 관해 보여주는 차이점을 두고 학자들은 다음과 같이 해석한다. 언약법전의 복수 성소는 이스라엘 백성이 정착 초부터 시행하던 관습이었고, 신명기법전은 주전 7세기에 이르러 역사적 특수상황으로 말미암아 단일성소, 즉 예루살렘만을 유일한 성소로 선포한 법이라는 것이다. 다시 말해서 이스라엘 민족은 처음에는 여러 성소에서 하나님께 제사 드렸지만, 유다 왕조 말기 요시야 왕 시절에 이르러서는 예루살렘에서만 드리는 제사를 합법적 제사로 제한하였다.왕하22~23장

성소의 수효에 관한 이런 강조점 외에도 언약법전은 이스라엘 열두 지파가 오랫동안 지켜온 생활 관습과 신앙자세를 고스란히 담고 있다.

그것은 성소를 쌓는데 사용하는 돌을 다듬지 말라는 명령이다. 왜 다듬은 돌을 사용하지 말라는 것일까? 사회구조를 생각하면 간단하다. 돌을 다듬는 일에는 불필요한 노동이 요청되고 그것은 자칫 강제사항으로 이해되어, 제단을 쌓는 일에도 힘없는 사람들에게 부당한 사회적 압력을 가할 수 있기 때문이다. 하나님은 아름다운 성소가 아니라 제사 드리는 제단을 만드는 것 그 자체로 흡족해 하신다. 하나님은 모양새를 따지지 않는다. 이 법에는 백성의 노고를 아끼고 보존하려는 하나님의 마음이 깃들어 있다.

언약법전에서 맨 처음 등장하는 법출21:1~11은 히브리 종을 사서 부린 후 제 칠년에는 조건 없이 그를 자유롭게 놓아주라고 명시한다. 여기서 특기할 사항은 이 종이 주인의 배려로 아내를 얻어 가족이 생겼을 때 그들은 주인의 소유이므로 해방된 종은 홀로 나갈 수 있지만, 만일 그 종이 가족과 함께 주인의 집에 남고 자유인이 되기를 포기한다면 이를 허락하라는 내용이다. 이에 대한 인증절차는 종을 재판장혹, 하나님 앞에 데리고 가서 그 귀를 문이나 문설주에 대고 뚫는 것이다. 여기서 하나님의 관심사는 일차적으로 히브리 종의 안녕에 초점이 맞추어져 있다. 그렇다고 종을 소유한 주인의 재산권을 함부로 다루지도 않는다. 하나님은 하나님의 백성이 된 모든 사람의 안녕과 생명에 대해 빈부고하를 막론하고 공평과 정의의 원칙에 입각하여 배려하신다. 언약법전을 읽으면 읽을수록 하나님의 깊은 배려에 눈을 뜨게 된다. 우리가 믿는 하나님이 이렇게 너그럽고 사려가 깊으신 분이라는 사실은, 우리 역시 각박한 현실에서 상대방을 더 너그럽게 배려하면서 살도록 가르친다.

35 | 언약법전 (2)

언약법전출20:22~23:33은 현재의 출애굽기 본문에서 십계명 다음에 위치한다. 이러한 위치는 이 법전이 지닌 문학적 기능을 암시한다. 여러 가지 설명이 가능하겠지만, 한 마디로 언약법전은 짧은 열 마디의 말씀으로 구성된 십계명을 상세히 풀어서 설명한다고 말할 수 있다. 그래서 인지 언약법전은 제단을 만드는 법,출20:22~26 그리고 이와 더불어 다른 신을 섬기지 말고 오로지 야훼 하나님만을 섬길 것을 당부하는 내용출23:20~33이 이 법전의 시작과 끝에서 강조된다. 이어지는 내용은 언약백성의 삶에서 구현되어야 할 삶의 원칙을 상술한다.

언약백성으로서 마땅히 살아야 할 구체적 삶의 도리를 해설하는 언약법전은 제일 먼저 7년을 섬긴 히브리 남종과 여종의 해방에 관한 규례를 제시하고, 이어서 폭행에 관한 것출21:12~27을 제시한다. 폭행에 관한 규례는 폭행 가해자가 받아야 할 판단 결과의 정도에 따라 배열해 놓았다. 다시 말해서 폭행의 결과로 가해자가 사망 선고를 받는 때출21:12~17부터 단순 배상으로 그칠 때출21:18~27까지를 나열하였다. 그 중에서 부모에 대한 가해치거나 저주하는 때는 모두 사형에 해당하는 판결을 내린다.

십계명의 제5계명인 부모 공경 명령을 위반한 때에 대한 공동체의 합리적 결정인 셈이다. 어떠한 때라도 고의성이 있다고 판단되면 사형에 해당되는 형벌을 받는다. 그러나 고의가 아니라 비고의성으로 판명되면 모두 배상으로 판결한다.

이 중에서 특이한 사항은 폭행의 결과로 주변에서 구경하던 임신한 여인에게 손상을 가한 때이다. 임신한 여인의 태아가 손상을 입으면 저 유명한 동해보상법lex talionis=law of retaliation 원리에 따른다. 이에 따르면 "생명은 생명으로, 눈은 눈으로, 이는 이로, 손은 손으로, 발은 발로, 덴 것은 덴 것으로, 상하게 한 것은 상함으로, 때린 것은 때림으로"출21:23~25 배상해야 한다. 이 규례는 과거에 원시적 형태의 판례라고 해석했지만, 오늘날 학자들은 이것이 오히려 더욱 발전된 형태의 판례라고 이해한다. 그 이유는 앞서의 배상원칙을 적용하면, 임신한 여인이 잉태한 새 생명에 어떠한 손상을 입히든 돈 많은 사람은 그저 금전적 보상으로 그것을 덮어버릴 수 있고, 그러면 이 배상법이 권력자나 부자에 의해 남용 혹은 오용될 수 있기 때문이다. 동해보상법은 이러한 사항을 미연에 방지한다.

이어지는 판례는출21:28~36 가사 노동에 동원되는 가축과 관련하여 어떤 손해나 피해가 발생하였을 때의 배상원칙이 기록되어 있다. 여기에는 해당 가축에 가해질 형벌과 더불어 그 가축의 주인이 책임질 부분까지 소상히 기록되어 있다.

또한 도둑질출22:1~4과 우연한 사고로 다른 사람에게 재산상의 손실을 입혔을 때 생기는 분쟁출22:5~15과 아울러 도덕적 원칙출22:16~31도 기록되어 있다. 특히 무당, 짐승과 행음한 자에 대한 사형 원칙과 아울러 가난한 자, 고아, 과부, 그리고 이방인 압제를 금하는 규례는 언약백성의 책임 영역이 얼마나 포괄적이고 광범위하게 적용되는지를 보여준다.

우리는 이 법전에서 언약백성의 의무와 책임이 다만 야훼 하나님께 대한 종교적 충성만을 명시하지 않는다는 사실에 유의할 필요가 있다. 언약백성은 사회정의와 공평의 차원에서 상호간의 존중과 배려를 수행할 때 비로소 언약백성이 될 수 있다는 사실을 기억해야 한다. 고의가 아닌 비고의성 폭행이라도 철저히 배상하고 그 책임을 져야 한다. 언약백성은 자신이 소유한 말 못하는 가축을 단속하고 통제하는 책임까지도 져야 한다. 나그네, 고아, 과부를 학대하는 일은 그 행위의 정당성 여부를 떠나 무조건 금지된다. 하나님 백성은 삶의 사소한 부분까지도 신중에 신중을 거듭하여 영위해야 한다. 손해를 끼치고도 몰래 감추려 하거나 돈으로 적당히 무마하려 한다면, 그는 언약백성이라 할 수 없다. 언약공동체의 구성원은 누구든지 구원받은 백성으로서 신분의 귀천을 떠나 서로를 존중하며 서로를 위해 살아야 한다.

참된 신앙은 삶의 열매로 드러나는 법이다. 아무리 언변이나 수사가 뛰어나다고 해도 삶의 결과 자체가 그 신앙의 진위 여부를 가려준다. 나 한 사람의 개인적 욕망을 위해서 권모술수를 이용하여 남을 짓밟으려는 자가 적지 않다. 하나님의 철저하고 예리한 심판이 가까운 줄 안다면 그는 지혜로운 자에 속하겠으나, 그렇지 못하다면 안타깝게도 그는 생명에 이르는 구원이 준비되어 있지 않다.

36 | 언약법전 (3)

출애굽기 23장 1~9절은 재판할 때 이루어져야 할 공정한 판결 자세를 명시한다. 재판이 가난한 자와 힘없는 자보다는 부자와 권력자에게 유리하게 이루어지는 경험은 동서고금을 막론하고 인간사회의 보편적 관행이다. 언약백성인 이스라엘에게도 이 문제가 빠지지 않고 신성한 가르침으로 자리 잡고 있다.

1~2절은 진행 중인 재판을 자신에게 유리하게 만들려고 취하는 모든 조치를 금지한다. 그런 조치 중에는 여론을 조작하려고 거짓말을 퍼뜨리는 일이나, 스스로 돈에 매수되어 거짓 증인으로 나서는 일이 포함된다. 북 왕국 아합 왕 시절에 나봇이란 농부에게 이와 똑같은 일이 벌어졌다.[왕상21장] 아합 왕은 이스르엘 평야에 거주하는 나봇의 포도원을 탐내 그에게 매입의사를 밝혔으나 보기 좋게 거절당했다. 나봇이 거절한 이유는 이스라엘 백성은 자기 조상에게 상속받은 땅을 파는 것이 금지되어 있었기 때문이었다. 야훼 신앙 안에서 지켜오던 이 관습을 위반할 수 없었던 아합 왕이 상심한 모습을 보다 못한 왕비 이세벨이 해결사로 나섰다. 이세벨은 우선 나봇이 사는 성읍의 장로와 귀족들을 매수하고,

나봇을 재판에 회부하려고 "불량자 두 사람"을 위증하도록 준비시켰다. 성읍의 장로와 귀족들은 거짓말을 유포하고, 위증해 줄 사람을 앞세워 결국 나봇을 사형에 처하게 했다. 이 사건은 결국 하나님의 사람 엘리야로 하여금 아합 왕조의 종말을 선언하도록 만들었고, 또 그렇게 되었다.

2절에 두 번 사용된 "다수"란 말은 군중심리보다는 다수의 의견을 말한다. 어떤 의견을 지지하는 사람의 수효가 많다고 해서 거기에 들붙거나 그것을 강제로 추진하는 관행 역시 고금 어디에서나 볼 수 있는 현상이다. 언약법전은 다수의 의견을 믿고 그것을 추종하면서 악을 행하지 말라고 당부한다. 더구나 다수결이 언제나 옳은 판단이 아닐 수 있다는 가능성을 고려하는 분별력도 가르친다. 심지어 3절에서는 가난한 자의 송사이기 때문에 사정과 형편을 봐주는 식의 치우친 판결도 용납될 수 없다고 강조한다. 한 마디로 이 법전은 재판관이건 일반 평민이건 공정한 판결을 통해 공평한 사회가 이루어지도록 노력할 것을 당부한다.

4~5절에 언급된 "원수"란 소송을 제기한 원고나 피고로서, 본인과 맞서게 된 상대방을 일컫는 말이다. 소송 상대방이 소유한 가축이 길 잃은 것을 보면 주인에게 돌려주고, 또 짐을 싣고 가던 원수의 나귀가 엎드러지면 이를 외면하지 말고 도와주라는 말씀은 대단히 인간적인 태도이다. 하지만, 만일 이를 방관했을 때는 어떻게 되는가? 4절에서는 오히려 도둑으로 오인될 가능성이 높다. 한 가지 분명하게 짚고 넘어갈 것은 구약성서에는 신약성서의 마태복음 5장 43절에서 언급하듯이 "네 원수를 미워하라"는 구절이 그 어디에도 나타나지 않는다는 사실이다.

이어서 법전은 가난한 자의 송사를 굽게 하는 일6절, 의로운 자, 즉 가난한 농부를 죽음으로 내모는 판결7절, 뇌물을 받는 일8절, 그리고 이방 나그네를 압제하는 일9절의 금지를 명한다. 9절은 출애굽기 22장 21절과 비슷한 내용을 반복한다.

안식년 규정출23:10~11은 농산물 생산을 위해 땅의 휴경을 통하여 토지 비옥도를 유지하려는 농사기술에 속한다. 그러나 여기서는 이 안식년 제도가 가난한 사람이나 들짐승을 돌보려는 목적에 그 강조점을 둔다. 안식일 규정출23:12도 주요 노동원인 소와 나귀 그리고 여종의 자식과 나그네의 휴식에 초점을 맞춘다.

13절의 종교적 충성을 강조하는 말씀은 앞의 말씀23:10~12의 결론이면서도 이어지는 말씀14~19절에 대한 중요한 해석적 단서를 제공해준다. 이 구절의 배치는 주변 단락에서 언급한 명령 준수의 참 목적이 어디 있는지를 분명하게 인식시켜 준다. 14절 이하에서 언약공동체 이스라엘은 야훼 하나님 앞에 일 년에 세 차례의 중요한 절기무교절, 맥추절, 수장절에 예배하러 나올 것을 당부 받는다. 이 같은 단락배치를 통해 알 수 있는 것이 있다. 그것은 예배에 관한 규정이 언제나 사회정의에 관한 규정과 맞물려 있다는 사실이다. 출애굽기 23장 1~12절은 사회정의를, 결론부의 23장 13절은 신앙적 충성을 강조하면서 맺는다. 다시 이 사회정의를 강조하는 단락23:1~13은 23장 14~19절의 신앙적 충성을 요구하는 단락 앞에 배치되어 두 가지 삶의 영역은 나란히 놓여 있는 모양새를 지닌다. 이는 두 가지가 대등한 가치를 지닌다는 의미일 뿐 아니라 서로 호혜적인 목적으로 존재한다는 사실을 가르쳐 준다.

가난한 자에 대한 사회적 관심사는 제의를 설명하는 가운데 절대로 누락되지 않는다. 안식일을 지켜도 그 목적은 노동하는 당사자의 안녕에 초점이 맞추어져 있다. 그런 의미에서 제의는 그 자체가 전부가 아니라 더욱 폭넓은 인간의 문제를 해소하는 일을 할 때 비로소 참된 제의가 될 수 있다는 진리를 가르쳐 준다. 오늘날은 예배에 대한 강조가, 지나칠 정도로 예배 자체에 국한된 경향을 본다. 우리의 예배가 사회의 온갖 어두운 문제를 해소하는 방향으로 나가지 않는다면 그런 예배는 공허한 행사가 될 수 있음을 깨달아야 한다. 거꾸로 사회정의를 구현하는 일이 곧 야훼 하나님을 진실로 경외하고 예배하는 일이란 사실도 잊어서는 안 된다.

37 | 언약법전과 신명기법전

지금까지 우리는 언약법전출20:22~23:33의 이모저모를 살펴보았다. 더 신중하게 읽고 살펴본다면 지금껏 파악하지 못하고 지나쳤던 의미도 다시 발견할 수 있을 것이다. 이번에는 이 언약법전의 규정 상당부분이 신명기법전신12~26장과 형식과 배열 그리고 짜임새 면에서는 유사하지만, 내용에서 큰 차이점을 보여준다는 사실을 설명하려고 한다.

앞에서 잠시 언급했지만, 가장 먼저 눈에 띄는 차이는 예배 장소에 대한 문제이다. 언약법전은 야훼의 이름을 기념할 수 있는 곳이라면 어디든지 가능하다며 복수 성소를 허용했지만many places, 출20:24, 신명기법전은 이와 달리 야훼의 이름을 기념하도록 지파들 가운데서 선택한 오직 한 곳에서만 예배드리라고 강조한다.only one place, 신12:5,11,14,18,21

언약법전에 있는 종의 해방법은 신명기 15장 12~18절에도 등장한다. 당장 눈에 띄는 차이점은 언약법전은 남종을 중심으로 언급하고 여종의 권리에 대해서는 차별적으로 다루지만, 신명기법전은 남자든 여자든 종이라면 무조건 7년 만에 해방시켜 주라고 명시한다는 것이다.

살인죄에 관한 법에 대해 언약법전은 간단히 명시한다. 특히 "나 하나님이 사람을 그의 손에 넘긴 것"이라는 표현은 원한에 의한 것인지 복수를 정당화하는 것인지 아니면 실수로 저지른 살인인지가 불분명하다. 이런 규정이라면 누구라도 살인 후에 하나님이 그를 내 손에 넘긴 것이라고 선언하면 그만이라는 방식으로 오용될 여지가 많다. 그러나 신명기법전은 이 살인과 도피성 조항이 오용 및 남용되지 않도록 아주 소상하게 설명한다.

처녀를 유혹하여 동침했을 때, 언약법전은 납폐금을 주고 아내로 삼으라고 명시하지만, 그것이 얼마인지는 말하지 않는다.출22:16~17 신명기법전은 이를 은 오십 세겔로 명시하면서 절대 그 아내를 버려서는 안 된다고 못 박는다.신22:28~29

가난한 자에게 돈을 꾸어주는 일에 관해서 언약법전은 이자를 받지 말 것을 명시하지만, 신명기법전은 이자에 대한 언급이 없고 다만 저당여기서는 옷 잡는 일을 당연시여기면서도 그 일을 집 안에 들어가 강제집행하지 말 것과 해 질 때에는 저당물을 반드시 돌려주라고 말한다. 이에 관한 한, 언약법전은 가난한 자의 편에서, 신명기법전은 부자의 의로움을 강조하는 측면에서 다룬다.

짐승의 초태생과 첫 아들을 하나님께 바치라는 언약법전의 규정출22:29~31도 신명기법전에서는 사람은 생략하고 재차 설명된다.신15:19~23 후자에서 장자를 드리는 일은 다만 "너와 네 가족은 매년 여호와께서 택하신 곳 네 하나님 여호와 앞에서 먹을지니라"고 말하면서 지나친다. 장자는 레위기 34장 20절에 대속하는 규례가 별도로 마련되어 있다.

위증에 대해 언약법전은 단순 금지를, 신명기법전은 소상히 그것을 해결하는 지혜와 함께 이런 행위의 금지를 명시한다.

매 7년 째 안식년에 휴경하라는 언약법전출23:10~13을 신명기법전은 아예 매 7년째 채무 완전 면제 규정으로 확대시킨다.신15:1~11 매년 세 차례 지키는 절기에 대해 언약법전과 달리 신명기법전은 그것을 지키고 즐길 대상을 확대하여 명시한다. 신명기법전은 특히 칠칠절의 축제 대상에 본인 뿐 아니라 자녀, 노비, 성중의 레위인, 고아, 과부, 객을 포함시킨다. 이들은 모두 함께 하나님이 택하신 곳에서 절기를 지켜야 한다.신 16:1~17 특히 유월절은 집 안에서 지키던 축제가 이제는 하나님이 택하신 공공장소에서 다 함께 지키는 축제로 변모한다.

이외에도 언약법전의 세밀한 부분이 신명기법전에서 확대 혹은 해설 혹은 수정된 형태로 등장하는 까닭은 어디에 있을까? 광야 40년 생활의 시간적 간격이 처음 시내산에서 받았던 법전의 내용을 불분명하게 기억해서 모세가 모압 평지에서는 새롭게 기억을 더듬어서 이렇게 말한 것으로 전부 설명할 수 있겠는가? 흔히 성서 풀이에 사용하는 영감론만으로는 이런 법전사이의 차이점을 해명할 수 없다. 성서학자들은 이를 각 법전의 역사적 시간차이 때문으로 해설한다.

학자들은 오경 안에 적어도 네 가지 법전이 전해진다고 본다. 언약법전출20~23장, 제사법전레1~16장, 성결법전레17~26장, 그리고 신명기법전신 12~26장이다. 이 법전들은 본문에 모세가 시내산 그리고 모압 평지에서 하나님의 분부로 전하는 법전이라는 형식과 문학적 배경 이면에 그것을 그렇게 기록한 실제의 역사적 정황을 갖는 것으로 본다. 학자들은 언약법전의 작성 시기를 북 왕국 시대주전 921~722년로 보고, 신명기법전은 북 왕국 멸망 이후 남 유다에서 두 차례 종교개혁히스기야와 요시야 시절이 일어난 시대주전 722~621년를 이 법전의 작성을 이해하는 가장 직접적인 배경으로 주목한다. 물론 두 법전은 모두 왕국을 형성하기 전 이스라엘 12지파가 가나안에 평화롭게 정착하여 야훼 하나님을 섬기던 '초기 이스라엘' 시대의 사회상을 가장 이상적 시절로 삼는다. 그리고 그 시대의 이상적 사회상은 현재의 글에서 모세와 함께 했던 시내산 경험과 그 이후 광야시대로 묘사된다.

성서해석에 관한 한, 글의 문학적 맥락이 소중할 때가 있고, 실제로 작성된 시기를 고려해야 할 때가 있다. 모세를 강조하는 때는 그 법전의 신성한 권위를 내세울 때이다. 그러나 법전 사이의 세밀한 차이점에 관한 질문을 받으면 모세의 권위를 내세우는 일만으로는 답변이 어렵지 않겠는가? 신명기법전이 기록된 사회적, 역사적 정황에 대한 해설과 그 신앙적 강조점을 배우면 독자는 결국 성서에서 말씀하시는 하나님의 권위를 더욱 신뢰하고 흔들림 없는 믿음을 가질 것이다.

38 | 해석이 필요한 성서 (1)

여기서는 성서해석과 관련된 몇 가지 생각을 나누려고 한다. 필자가 외국에서 공부를 마치고 돌아와 교회에서, 그리고 신학대학의 여러 과정에서 구약성서를 가르쳐 온 지 십년도 넘었다. 그동안 필자는 신학생들학부, 대학원, 박사과정에게 황당하기도 하고 곤혹스럽기까지 한 질문들을 숱하게 받아왔다. 그때마다 느낀 점이 아주 많다. 필자를 가르친 외국의 선생들은 한국교회의 그런 경향에 대해 이렇게 언급했다. "한국교회는 아직 유아기적 상태이다. 성년이 되고 장년기에 접어든 서구교회와 같은 수준이기를 기대하지 말라. 그러니 서두르지 말고 인내심을 갖고서 성서를 가르치라"는 것이다. 선교 100년이 지난 우리 교회가 아직 그런 상태라는 말을 듣는 필자 역시 기분이 썩 좋지 않다. 세계 최대 규모의 교회와 성도, 그리고 놀랄 정도로 부흥하고 성장해온 한국교회라는 자부심이 있지만, 사실은 사실이었다. 아쉽지만, 현실을 인정하지 않을 수 없었다. 종종 학생들에게 이렇게 말한다. 우리 교회가 서구의 발전한 교회와 성도들만큼이나 성숙하려면 아마 앞으로도 100년이 더 걸릴지도 모른다. 그러므로 긴 호흡을 갖고 가르치고 배우자. 이런 생각은 필자에게 이제 거의 확신에 가까운 신념으로까지 발전했다. 이런 맥락에서 우리 교회가 성숙하려면 반드시 교정되어야 할 몇 가지 기본적 사실을 나누려고 한다. 이런 설명에 대해 추호도 오해가 발생하지 않기만을 바랄 뿐이다.

우선 우리 교회가 성서 특히 구약성서에 대해 아주 편협한 태도를 가졌다는 점이다. 그 편협한 태도란, 무엇보다 우리가 구약성서의 말씀을 아무런 해석도 없이(!) 문자 그대로 믿는다는 것이다. 성서의 축자영감론과 문자주의를 고집하는 근본주의 신학으로 학습한 초기 미국 선교사들의 영향 때문이다. 어찌 보면 참 편하기도 하고 어찌 보면 참으로 한심한 태도이다. 해석되지 않는 성서를 암기하고 그대로 믿는 일이 우리의 신앙에 얼마나 유익하며 또 얼마나 해로울까?

먼저 구약성서를 문자적으로 믿는 태도는 신약시대 유대인이 예수님에게 보여주었던 태도와 크게 다르지 않음을 기억하기 바란다. 우리가 성서에 대하여 가져야 할 마땅한 태도는 그 무엇보다도 성서문자를 해석해서 그 말씀의 근원적 의미에 도달하고 그래서 그 의미를 확신하며 실천하는 일이다. 해석되지 않은 성서를 인용하고 믿는 일은 우리 그리스도인을 마치 유대인처럼 만드는 오류를 범할 수 있음을 잊어서는 안 된다. 더구나 이것은 우리 신앙을 기복주의로 만드는 직접적 요인으로 분석된다. 예를 들어 아브라함에게 주신 하나님의 약속의 말씀창12:1~3을 생각해 보자. 우리 대부분은 이 말씀을 해석하지 않은 채 암송한다. 그리고 신앙생활의 중요한 공식으로 마음에 품고 살아간다. 말씀에 순종하여 나아가면 자식과 땅 그리고 이름이 창대해지는 복을 받는다! 또 신명기 28~30장에 기록된 바를 기억하여 언약을 지키고 순종하면 들어오거나 나가도 복을 받을 것이지만, 불순종하면 들어가거나 나가거나 재앙과 화를 당할 것이라는 식이다. 이런 성서문자주의는 우리가 예수를 통해 하나님을 신앙하는 이유가 무엇인지 그리고 그 신앙의 궁극적 목적이 무엇인지를 망각하게 만든다. 성서에 대한 이런 이해가 우리에게 남겨준 것이라고는 미신적이고 기복적인 신앙형태뿐이다. 그런 신앙은 역사 변혁적이고 현실중심적인 기독교 신앙을 여느 미혹케 하는 종교와 크게 다르지 않게 만든다.

이런 신앙 자세를 만든 일차 원인은 강단설교에 있다. 강단에서 목회자들은 대체로 구약성서를 해석하지 않은 채 설교본문으로 삼는다. 설혹 구약성서 본문을 설교본문으로 택하여 설교할 때도 자세히 들어보면 해석이 없는 때가 허다하다. 혹은 그런 설교는 대다수 본문이 전하지 않는 내용이나 등장인물의 심리적 측면을 자기 멋대로 상상하여 해설한다. 그것도 아니면 구약성서를 기독교적 구원의 교리와 가르침을 전하기 위한 성스러운 권위로만 활용할 뿐이다. 그래서 결론은 이렇다. 성서를 해석하지 않아도 교인을 많이 모아 교회를 부흥시킬 수 있는데 그 이유는 설교가 교리에서 벗어나지 않기 때문이다. 그럼에도, 이런 식의 구약 설교는 구약성서 자체에 대한 각종 그릇된 생각을 조장하는 중대한 원인 중 하나다. 심지어 성서해석exegesis과 설교sermon를 마치 똑같은 것처럼 생각하는 신학자도 있다.

문제를 짚었으니 그렇다면 구약본문을 어떻게 설교하는 것이 합당할까? 예를 들어 아브라함에게 주신 축복의 말씀을 우리가 어떻게 해석하는 것이 합당할까? 많은 대안이 있지만, 먼저 중요한 관찰 하나를 제시하려고 한다. 먼저 이 장면이 등장하는 맥락 전후를 살펴야 한다. 창세기 1~11장은 태고사로서 하나님이 창조한 인류의 이야기 중에서 실패한 이야기들로만 구성되어 있다. 태고사의 등장인물들은 셋이나 노아를 제외하고는 자신의 힘과 지혜로 하나님처럼 되려는 욕망을 표출한 사람들이었다. 그러나 그 결과는 실패와 멸망이었다. 이제 하나님은 인류를 방치하지 않으시고 새로운 방식을 동원하신다. 하나님이 주도하시는 역사, 축복과 생명을 오직 믿음으로만 성취할 수 있다는 진리를 보여주고자 하나님은 새로운 역사를 시작하신 것이다. 그것이 아브라함을 부르신 맥락이다. 이 맥락에서만 아브라함의 부르심은 합당한 의미를 지닌다. 아니 이것이 이 부르심에 대한 올바른 해석이 시작되는 장소이다. 구약성서, 해석이 필요하다! 해석 없이 성서 문자를 믿는 일이 크게 잘못된 것은 아니지만, 유치한 믿음인 것을 알라! 구약성서는 아직도 우리의 해석을 기다린다!

39 | 해석이 필요한 성서 (2)

우리 교회와 성도들이 구약성서의 내용을 대하는 방식을 곰곰이 살펴보면 아주 흥미로운 특징을 발견할 수 있다. 먼저 구약성서와 신약성서의 관계에 대해 편견이 있다. 이 문제는 필자가 거듭 강조해왔고 시정을 요구해온 바이므로 더 언급하지 않겠다. 구약성서는 신약성서와 비교해 볼 때 그 중요성과 가치 면에서 추호도 뒤지거나 열등하지 않은 거룩한 하나님의 완벽한 계시이다. 둘째는 오랫동안 구체적인 성서 연구 없이 전해지고 배워온 교리적 가르침을 구약성서 해석과 그 진리판단의 시금석으로 사용한다는 점이다. 교리적으로 훈련받아온 교회와 성도 대다수가 본격적인 구약성서 연구를 접하고 종종 갈등을 체험하는 이유가 바로 여기에 있다. 교회 교육과 신학 교육 사이의 격차도 바로 여기서부터 생긴다.

사실 본격적인 학문적 구약성서연구는 지난 18세기말에 시작되었다. 그 이전에 해왔고 그리고 지금껏 변함없이 시행해온 교회의 일반적 성서교육은 대체로 기독교의 교리를 재확인하는 수준에 머문다. 하지만, 교회에서 가르치는 교리가 치밀하고 체계적인 성서연구에서 나왔다고는 단정 지어 말할 수 없다. 대개는 성서연구결과가 교리신학에 거의 반영되지 않는다. 심지어 교리가 성서연구를 제한하는 때가 더 많다. 물론 교회의 교리가 성서의 몇몇 구절에 근거하는 것은 사실이지만, 교리의 이러한 성서 인용은 성서에서 해석한 의미를 활용한 것이라기보다는 단순 인용 수준에 머문다. 이러한 성서 사용 방식을 우리는 증빙본문proof text theology 신학이라고 부른다. 그리고 이런 방식의 성서연구는 본격적인 성서신학biblical theology에서 아주 경계하는 방식으로 지난 18세기 이후 성서학자들이 항상 지적해 온 바이며, 그 까닭은 그런 방식 자체가 그릇된 성서연구를 초래할 소지가 아주 다분하기 때문이다.

그렇다면 본격적으로 구약성서 연구를 하려면 우리가 그동안 믿어온 교리를 버리거나 전면적으로 수정해야 하는 것일까? 결론부터 말하자면 전혀 그렇지 않다. 성서연구는 우리가 믿어온 바를 더욱 성숙시키고 발전시켜 줄 것이다. 성숙한 신앙을 원한다면 이젠 교리교육 수준에서 본격적인 성서연구로 나아가야만 한다.

좀 쉽게 말해보자. 우리는 예수를 믿고 나서부터 성서를 손에 들고 읽기 시작했다. 우리 중 누구도 예수를 믿기 전에 성서의 내용을 검토하여 그것이 사실인 것을 확인하고 검증한 후에 믿기로 작정한 사람은 아마 없을 것이다. 우리가 예수를 믿고 나서 읽는 성서에 관해 교회는 이것이 진리를 담은 하나님의 말씀이라 가르쳐 왔기 때문에, 우리는 진리를 담은 이 성서의 내용이 반드시 실제로 벌어진 사실에 바탕을 둔다고 짐짓 생각해 왔을 뿐이다.

바로 여기에 성서교육을 원활하게 진행되지 못하게 만드는 요인이 있다. 학생들과 성도들은 성서가 사실에 바탕을 둔 것이라고 믿는다. 하지만, 성서의 내용이 진리라고 말하는 것은 옳지만, 그 형식이 언제나 검증 가능하며 실제로 벌어진 일을 있는 그대로 기록한 것이라고 말하기는 참으로 어렵다. 왜냐하면 고대인에게는 현대인과 같은 과학적 세계관이 없었기 때문이다. 그런 의미에서 엄격히 말하자면서 발생한 사건은 있었겠지만, 그것을 보도하는 내용이 정확한 사실이라고 말하기는 참으로 어려울 때가 너무 많다. 성서기록의 사실성 여부를 검증할 만한 객관적 자료가 턱없이 부족하기 때문이다.

이 문제는 이렇게 말하는 것이 이해하기에 수월하다. 성서는 발생한 사건은 있었으나, 그것은 신앙인의 신앙적 관점에서 이해하고 해석한 바를 기록한 것이라고. 즉 사건의 사실적 보도라기보다는 사건의 의미에 대한 기록자의 해석뜻풀이을 기록해 둔 것이 성서라는 말이다. 그래서 구약성서를 자세히 읽어보면 내용이 분명하게 상충됨에도, 아무런 교정이나 여과과정 없이 그대로 수록한 것을 종종 발견한다. 이를 테면 창세기 1장의 창조순서는 식물–짐승–인간남녀인데 비해서 창세기 2장은 남자–식물–짐승–여자의 순서로 기록한다. 어느 것이 사실인가? 만일 성서가 사실기록이라고 믿어야 한다면, 우리는 하나가 사실이면 다른 하나는 거짓이라고 판단할 수밖에 없다. 그러나 사실에 관심이 없는 성서 기록자는 이 둘이 모두 진리를 담고 있다고 믿기에 아무런 수정 없이 그대로 간직해 둔 것이다.

그런 의미에서 고대성서 기록자의 관점과 해석을 담은 구약성서의 내용을 두고 과학적 세계관으로 교육받아온 현대의 우리가 그 뜻을 제대로 풀이하려면 반드시 적절한 해석 방법을 통해 해석하는 과정을 거쳐야 한다. 우리는 성서가 진리를 담고 있다고 믿기에 그것이 사실이라고 생각한다. 그러나 그 반대는 언제나 성립하지 않음을 깊이 생각해야 한다. 성서는 반드시 해석되어야 한다. 왜 그렇게 말씀하는지.

흔히 "모든 성경은 하나님의 감동으로 된 것"딤후3:16이라는 말씀을 비평적이고 건전한 성서연구를 제지하는데 사용하는 때가 많다. 그러나 그것은 이 구절 다음에 오는 내용을 고려하지 않은 것이다. 성서는 "교훈과 책망과 바르게 함과 의로 교육하기에 유익하니 이는 하나님의 사람으로 온전하게 하며 모든 선한 일을 행할 능력을 갖추게 하려 함이라."

40 | 해석이 필요한 성서 (3)

구약성서는 우리 시대와는 다른 세계관을 갖고 살던 사람들이 기록한 글로 이루어져 있다. 당시 사람들은 지구가 편평하며 태양과 달이 지구라는 평면 주위를 빙빙 돌고 별들은 하늘에 매달려 있다가 어두운 밤에만 보이는 것이라고 생각했다. 그들은 자연현상을 모두 신들이 움직인 결과라고 믿었다. 계절이 바뀌는 것, 비가 올 때 비가 오거나 비가 와야 할 때 오지 않는 일 모두 신들의 권한이라고 여겼다. 바람이 불고 구름이 몰려오는 일, 사람이 죽고 사는 일, 인간의 힘과 능력 밖의 모든 일, 그리고 이해하기 힘든 일 모두를 신의 영역에 속한 일이라고 여겼다. 신은 그들의 삶 가운데 언제나 존재했으며, 사고방식과 의사결정과정에 반드시 고려해야 할 변수였다. 신의 은혜를 입으면 행복을 얻지만, 노여움을 사면 반드시 불행을 겪는다고 생각했다. 그래서 그들은 신의 노여움을 해소할 방편을 마련했는데 그것이 일종의 제사의식으로 체계화되고 발전했다.

한편 고대인이 신과 신앙의 문제를 표현할 때는 어떤 방식을 동원했을까? 그들은 시간과 장소가 동떨어진 정보를 어떤 방식을 통해 전해

받았으며, 그것을 어떤 방식으로 표현했을까? 성서학자들은 구전oral tradition이 일차적 정보전달 기술이었다고 판단한다. 따라서 구전이란 기록자가 본 적도 없고 경험한 적도 없는 정보를 확인하는 일차적 방편이었던 것이다. 그들은 그 구전의 과학적 근거나 합리성 혹은 그 일의 사실성 여부에 관심이 전혀 없었다. 일단 받아들인 정보는 전해주는 이의 권위를 근거로 진실이라고 판단했으며 사실적인 것으로 이해했기 때문이다. 그런 구전에 하나님이 등장하여 말씀하시고 능력을 행하는 일은 고대인에게는 자연스러운 일이었다.

그리고 그들은 이를 여러 가지 방식을 동원하여 표현하였다. 이를 표현하는 고대인의 문학적 재능은 현대의 우리와 그리 큰 차이가 없었다. 학자들은 이를 신화, 전설, 설화, 소설, 시, 노래, 자서전, 역사, 보도, 이야기 등의 다양한 현대적 용어로 설명한다. 이에 대한 지식이 없는 성도나 학생은 이 용어만 듣고 이 용어로 표현된 성서의 내용이 가짜나 거짓, 그리고 조작이냐고 흥분한다. 이는 성서 기자의 세계관과 오늘의 해석자가 가진 세계관이 보여주는 큰 격차를 이해하지 못하기 때문에 생긴다. 둘 사이의 격차를 이해한다면 이런 질문이 얼마나 어리석은지 깨달을 것이다. 이런 일이 벌어지는 이유는 고대나 오늘날이나 성서전승의 권위가 변함없이 신성하다는 사실을 전제로 성서를 해석한다는 사실을 망각하기 때문이다.

현대를 살아가는 우리는 과학적 세계관으로 교육받았으면서도 예수 그리스도를 통해 유일한 하나님을 신앙하는 사람들이라고 말할 수 있다. 우리는 우리의 경험 중 어떤 것은 과학적 세계관에 따라 설명하고 어떤 것은 신앙적 가르침에 따라 설명한다. 여기에 특별한 기준은 없는 듯하다. 과학으로 설명하기 어려운 일은 신앙으로 설명하거나 그 반대로 기적은 신의 행동으로 설명하고 기적이 아닌 일은 과학적 논리로 설명한다. 우리는 과연 신앙의 일을 어느 정도나 합리적으로 설명하며, 또 어느 정도나 과학의 논리를 뛰어넘어 신앙적 논리로 삶의 이야기들을 해명하는가?

우리는 아마 원칙 없이 이 일을 하는 것 같다. 필요에 따라 교리, 과학, 경험, 성서를 이해하는 대로 무원칙적으로 활용한다. 그래서 나에게 좋고 편하면 정통이고, 나에게 새롭고 불편하면 비정통이요 자유주의라고 악선전을 할 뿐이다.

성서를 해석할 때 정작 가장 먼저 던져야 할 질문은 이렇다. "나는 성서의 세계관이 우리와 다르다는 사실을 이해하는가?" 성서를 해석하는데 필요한 이러한 사전지식이 충분치 않다면 함부로 성서해석에 나서서 왈가왈부하지 않는 것이 현명하다. 성서에 관한 지식이 충분한 학자일지라도 성서해석이 확실치 않을 때 마지막으로 던지는 말이 무엇인지 아는가? "주여 무지한 나의 생각을 성령으로 비춰주시고 깨달음을 주십시오!"이다. 성서를 풀이하는데 천재는 존재하지 않는다. 교회의 신성한 직분조차 성서해석을 언제나 바르게 한다고 보장해주지 않는다. 성서를 해석하는데 필요한 것은 관련된 성서 지식knowledge의 꾸준한 축적과 부단한 기도prayer이다. 이 둘을 병행하지 않는 한 올바른 해석이 여의치 않다.

성서해석에서 고려할 요소가 한 가지 더 있다면 그것은 해석자와 교회가 처한 현실이다.world 그래서 성서the Bible-해석자the Reader-교회현실the World은 성서본문의 의미를 결정하는 중요한 요소들이다. 이 점에서 특별히 해석자가 준비한 해석방법은 그 의미의 방향과 깊이를 조절하는 중요한 도구로 작용한다.

한 마디로 성서를 해석하려는 사람은 그 누구를 막론하고 겸손해야 한다. 설혹 자기의 해석이 적절하다고 확신할 때에도 다른 사람의 해석을 함부로 논해서는 안 된다. 잘못된 성서해석은 논리적 모순과 결함을 스스로 가진다. 본문에 비추어, 교회 현실에 비추어, 방법론 사용의 적절성 여부에 비추어 보면 결함이나 모순은 금방 드러난다.

성서해석의 여정은 길고 험난하다. 푯대는 있으되 영원히 끝나지 않는 작업이다. 이 험난한 성서해석의 여정에 참여한 자는 서로 격려하면서 좋은 결과가 나오기를 인내하며 기다려야 한다.

41 | 아합과 이세벨의 길을 걷지 말라

북 왕국 이스라엘의 왕들 중에서 그 치세가 가장 길고 자세하게 전해지는 왕이 있다. 그가 오므리 왕조의 아합 왕이다. 아합의 아버지 오므리의 치적에 관해서는 겨우 여덟 절로 끝냈던 열왕기 저자는 아합의 즉위부터 사망까지의 치적을 열왕기상 16장 29절부터 시작해서 22장까지 매우 장황하고 더욱 소상하게 보도한다. 고고학자들은 북 왕국과 남 왕국의 왕들 중에서 그 치적이 주변 나라들에게 가장 인상적으로 기억되는 왕은 솔로몬이 아니라 아합의 아버지 오므리 왕이었다고 평가한다. 이유는 솔로몬이나 다른 왕들에 대한 기록이 주변 나라에서 발견되지 않는데 반하여 오므리 왕은 앗수르 왕의 비문에 등장하기 때문이다. 그런데 열왕기 저자는 이 오므리의 치적보다 아합의 치적을 묘사하는 일에 훨씬 더 심혈을 기울였다. 그 이유는 무엇일까?

아합 왕의 치적이 장황하게 묘사되는 까닭은 무엇보다도 그 통치 기간에 저 유명한 예언자 엘리야의 활동이 포함되기 때문이다. 예언자 엘리야는 아합 왕의 부도덕한 통치에 맞서 대항하며, 빚지고 양식 없고 굶주리며 병들어 죽어가는 수많은 백성에게 구원을 베풀었다.

엘리야가 등장하는 대목인 열왕기상 17장 1절에서 "내 말이 없으면 수년 간" 온 나라에 가뭄이 들 것이라고 예언했던 까닭도 바로 아합의 통치에 중대한 경고를 하고자함이었다. 엘리야의 거듭된 경고에도, 아합 왕은 자신의 권력을 강화하고 전쟁을 일으키며 백성을 돌보지 않았다.

열왕기상 21장의 나봇의 포도원 이야기는 아합 왕의 통치 중에 벌어진 일 가운데 그의 통치가 얼마나 폭압적이었는지를 보여주는 가장 대표적인 이야기이다. 나봇은 사마리아 왕궁에서 그리 멀리 떨어져 있지 않은 이스르엘 평야에서 포도원 농사를 짓는 농부였다. 아합은 그 포도원에 멋있는 정원을 만들면 어떨까라고 생각한 끝에 나봇에게 그의 포도원을 더 좋은 포도원으로 바꾸어 주겠다고 제안했다. 그러나 이스라엘 백성에게는 가나안 땅에 정착한 이래 야훼 하나님 이름으로 지켜온 불문율이 있었다. 그것은 조상 대대로 경작해온 땅을 가족 이외의 사람에게 팔거나 양도하지 말라는 율법이었다. 농부 나봇은 왕에게 이 원칙을 어길 수 없다고 대답했고 이를 아합 왕은 꺾을 수 없었다.

근심어린 얼굴로 침소에 들어온 아합 왕을 맞이한 왕비 이세벨은 자초지종을 듣고 자기가 어릴 적부터 자라온 나라인 페니키아, 즉 두로에서 통용되는 원칙에 따라 즉각 행동했다. 페니키아는 아주 오래된 해양 상업 국가였다. 그 나라에서는 상업이 최고 가치를 결정했고, 이익이 된다면 무엇이든 사고파는 것이 가능했다. 소유권 이전이 불가한 재산이란 존재하지 않았다. 필요하면 무슨 짓이라도 해서 얻고 소유하면 그만이었다.

왕비 이세벨은 왕의 제안을 거절한 나봇의 소유를 무슨 수단을 동원하든 기어코 차지할 작정이었다. 그래서 그녀는 나봇이 사는 마을의 불량자 두 사람을 돈으로 매수하고 그들에게 나봇이 하나님과 왕을 저주하였다는 거짓 소문을 유포시키게 했다. 그 결과 나봇이 사는 성읍에서는 나봇에 대한 공개재판이 열렸고, 이 두 증인의 거짓 증언 때문에 나봇은 돌에 맞아 죽었다. 소유주가 없어진 나봇의 포도원은 자연스럽게 나라 소유로 귀속되었다.

이 소식을 들은 아합 왕은 나봇의 포도원을 차지하러 이스르엘에 도착하였고 여기서 하나님의 사람 엘리야가 그에게 이렇게 하나님의 말씀을 전했다. "네가 죽이고 또 빼앗았느냐… 개들이 나봇의 피를 핥은 곳에서 개들이 네 피 곧 네 몸의 피도 핥으리라."왕상21:19 엘리야는 이어서 아합의 소행을 일컬어 "네가 네 자신을 팔아 여호와 보시기에 악을 행하였으므로 여호와 말씀이 내가 재앙을 네게 내려 너를 쓸어버리되 네게 속한 남자는 이스라엘 가운데에 매인 자나 놓인 자를 다 멸할 것이요… 이세벨에게 대하여도 여호와께서 말씀하여 이르시되 개들이 이스르엘 성읍 곁에서 이세벨을 먹을지라 아합에게 속한 자로서 성읍에서 죽은 자는 개들이 먹고 들에서 죽은 자는 공중의 새가 먹으리라고 하셨느니라 하니 예로부터 아합과 같이 그 자신을 팔아 여호와 앞에서 악을 행한 자가 없음은 그를 그의 아내 이세벨이 충동하였음이라"왕상21:20~25

아합과 이세벨의 소행은 한 마디로 자신을 팔아 야훼 보시기에 악을 행했다는 것이다. 그 결과 죽은 불쌍한 나봇처럼 똑같이 죽임을 당하게 된다는 것이다. 엘리야의 말대로 나봇의 소유를 차지하려고 순진한 농부의 삶을 앗아간 폭군 아합과 이세벨은 다함께 비참한 말로를 맞이하였다.

불량배를 매수하여 거짓증언을 모의하고 평생을 땀 흘려 수고한 죄없는 농부의 삶을 짓밟은 아합과 이세벨. 그들의 목숨을 아까워하고 아쉬워할 사람이 어디 있겠는가? 오늘날도 거짓증언을 주도하고 그것을 바탕으로 열심히 살아가는 사람들의 인생을 짓밟으려 덤비는 권력자들의 행태를 주변에서 많이 목도하게 된다. 그들의 말로가 어떨지 궁금한가? 아합과 이세벨 같이 그들의 운명 또한 비참한 말로를 피할 길이 없을 것이다. 아합과 이세벨의 길을 걷지 말자.

42 | 성막 건설

광야의 성막 건설에 관한 내용은 출애굽기의 1/3에 해당하는 분량을 차지한다. 이에 관한 세부적 묘사는 이 성서 안에 두 번 등장한다. 한 번은 모세가 성막건설 지침을 주었을 때출25~31장와 다른 한 번은 이 명령을 시행하는 과정을 묘사할 때출35~40장이다.

하나님은 사용할 재료, 각 구획의 높이, 넓이, 길이는 물론 커튼, 걸쇠, 기둥, 그리고 못까지 아주 상세하게 지정하신다. 이 구조물 안에 들여놓을 모든 기물도 설명 하신다 : 법궤, 속죄소시은좌, 제단, 등잔대, 진설병을 놓는 상, 그리고 다른 기구들. 아울러 이곳에서 사역할 제사장에게 필요한 의식 절차와 주의사항을 말씀하시고, 심지어 기름과 향을 만드는 법까지도 말씀하신다.

성막과 관련 있는 출애굽기의 13개 장은 전개하는 특정한 이야기의 뼈대가 없어서 읽기가 여간 어려운 것이 아니다. 고대의 독자들이라도 어쩌면 읽기를 건너뛰지 않았을까 하는 생각과 더불어 이 단락을 반드시 읽어야 했을까 하는 생각이 들 정도이다. 여하간 이 단락은 매우 길면서도 여러 가지 세부사항은 완전히 생략되어 있다.

이 자료의 분량이 이렇게 긴 까닭은 예배의 중요성을 일깨워주기 위함이라고 볼 수 있다. 출애굽기 전체의 흐름에 비추어 볼 때 성막 건설에 관한 내용이 지니는 의미는 매우 중대하다. 이는 이스라엘 백성의 삶이 바로를 섬기던 노예생활에서 하나님을 섬기는 예배생활로 바뀜을 의미한다. 더 구체적으로 말한다면, 바로의 국고성을 건축하도록 강제로 끌려와 타의에 의해 건설작업에 종사하던 것에서 이제는 하나님을 예배하기 위한 건설 작업에 즐겁고 순종하는 자세로 자신을 드리는 것으로 변화됨을 의미한다.

출애굽기 25~31장은 모세가 산에서 하나님에게 받은 말씀으로 이루어져 있다. 그 핵심은 예배의 형식을 마련하는 데 있다. 이는 언약백성 이스라엘이 목적지인 가나안을 향해 떠나는 여정에서 하나님이 친히 임재하시고 동행하실 장소를 마련하기 위한 것이다. 이는 하나님이 이스라엘과 함께 하시는 방식에 대한 근본적 변화를 나타낸다. 첫째, 전에는 하나님이 산에서 비정기적으로 나타나셨지만, 이제는 이스라엘과 언제나 함께 계실 것이다. 둘째, 이스라엘과 하나님의 임재 사이의 거리가 이전에는 멀리 떨어져 있었지만, 이제는 언제나 이스라엘이 진을 친 곳 바로 한 가운데에 거주하실 것이다. 그래서 이제는 하나님을 만나려고 높은 산으로 올라갈 필요가 없다. 셋째, 하나님의 임재는 고정된 장소에 국한되지 않고 하나님의 백성과 함께 움직이실 것이다. 한마디로 성소 건설 단락은 이스라엘이 여행하는 삶의 절정일 뿐만 아니라 하나님의 여행에서도 절정을 나타낸다. 하나님은 어제나 오늘이나 영원히 그 분을 믿고 따르며 살아가는 무리와 항상 함께 하신다. 그것이 하나님이 오늘날 우리를 부르신 궁극적 목적이라 해도 과언이 아니다.

성막 본문의 기본형태가 암시하는 사회역사적 배경을 만일 포로기에 두고 본다면, 이 본문은 이스라엘이 예배를 드릴 중앙 성소가 없었던 때에 기록된 것이 분명하다. 포로시대의 이스라엘은 과거에 황금송아지 숭배 사건으로 용서가 필요했던 시기와 매우 유사한 처지에 있었다. 시내산에서 벌어진 황금송아지 숭배 사건은 훗날 유다 왕국의 수도와 성전이 세워졌던 예루살렘의 파괴를 초래한 우상숭배와 여러 면에서 아주 흡사하다. 마찬가지로 포로기의 이스라엘도 미래가 암담한 처지에 놓여 있었다. 야훼 하나님이 그들 가운데 다시 머물러 계실까? 하나님의 목적은 여전히 견고하게 지속되는가? 하나님의 약속은 여전히 유효한가? 아니면 배교로 말미암아 이것들은 모두 취소되었는가? 성소가 세워진다면 우상숭배의 잠재적 위협을 얼마나 최소화하면서 이런 약속과 목적, 그리고 임재가 성취될 수 있을까? 출애굽기의 성막본문은 포로기의 이스라엘에게 이런 질문들을 제기했을 것이다.

아마 이런 배경을 다음 몇 가지로 고려해보는 것이 이 본문이 상당히 섬세하게 기술된 이유를 설명하는데 도움이 된다. 첫째, 성막 자료는 신앙공동체 교육을 위한 일종의 프로그램이다. 둘째, 성막에 관한 상세한 정보는 하나님 임재에 관한 정보가 전혀 없는 사람들의 마음에 구체적으로 성막을 건설하는 기능이 있다. 셋째, 배교의 가능성을 염두에 둔다면 하나님 예배란 구체적인 사항들을 무시하면 결코 안 된다. 구체적인 것에 무관심함이 훗날 성전예배에서 발전한 혼합주의와 우상숭배의 주요 요인이기 때문이다. 넷째, 하나님만이 하나님 예배에 적절한 아주 구체적인 내용을 제공할 수 있다. 하나님 예배란 근본적으로 인간이 혁신하거나 노력해서 이룰 성격의 문제가 아니다. 하나님은 건축자이면서 동시에 건축에 필요한 바른 생각이나 영감마저도 수여하시는 분이시다. 성막과 이에 관련한 예배는 오로지 하나님의 뜻에 따라 건축되고 수행되어야 한다.

성막과 여기서 이행될 예배가 그러하듯이 우리의 삶은 언제나 모든 영역에서 하나님의 뜻에 비추어 합당해야 한다. 하나님은 그렇게 할 마음과 영감을 매순간 제공하신다. 그것을 거부하거나 속이지 말고 세밀한 부분까지 그것에 순종하며 살자.

43 | 아기 예수를 맞이하려면

온 인류를 구원하려고 오신 아기 예수 앞에 나가도록 인류가 갖추어야 할 특별한 조건은 없다. 그저 있는 그대로의 모습으로 나아가면 된다. 나아가기만 하는 것으로도 하나님으로서 육신이 되어 이 땅에 오신 아기 예수의 기쁨은 충만해질 것이다. 그러나 이 아기 예수를 맞이하려고 나아갈 때 이미 예수 신앙을 가진 우리는 그렇지 못한 비그리스도인에 비해 조금은 남다른 생각을 가질 필요가 있다. 왜냐하면 우리는 그분이 지상에 남기신 사명을 수행하는 자들이기 때문이다.

예수께서 이 땅에 오신 목적이 무엇이던가? 온 땅에 기쁨과 평화를 전하는 것이다.눅2:14 그런데 우리는 과연 이 예수께서 전하려 했던 기쁨과 평화를 이 땅에 제대로 전하고 있는가? 만일 그렇지 못하다면 그 이유는 어디에 있는가?

사실 예수 탄생에 관한 예고는 이 일이 있기 칠백여 년 전에 이루어졌다. 구약시대의 예언자 미가가 이 일을 언급한 바 있다. "베들레헴 에브라다야 너는 유다 족속 중에 작을지라도 이스라엘을 다스릴 자가 네게서 내게로 나올 것이라 그의 근본은 상고에, 영원에 있느니라"미5:2. 우리는 이 말씀에 이어서 나오는 다음의 말씀을 더욱 주목하려고 한다.

"그가 여호와의 능력과 그의 하나님 여호와의 이름의 위엄을 의지하고 서서 목축하니 그들이 거주할 것이라 이제 그가 창대하여 땅 끝까지 미치리라 이 사람은 평강이 될 것이라 앗수르 사람이 우리 땅에 들어와서 우리 궁들을 밟을 때에는 우리가 일곱 목자와 여덟 군왕을 일으켜 그를 치리니 그들이 칼로 앗수르 땅을 황폐하게 하며 니므롯 땅 어귀를 황폐하게 하리라 앗수르 사람이 우리 땅에 들어와서 우리 지경을 밟을 때에는 그가 우리를 그에게서 건져내리라" 미5:4~6

미가가 오실 것이라고 예고한 그 분은 이스라엘 백성의 메시아였다. 그 메시아는 주전 8세기에 유다의 운명을 위협하던 앗수르 제국을 무너뜨릴 것이며, 이스라엘 백성에게는 평강을 주실 것이라는 것이 예언자 미가가 전한 메시지의 초점이었다. 전쟁의 위협이 있는 곳에 평화를 가져오고, 오히려 전쟁의 위협을 일으키는 세력에게서 그 힘의 근원을 파괴하는 분이 바로 메시아의 하실 일이었다.

오늘날 우리의 상황에는 과거의 이스라엘처럼 외국의 강대국이 우리나라를 전쟁으로 파괴할 위협의 정황이 없다. 북한이 위협적 존재로 남아있지만, 오히려 우리에게 북한은 민족 통일의 대상일 뿐이다. 이와 같은 외부적 위협을 제외한다면, 우리 사회는 오히려 우리 안에서 끊임없이 생성되는 보이지 않는 폭력과 위협에 직면하는 것이 현실이다. 더욱 큰 문제는 이 사회 내부의 위협은 예수를 믿는 신앙공동체 안에서도 꾸준히 생성된다는 사실이다. 이 세계를 평화롭게 한다는 목표로 살아가는 신앙공동체가 외부에 평화를 일으키기는커녕 오히려 내부에서 이렇듯 평화를 위협하는 폭력적 힘을 생성하는 현실을 어떻게 설명하겠는가?

예수를 믿는 사람들이 부지불식간에 스스로 폭력적 힘을 만든다는 것이 말도 안 되는 이야기 같지만, 이는 부인할 수 없는 현실이다. 신앙인은 하나님께 기대어 다른 신앙인에게 전무후무한 막강한 힘을 휘두른다. 특히 신앙공동체의 지도자들이 바로 이 폭력적 힘의 근원이 되고 있다면 어떻게 할 것인가?

오늘날 탐욕과 이해관계에 얽힌 일부 신앙공동체의 지도자들이 무소불휘의 힘을 휘두르고 있다. 자신들의 이해에 어긋나면 무엇이 바른 신앙적 원칙인지, 무엇이 성경적 진리에 비추어 옳은 것인지 묻지도 따지지도 않고 무조건 제거하려 덤벼든다. 현재 누리는 힘에 기초하여 그 힘이 언제 사라질지도 고려하지 않고 무조건 반대자와 방해자를 꺾으려 덤빈다. 물론 배후에 이런 일로 이익을 챙기고 챙겨 주는 사람들 사이에 은밀하게 금품이 오가는 것은 두말할 필요도 없다.

요즘은 신앙공동체에게 무엇이 옳은지를 말하거나 이를 공개적으로 발설하는 일은 거의 금기시되어가는 추세이다. 피차 몸을 사리기 때문이다. 정의를 말하는 것은 사랑의 원칙에 위배된다는 논리를 앞세운다. 재 묻은 개가 똥 묻은 개를 나무란다는 논리도 동원된다. 그래서 아무도 정의를 말하지 못한다. 그것이 오늘 이 세상에 평화를 주러 오신 아기 예수를 맞이하는 우리의 모습이다.

우리 신앙공동체가 이런 식으로 처세하는 근본적 이유는 우리가 과거에 겪었던 혹독한 고난의 아픔을 잊어버렸기 때문이다. 또 그 고난 속에서 구원을 주셨던 하나님의 놀라운 은혜를 망각했기 때문이다. 언제 우리가 예수의 십자가 앞에서 그의 고난에 감사하며 감격의 눈물을 흘렸단 말인가? 언제 우리가 스스로 저질렀던 가공할 죄악을 회개했단 말인가? 우리는 지금 과거의 바로 그 죄인도 아니고 고난을 겪어 본 적도 없는 사람처럼 산다. 타인의 아픔에 무감각해졌다는 말이다. 그래서 하나님의 은혜를 언급하는 것은 그저 겉치레요 형식일 뿐, 내면의 영혼에서 흘러나와 우리의 삶을 움직이는 원동력이 되지 못한다.

다시 돌아가야 한다. 우리의 본래 모습으로. 우리 안의 폭력적 힘을 스스로 부인해야 한다. 불의한 힘을 행사하는 온갖 소행과 만행을 포기해야 한다. 아기 예수가 짊어지셨던 십자가 앞에서 우리 자신을 부인해야 한다. 철저히. 그래야 아기 예수를 맞이하기에 합당한 우리가 될 수 있다. 그때가 되어야 비로소 우리는 예수의 사명을 감당하는 자로 살아가도 되는 것이다. 아니라면 평화를 주러 오신 예수가 바로 우리의 원수 심판자가 나을 것 같습니다가 되어 우리 앞에 나타나실 것이다.

44 | 전무후무한 신앙의 자취

이번에는 고대 이스라엘의 신앙지도자였던 열왕들의 역사를 반추하고 거기서 교훈을 얻으려고 한다. 구약성서에 기록된 왕들의 통치 이모저모는 기독교 신앙을 지닌 우리에게 의미심장한 거울이 되어 우리의 삶을 반추해 보게 만든다.

고대 이스라엘을 다스렸던 여러 왕의 역사를 잠시 돌이켜보면, 하나님의 평가에 합당하게 통치했던 왕이 거의 없다. 심지어 구약성서에서 가장 유명한 다윗 왕에 대한 성서기자의 평가도 그리 특별하지 않다. 하지만, 요시야 왕은 다르다. 그에 대한 평가는 이렇다. "요시야와 같이 마음을 다하며 뜻을 다하며 힘을 다하여 모세의 모든 율법을 따라 여호와께로 돌이킨 왕은 요시야 전에도 없었고 후에도 그와 같은 자가 없었더라."왕하23:25 요시야보다 앞서 종교개혁을 단행한 히스기야 왕에 대해서도 이런 평가는 주어지지 않았다.

반면에 정반대의 평가를 받은 왕, 다시 말해서 악한 왕이라 평가를 받은 왕은 남북 왕조를 통틀어 수두룩하다. 북 왕국의 왕들은 "여로보암의 악한 길을 좇은" 일 때문에 하나같이 악한 왕이라는 평가를 받았다.

그중에서 아합 왕은 포도원 농부인 나봇을 죽이고 그의 포도원을 빼앗은 일 때문에 아주 인상적인 평가를 받았다. “개들이 나봇의 피를 핥은 곳에서 개들이 네 피 곧 네 몸의 피도 핥으리라… 아합에게 속한 자로서 성읍에서 죽은 자는 개들이 먹고 들에서 죽은 자는 공중의 새가 먹으리라.”왕상21:19,24 남 왕국의 왕 가운데도 이와 흡사하게 나쁜 평가를 받은 왕이 있다. 므낫세가 바로 그 장본인이다. “유다 왕 므낫세가 이 가증한 일과 악을 행함이 그 전에 아모리 사람의 행위보다 더욱 심하였고 또 그 우상으로 유다를 범죄하게 하였도다… 므낫세가 유다에게 범죄하게 하여 여호와께서 보시기에 악을 행한 것 외에도 또 무죄한 자의 피를 심히 많이 흘려 예루살렘 이 끝에서 저 끝까지 가득하게 하였더라.”왕하21:11,16

왕들의 역사를 기록한 구약성서가 어떻게 오늘날 그리스도인으로 살아가는 우리에게 교훈을 주는가? 인생을 평가하는데 있어서 어느 한 시점을 보고서 그 사람의 삶을 온전히 평가하기는 어렵다. 삶이란 개인이 살아가는 순간들의 총집합이다. 따라서 누구든 살아간 삶의 마지막 순간에야 온당한 평가가 가능하다. 어느 시인은 이렇게 말했다. “태양이 솟아오르는 아침보다는 석양이 더욱 진실에 가깝다. 그래서 사람의 얼굴을 마주 보고 평가하기보다는 그가 남긴 뒷모습이 더욱 진실에 가깝다.” 한 사람이 살아온 여정, 그 전체의 자취가 그에 대한 평가를 내리기에 더 적합하다는 말이다.

왕들에 대한 평가는 그가 누구였든 한 평생 보여준 모습을 근거로 내린 평가이다. 그가 치세하는 동안에는 내릴 수 없었던, 아니 내리기 어려웠던 평가가 그가 죽은 후에 내려진 것이다. 한 해를 사는 동안 새롭게 맞이하는 매순간에 자신을 온전하게 평가하는 것은 언제나 불완전하다. 그러나 한 해를 다 보낸 때에는 다른 그 어느 순간보다 더욱 자신을 평가하기가 수월할 것이다. 자신이 걸어온 자취가 어떠하냐에 따라 우리의 삶은 긍정적으로 혹은 부정적으로 평가받는다. 우리는 어떻게 살아왔는가? 예수 그리스도의 십자가 정신에 합당하게 살았는가? 자신을 부인하며 남의 생명과 유익을 위해 살았는가? 아니면 예수는 잊고 나의 이익을 위해 남을 짓밟고 음해하며 살았는가? 아니면 여전히 모의하는 중인가?

신앙의 마술지팡이처럼 입에 달고 살던 바로 그 성령과는 어떤 관계를 맺으며 살았는가? 우리는 성령 충만을 받으며 살았는가? 사랑과 희락과 화평, 인내와 자비와 양선과 충성 그리고 온유와 절제의 삶을 살았는가? 아니면 성령의 열매를 맺자고 외치면서도 이와 상관없이 살았는가? 미움, 반목, 갈등과 조바심, 인색함과 불의 그리고 포악함과 방종의 삶을 산 것은 아닌가? 내게 이롭지 않게 여겨지는 사람을 음해하려고 뒤에서 각종 수작과 응모를 꾸미거나 그를 적대시한 적은 없는가? 저 이세벨처럼 불량배들을 동원하여 거짓 증언을 모의하고 여론을 조작하고 편견을 조장하여 이 세상법정과 거룩한 공동체를 속여 그릇된 판결을 유도한 적은 없는가? 물론 그 동안 자신은 주변 사람들에게 아주 거룩한 신앙인체 위선을 행하면서 말이다.

우리 한 사람의 자취가 모이고 모여 결국은 우리나라 전체 그리스도인의 자취로 자리매김하게 된다. 우리가 성서적 신앙에 충실하며 성령의 열매를 맺으며 살았다면 그 자취 또한 긍정적일 것이 틀림없다. 그러나 우리 중 한 사람이라도 그렇지 못했다면 아합이나 이세벨, 므낫세와 같은 부정적 평가를 받는 것은 자명한 일이다. 당신이 신앙공동체의 지도자라면 영향력이 큰 탓에 더욱 부정적일 수밖에 없다.

앞으로 다가오는 시간에 우리는 저 요시야 왕처럼 마음을 다하고 성품을 다하며 뜻을 다하여 야훼가 명하신 모세의 율법을 온전히 준행하는 삶을 살아보기로 작정해보면 어떻겠는가? 그래서 전무후무하게 긍정적인 족적을 남기는 삶을 살아가기로 작정한다면, 우리 모두 기쁠 것이고 우리 민족도 기독교를 다시 볼 것이며 우리 하나님도 흐뭇하게 여기실 것이다. 우리 모두 그런 미래를 만들어 가도록 결단하길 다시 한 번 더 염원해본다.

45 | 역지사지易地思之

2009년 한 해 동안 우리 사회는 많은 일을 겪었다. 한국사회의 지도자 셋이 타계했다. 한국의 양심으로 불리는 김수환 추기경과 민주화 운동의 역군이었던 노무현, 김대중 전 대통령이 서거했다. 외국에서 발생한 신종플루가 국내에 유입되어 우리 국민의 건강을 위협했고, 희대의 살인마 강호순이 체포되어 사형에 언도되기도 했다. 정치권은 여전히 갈등 중에 있고, 사회는 불경기로 서민경제는 압박 받는다. 그 와중에 종교계는 내부의 문제를 푸느라 신앙공동체 바깥의 문제에 귀를 기울일 틈도 보이지 않았다. 그래도 시간은 어김없이 흘러 새해를 밝히고 있다. 이 새해벽두에 예수 그리스도를 믿고 있는 우리는 무엇을 계획하고 무엇을 실천해야 하는 것일까?

기독교 신앙공동체가 이 세상에 존재하는 이유와 목적에 비추어볼 때 우리가 당면한 과제는 너무도 많다. 그중에서도 교회를 향한 세상의 부정적 이미지를 개선하는 것은 자타가 인정하는 가장 시급한 문제다. 여기에는 우리 사회가 당면한 아픔을 교회가 적극적으로 치유하는 일도 포함된다. 이러려면 교회가 내부의 진통을 신속히 치유하고 바깥사회의 필요에 관심을 기울여야 한다. 다시 말해서 교회는 두 가지의 중대한 과업 앞에 놓여 있다. 내부의 상처와 갈등 치유, 그리고 신앙의 힘을 결속하여 외부의 상처 치유에 진력하는 일이 그것이다. 이 두 가지 과업을 수행하는데 공통적으로 필요한 고사성어가 있다. 역지사지! 처지를 바꾸어 놓고 생각하라는 말이다.

기독교 내부의 상처와 문제의 근원을 따져보면 대개 남의 처지를 신중하게 고려하지 않은 탓에 발생하는 일이 다반사이다. 예수님의 십자가 정신이 가르치는 결정적 교훈은 나를 포기하고 남을 살리는 일에 있다. 그런데 나를 내세우고 남을 무시하고 짓밟으니까 갈등과 분열, 그리고 상처가 생긴다. 나의 이해를 증진시키고 나의 이익을 추구하느라 남을 방해물로 여기고 그를 희생시키려는 삶은 절대로 예수의 십자가를 믿는 바른 신앙 태도가 못된다. 아브라함에게 처음으로 나타나신 하나님이 하신 말씀은 "본토, 친척, 아버지 집"을 떠나라는 것이다. 기득권을 포기할 때 약속은 유효하고 신앙심은 생성된다. 약속의 아들 독생자 이삭을 모리아 산에 번제로 드리라는 명령에 지체 없이 즉각 순종할 때, 비로소 하나님은 아브라함이 진실로 하나님을 경외하는 것을 알게 되었다고 말씀하신다. 나를 포기하지 않고 나를 버리지 않을 때, 신앙의 능력은 사라지고 경건한 모습은 무의미한 겉치레에 머물고 만다. 그럴 때 세상은 기독교를 향해 비난의 손가락질을 하는 것이다. 그래서 갈등과 분열의 현장에 필요한 것이 바로 역지사지의 정신이다. 물론 역지사지란 말이 자기합리화를 위해 사용되는 오류도 있지만, 먼저 남의 처지에서 볼 때 타인을 함부로 무시하거나 왜곡시키거나 무력화시키려는 부당한 힘을 사용하지 않는 지혜가 생성될 것이다.

고대 이스라엘의 초대 왕이었던 사울은 처음에는 무척이나 겸손한 신앙의 사람이었다. 그러나 그는 블레셋 전투에서 영웅이 된 다윗을 자기의 충성스런 부하로 삼는 너그러움과 포용력을 보여주지 못했다. 다윗을 충실한 신하로 잘 활용하였더라면 어쩌면 다윗은 그의 정적이 되지 않았을 것이며, 사울의 최후가 그토록 비참하지도 않았을 것이다. 그러나 그는 신하였던 다윗의 처지를 이해하지도 않았고 긍정적으로 활용하지도 않았다. 거꾸로 자기보다 더 인기가 많은 다윗을 죽여야 자신의 왕위와 명예를 유지할 수 있으리라 판단했다. 결국 그는 야훼께 버림을 받았다. 그는 야훼 신앙을 진작시키려고 가나안 땅의 신접한 자와 박수를 모두 쫓아내는 열성을 보인 적도 있지만삼상28:3, 정작 전쟁 중에 하나님의 응답을 얻지 못하자 즉각 가나안의 신접한 자를 몰래 찾아가는 이율배반적 태도를 보였다.삼상28:7이하 못난 왕, 못난 신앙인, 못난 사람이 걸어간 자취는 언제나 이렇다. 역지사지의 정신이 필요했던 대목이라 여겨진다. 사울이 다윗의 충성심을 잘 활용하였더라면 그는 훌륭한 임금으로 자리매김했을지도 모른다. 역지사지의 정신이 없는 태도란 이렇게 갈등만 일으키고 결국은 상대를 향해 내민 칼끝이 자신에게 돌아오는 것이다.

교회가 교회 바깥을 향해 가져야 할 태도도 역시 역지사지이다. 우리가 비그리스도인을 비난하거나 거부하고, 혹은 무관심한 상태에서 그들의 비신앙적 행태가 우리 주변에 다가오도록 허용하는 바로 그 주체가 우리 자신은 아닌가 생각해 볼 필요가 있다. 지구온난화로 말미암아 일어나는 각종 기후변동과 이를 일으키는 환경파괴의 주범이 다름 아닌 우리 교회가 아닐까 하는 자세도 필요하다. 개발지상주의와 경제번영 논리에 편승해서 부흥해 온 교회가 예전처럼 신앙적 분별력 없이 물질적 축복만을 가르친 탓에 우리 사회가 올바른 윤리적 결단과 상관없이 무분별하게 번영만을 추구하는 사회적 정서를 양산하거나 부추기지는 않았는지 성찰해야 한다. 신종플루와 같은 인류의 재앙은 혹시 교회를 향한 하나님의 경고 아닐까? 만일 그렇다면 이것을 자초한 당사자도 역시 교회 아닐까 하는 겸허하고 깊은 자기성찰의 태도가 필요하다. 역지사지는 우리 교회가 잊지 않아야 할 지혜로운 마음가짐이다.

46 | 신명기역사서의 신학

구약성서의 오경 다음에 등장하는 여섯 권의 성서, 즉 여호수아, 사사기, 사무엘상하, 열왕기상하를 일컬어 히브리 성서에서는 전기 예언서로, 히브리어 성서의 헬라어 번역인 칠십인역 에서는 역사서라고 부른다. 물론 후자에는 역대상하와 에스라, 느헤미야가 더 포함된다. 이번에는 히브리 성서에서 전기예언서라고 부르는 역사서의 신학에 대해 알아보려고 한다. 학자들은 이 여섯 권의 역사서가 오경의 다섯 번째 책인 신명기의 신학사상을 중심으로 고대 이스라엘 왕국의 역사를 서술한다고 해서 이를 신명기역사서라고 부른다.

신명기역사서는 이스라엘 민족이 가나안 땅에 정착해서 나라를 일구고 살다가 그 나라가 망하기까지 오백여 년 동안의 긴 역사를 신명기의 신학사상에 비추어 기술한다. 이 긴 기간의 역사에 단순히 몇 글자 혹은 몇 문장으로 요약한 신학사상이 담겨 있다고 말하는 일이 그리 간단하지만은 않다. 이 긴 역사서의 신학사상에 관한 학자들의 연구결과는 크게 서너 가지로 압축된다.

신명기역사서라는 독특한 전문용어를 창안한 독일학자 마틴 노트

Martin Noth는 이스라엘 민족의 패망은 시내산에서 맺은 언약을 어긴 이스라엘 민족에 대한 하나님의 돌이킬 수 없는 진노의 결과라고 주장하였다.

이처럼 노트가 이 역사서에 대해 매우 부정적인 결론을 내리는데 반해 독일학자 한스 발터 볼프Hans Walther Wolff는 이 긴 역사가 사사기의 기술방식을 닮았다고 평가한다. 사사기는 가나안에 정착한 이스라엘 백성이 야훼 하나님을 떠나 다른 신을 섬기면 하나님이 진노하시어 외국 민족의 침략을 허용하고, 이에 고통을 당해 신음하던 이스라엘 백성이 회개하고 하나님의 도움을 간구하면 하나님은 사사를 보내어 이스라엘 백성에게 해방을 선물하시는 내용을 반복적으로 기술한다. 이에 따라 언약백성인 이스라엘이 외국의 강대국에게 나라를 잃게 된 것은 사사기의 역사기술 패턴의 제2단계인 하나님의 진노로 말미암은 침략과 패망에 해당되므로 이제 신명기역사서는 언약백성에게 제3단계인 회개를 요구한다는 것이다. 다시 말해서 신명기역사서는 나라를 잃은 언약백성에게 야훼께 돌아오라는 "회개"히브리어로 슈브를 촉구하는 신학적 역사서라는 것이다.

또 다른 독일학자인 게하르트 폰라트Gerhard von Rad는 이와 같은 패망의 역사 속에서도 희망의 실마리를 발견할 수 있다고 주장한다. 특히 열왕기하 25장의 마지막 단락에서 유다의 왕 여호야긴이 바벨론왕의 은총을 입고 포로생활에서 석방되어 왕 앞에서 식사를 하게 되었다는 보도는 유다 민족에게 일종의 희망의 신호라고 해석한다. 다시 말해서 유다 민족에게 다윗 왕의 혈통을 이은 메시야가 아직 건재하다는 정보를 남김으로써 다윗 가문의 통치는 완전히 사라지지 않았다는 점을 강조하는 역사서라고 보고, 이 역사서 전체의 신학사상은 메시아의 도래에 대한 기대감 강조라고 설명한다.

한편 미국의 하버드대 구약학자인 프랭크 무어 크로스Frank Moore Cross는 이 긴 역사서에서 단순한 하나의 사상만을 도출하려는 시도가 너무 무리하다고 판단하여 새로운 결론을 내놓았다. 그는 이 역사서에 적어도 두 가지 정도의 신학사상이 결합되어 있다고 분석하였다. 처음에 이 역사서는 유다 왕조의 말기주전 640년부터 609년까지 통치에 등장한 요시야 왕의 종교개혁에 초점을 두고 기록된 역사서였는데, 이 왕이 애굽과의 전쟁에서 뜻밖에 서거함으로 역사서술이 중단되었다가 그 후에 나라가 망하고 바벨론에 포로로 끌려간 어느 시점에 이차적으로 추가 기술된 것이라고 보았다. 그래서 크로스는 이 역사서가 요시야왕의 종교개혁이 추진하려했던 것처럼 예루살렘 성전이 아닌 다른 장소에서 드리는 예배를 불법으로 간주하고, 오직 예루살렘 한 곳에서 북 이스라엘과 남 유다가 하나의 민족이 되어 야훼 하나님께 드리는 예배만을 합법적인 것으로 주장하는 것을 중심과제로 삼는다고 보았다.

그는 이와 같은 요시야의 개혁이 추구하는 궁극적 과제를 오랫동안 앗수르에게 압박당하면서 온갖 영향을 받아 민족정신이 해이해진 백성을 신앙의 근본으로 돌아서게 하고, 야훼 하나님에 대한 순수한 예배를 회복시키고, 분열된 민족정서를 통일시켜 앗수르라는 강대국에 대항하려는데 있다고 해석한다. 그럼에도, 그의 개혁은 성공하지 못하고 결국 강대국 바벨론에게 패망하였는데, 그 주요 원인은 하나였던 민족을 분열시킨 북 왕국 여로보암의 역사와 유다 왕 므낫세처럼 사대주의적 정신을 가진 마음 약한 기회주의적 통치자 때문이라는 것이다. 결론적으로 크로스에 의하면 신명기역사서의 주요 신학사상은 야훼 하나님에 대한 흐트러지지 않는 순수한 신앙심 회복과 언약백성의 마음가짐을 하나로 묶는 것이다.

이 역사서가 우리에게 가르치는 교훈은 회개하는 일이다. 오늘 우리에게는 이제까지 살아온 잘못된 삶을 돌이켜 하나님께로 돌아가려는 회개의 결단이 절실하다. 그래야 새로운 시간과 기회가 부여될 수 있다. 더불어 야훼 하나님께 대하여 아무것도 섞이지 않은 순수한 신앙심을 회복하도록 전심전력을 기울여야 한다. 그래야 패망과 분열이라는 부정적 역사의 열매를 피할 수 있다.

47 | 솔로몬, 다시 읽기 (1)

구약성서에 기록된 솔로몬 왕에 대한 한국교회 강단의 평가와 신자들의 생각은 매우 긍정적이다. 왜냐하면 그는 야훼 하나님을 위해 훌륭하게 성전을 지어 봉헌한 왕이며, 성전을 건축하기 전에는 기브온 산당에서 일천번제까지 드렸고,왕상3:4~15. 한국교회는 이 점에 매우 깊은 인상을 받아서 새벽기도회 프로그램으로 만들어 시행한다 하나님께 장수하거나 부요함을 구하는 대신에 올바른 통치를 위해 단지 지혜를 구했던 아주 순수하고 소박한 신앙을 지닌 경건한 왕이며, 그래서 하나님에게 엄청난 축복을 받은 왕왕상4:20~28이기 때문이다. 덕분에 솔로몬 왕은 한국에서 목회 프로그램의 모델로 그리고 개인적 경건의 모델로까지 추앙받는 것 같다.

그가 이처럼 경건의 모델로 삼을 여지를 충분히 가진 것은 사실이다. 하지만, 그것만으로는 그의 통치면모 전체를 충분히 파악한 것이 아니라는데 문제가 있다. 그리고 위와 같이 솔로몬을 본받으려는 태도는 그에 관한 기록을 대충대충 우리의 입맛대로 읽은 결과이고, 성서기록과 이스라엘 민족의 삶을 전체적으로 그리고 깊이 있게 통찰하지 못한데서 생기는 부작용처럼 느껴진다. 그래서 여기서 기왕에 알려진 솔로몬 왕의 통치를 다시 읽어보려고 한다.

솔로몬 왕은 아버지 다윗의 뒤를 잇자마자 다윗의 정치이념과 정책을 손바닥 뒤집듯 뒤집고 엄청난 폭압정치를 단행했다. 이전에 아버지 다윗은 백성의 구성원 성격을 배려하는 포용정책을 펼쳤다. 군대의 편제에서 이스라엘 출신 민병대는 요압장군이 그리고 외국출신 용병대는 브나야 장군이 감독, 관리하게 했고, 제사장직은 이스라엘계 제사장 아비아달과 비이스라엘계 제사장 사독에게 나누어줌으로써 이원체제를 유지하였다. 그래서 서로 다른 출신성분을 지닌 백성이 갈등하지 않게끔 했다. 압살롬이 반란을 일으킨 중에 시므리에게 수모를 겪을 때에도 그는 그에게 폭력을 행사하여 피를 묻히는 것을 삼갔다.

그러나 솔로몬은 즉위하자마자 이복형제요 왕위를 노렸던 아도니야 왕자를 처형하고 제사장 아비아달을 고향으로 추방했으며, 아버지의 오른팔이었고 가장 노련한 군대장관 요압을 숙청하여 일원화 정책을 추진하였다. 그 중에서도 요압을 처형하는 장면은 솔로몬의 공권력 행사가 얼마나 안하무인이었는지를 잘 보여준다. 이 때 왕권다툼에서 패한 것을 깨달은 요압은 야훼의 장막으로 도망하여 제단의 뿔을 붙잡고 있었다. 그가 그렇게 한 까닭은 도피성에 피신하여 제단의 뿔을 붙잡으면, 그 누구도 함부로 그를 죽일 수 없다는 율법이 있었기 때문이었다.민35:9~28; 신19:1~13; 수20:1~9 그러나 솔로몬은 브나야를 도피성의 제단 안으로 난입시켜 요압을 쳐 죽인다. 율법의 권위를 완전히 무시하는 왕의 행위를 기록한 대목이다. 솔로몬은 하나님의 율법을 무시하면서까지 자기의 절대 권력을 세웠다. 여기서 우리가 배울 점이 뭐가 있다는 말인가?

솔로몬은 주변 국가와의 외교관계 수립을 앞세워 인근 나라의 공주들과 정략결혼을 서둘렀다. 이것은 정책적으로 외부의 침략과 내부의 반란을 방지하기 위한 책략으로 보인다. 하지만, 이 저변에는 야훼 하나님에 대한 확고한 신앙심 부족이 내재한다. 외국인 공주들은 퇴폐적인 이방신과 이방문화를 예루살렘에 끌어들였고, 솔로몬은 이를 용인하였기 때문이다. 나라가 평안할 수만 있다면 신앙의 원칙도 근본도 무시해도 좋다는 말인가?

솔로몬 왕의 치적 중에서 가장 긍정적으로 평가받는 대목은 그가 성전을 지었다는 점이다. 솔로몬 성전. 결코 간단히 평가할 수 없고 이미 대다수 한국교회의 성장모델이다. 개척교회는 성전건축이 지상과제이다. 작은 교회가 큰 교회를 지향하는데 사용되는 거룩한 근거이다. 대형교회조차 성전이미지의 원형을 솔로몬 성전에서 찾아왔다.

그럼에도, 솔로몬 성전에 관한 성서기록은 그리 관대하지만은 않다는 사실을 기억할 필요가 있다. 우선 성전 건축 후에 솔로몬이 드린 기도왕상8:22~53를 보면 그는 이 성전을 하나님이 머무는 장소로 이해하지 않았다. 그는 하나님이 계신 곳은 하늘이라고 거듭해서 밝히며 하나님이 성전과 같은 지상의 장소에 머물 수 없는 분임을 분명히 고백한다.왕상8:27,29,32,34,36,39,43,45,49 심지어 그는 나라가 멸망할 때를 대비한 기도를 남기기도 했다.왕상8:46~50

나라가 멸망할 때, 성전도 파괴될 것은 자명한 이치다. 이스라엘 민족의 역사에서 솔로몬이 지은 성전은 결코 온전히 보존되지 않았다.주전587년 성전파괴 유다 백성이 포로생활에서 귀환해서 재건한 성전주전 515년에 재건한 스룹바벨 성전도 주후 70년에 재차 파괴되었다.

보이는 건물로서의 성전은 마음에 지은 성전보다 훨씬 파괴되기 쉽다는 것이 성서적 진리이다. 그러므로 오늘날 솔로몬이 지은 성전을 모델로 교회를 건축하는 것이 과연 성서적으로 올바른지 깊게 숙고해야 한다. 기독교 신앙공동체의 교회는 구약시대의 솔로몬 성전에 그 뿌리를 두지 않고 오히려 광야시대의 성막에 더 가깝다고 말하고 싶다.

율법을 무시하고 통치하는 왕, 폭력을 손쉽게 생각하는 왕, 외적 평화를 앞세워 신앙의 근본을 무시하고 외면하는 왕, 성전의 진정한 의미결코 영속적이지 않으며 그 곳이 하나님이 머무는 장소가 아님를 알면서도 이를 위해 백성을 지나치게 혹사시켰던 왕. 그에게서 어떤 목회 전략과 신앙적 모델을 더 배울 수 있겠는가? 솔로몬의 허와 실은 성서적으로 더욱 깊이 성찰해보아야 한다.

48 | 솔로몬, 다시 읽기 (2)

우리나라의 기독교 영성생활에서 솔로몬을 하나님께 축복받은 인물로만 이해하는 것은 옳지 않다. 그렇게 말할 수 있는 가장 큰 이유는 그가 보통사람이 아니라 한 나라의 왕이기 때문이다. 여호수아, 사사기, 사무엘상하, 열왕기상하의 주요 등장인물들은 대부분이 지파의 지도자거나 사사이거나 왕이다. 특별히 그를 이해할 때 솔로몬의 재물이나 그가 누린 부유함과 권력의 크기 묘사를 곧장 오늘날 평신도나 목회자의 삶을 위한 축복의 모델로 대입하기가 불가능한 까닭이 바로 여기 있다.

왕이란 국가라는 정치시스템의 최고 결정권자이다. 국가란 사회학자들의 정의에 따르면 세금제도tax system를 일컫는다. 이 말은 국가라는 정치 시스템을 유지하는 가장 근본적인 일이 바로 백성들에게 세금을 거두는 일이라는 뜻을 담고 있다. 백성은 식량을 생산하여 그 일부를 나라에 세금으로 바친다. 관료는 그 세금으로 일정한 보수를 지급받고 국가 운영에 필요한 모든 행정업무에 종사하게 된다. 그들은 공정한 치리를 통해서 백성의 삶을 평안하게 유지하고 번영하게끔 왕의 통치를 도와야 한다. 왕은 이런 사회구조의 최고점에 위치하는 존재로서 왕실과 관료

사회가 거둔 세금수입 중 가장 많은 액수를 보수로 받고 최고의 대우권력, 부, 위신를 받는다. 대개 고대 사회의 왕은 한 나라의 주인으로 행세하며 온 땅의 소유권을 독차지하고 모든 일을 좌지우지하는 절대자로 군림하였다.

이런 사회구조에 대한 이해는 열왕기상 4장 20~34절과 10장에 장황하고 상세히 기록된 솔로몬의 부귀영화에 대한 묘사가 우리 일반 신앙인의 축복의 모델이 될 수 없는 분명한 이유가 된다. 그것은 한 나라의 왕으로서 누린 것들이기 때문이다. 더구나 이처럼 솔로몬 왕이 누린 부귀영화와 호사에 대한 묘사조차 왕실의 서기관들에 의해 기록되었을 사실을 염두에 둔다면, 그 서기관들이 다분히 왕에 대한 충성심으로 하나님의 이름을 빌어 왕실을 선전하고 미화하려했을 것이라고 생각할 수 있지 않을까? 이 같은 엄청난 호사의 배후에 일 년 내내 피땀 흘려 농사짓고 세금을 꼬박꼬박 내는 대다수 백성의 일상사는 완전히 생략되어 있다는 사실을 감안해보라.

나라의 세금구조와 대외 관계를 감안한다면 그가 매일 엄청나게 차려서 먹은 식량왕상4:22~23은 사실상 백성에게 거둔 세금과 주변 나라에서 바친 조공과 수출입 무역을 통한 이익 그리고 국경지대를 통제하면서 받는 통관세 등을 합한 것이다.

물론 그가 나라의 통치(!)를 잘 했기에 그런 영화를 누렸으리라는 사실마저 외면할 수는 없다. 솔로몬에 관한 성서기록은 바로 이런 대목을 가리켜 그를 지혜로운 왕으로 묘사한다. 구약성서에서 지혜란 단순히 삶의 경험에서 얻어진 처세술이나 생각이 아니라 고대 사회의 학문 전체를 총칭한다. 그런 의미에서 지혜로운 왕이란 정치, 경제, 외교, 종교, 사회, 문화, 교육 모든 면에서 전문적 지식을 갖춘 지도자란 뜻이다. 그가 지었다는 삼천 가지의 잠언과 천다섯 편의 노래 그리고 각종 동 · 식물에 관한 해박한 지식에 관한 소문왕상4:32~33이 이것을 간접적으로 시사한다. 더구나 그가 지었다는 잠언 중 상당 부분이 아마도 우리의 잠언에 보존되어 있는 것 같은데잠10장이하와 25장이하 그 내용은 대개가 관료나 관료후보자들을 성공적으로 훈련시키기 위한 입문서 혹은 행동규범들로 구성되어 있다.

상식적으로 생각해 보자. 이런 문서작업이나 사상 정리 작업을 나라의 통치에 분주한 왕이 한가한 틈을 내서 직접 창작하고 기록했을까? 이는 오히려 이런 일을 전문적으로 수행하는 직업 관료들이 수고한 결과이다. 여하간 성서는 이 모든 일의 공로를 솔로몬에게 돌린다. 그가 나름대로 각종 학문을 섭렵하려고 노력했으리라는 사실만큼은 부인하기 어렵다. 그렇다고 해서 그를 하나님께 축복을 받아 남다른 재능을 발휘하여 특별나게 부귀영화를 누린 왕이니까 우리 목회자나 성도들이 본받아야 할 대상으로 생각해도 좋을까?

앞서 잠시 살핀 대로 고대 이스라엘 사회에 관한 성서기록은 그저 단순히 기록된 것만 존재했거나 발생한 것이라고 볼 수 없다. 성서 기록 배후에는 분명히 복잡하게 얽히고설킨 지극히 현실적인 사회가 있었다. 이런 관점으로 다른 성서기록을 읽어보자.

열왕기상 9~10장에는 솔로몬이 주도하여 이룬 외교와 국제무역에 대한 정보가 실려 있다. 그는 이십 년 만에 성전과 왕궁 짓고, 그동안 공사인부와 재료를 제공한 대가로 두로페니키아의 히람 왕에게 야훼 하나님이 언약 백성 이스라엘에게 선물로 주신 땅이었던 갈릴리 지역의 성읍 스무 곳을 넘겼다. 그곳에 사는 백성과 한 마디 상의도 없이!

솔로몬 성전과 궁전 안팎에 도배되듯 흔하게 보이는 황금은 이스라엘에서 생산한 광물이 아니다. 그것은 수입광물이었다. 백성이 생산하여 세금으로 거둔 곡식을 수출하고 그 대가로 수입한 것이다. 그의 수입품

목록에는 황금 이외에도 은, 의복, 갑옷, 향품, 말, 노새, 상아, 원숭이 공작왕상10:22,25이 있고 이외에도 한 대에 은 600세겔 하는 애굽산 수입 병거 1400대와 한 필에 150세겔 하는 애굽 말, 그리고 페니키아산 백향목을 무수히 구매하였다. 모두 백성에게서 거둔 세금과 나랏돈을 주고. 그러나 백성의 식량 생산을 증가시킬 농기구 개발이나 농사기술 혁신을 위해 노력했다는 구절은 단 한 군데도 없다. 이러한 솔로몬의 통치가 백성에게 미친 부정적 결과는 아들 르호보암 때에 해일처럼 밀려온다. 남북왕국의 분열이 그것이다.

이런 솔로몬을 성서적 축복의 대명사로 간주할 수 있을까? 언제나 경제적 부유함만을 하늘의 축복인양 받아들이는 성서읽기는 하나님의 뜻이라는 더욱 큰 가치를 망각하는 함정에 빠지기 쉽게 한다.

2부
오늘과 소통하는 구약성서

01 | 하나님 형상의 신학Theology of Imago Dei

성서신학의 두 축

하나님나라는 신구약성서를 관통하는 주요 신학사상이요, 신앙공동체의 활동 목표요, 희망이며 꿈이다. 하나님나라란 하나님이 다스리는 나라를 말한다. 그런데 이 신학사상으로 성서를 해설하는 전통 방식에 중요한 요소가 하나 빠져 있다. 그것은 하나님의 통치를 받는 사람에 대한 이해이다. 사람에 대해 성서는 어떤 신학사상을 펼치고 있을까?

우선, 하나님나라 주제를 분석한 다음 사람에 대해 성서가 말하는 바를 고찰해보자. 전통적인 하나님나라의 신학은 하나님이 죄인을 구원하는 사상을 말하는 일에 전념해 왔다. 다시 말해서 구원론이 지배적이었다는 뜻이다. 당연히 이런 시도는 성서에서 말하는 다른 주요한 사상적 축을 놓치는 결과를 초래했다. 그 축은 다름 아닌 창조사상이다. 창조신학과 구원신학은 성서의 신학사상을 논할 때 빠질 수 없는 양대 사상이다. 그런데도 전통 신학은 구원신학을 강조하느라 창조신학을 충분히 고려할 여유가 미처 없었다. 이제는 하나님나라를 말할 때 하나님의 다스림을 받는 사람을 창조신학적 견해로 설명할 때가 되었다.

하나님의 형상이란?

하나님나라의 주인공인 사람에 대하여 성서는 무엇이라고 말하는가? 구원신학과 창조신학이란 두 개의 안경으로 바라본 성서적 사람에 대한 이해는 무엇인가? 이에 대한 답변은 구약성서의 서두인 창세기에서 찾을 수 있다. 창세기는 세상을 창조하신 하나님의 활동 기사로 시작한다. 창세기 1장의 창조 기사는 세상 만물의 기원을 알려준다. 그리고 그 만물이 인류와 어떤 상관관계를 맺어야 하는지 그 질서를 세워준다. 이를테면 궁창하늘은 윗물과 아랫물을 나누는 공간인데, 이 공간이 사라지면 세상은 창조 이전의 혼돈과 흑암 상태로 환원될 수 있다. 바다는 육지를 침입하지 말고 한 곳에 모여 있어야 한다. 바다가 육지를 침입하여 범람하면 그로써 세계 질서가 깨진다. 하늘의 새는 하늘이 주요 무대이다. 새가 물속으로 들어가면 질서가 깨진다. 물고기는 물 밖으로 나와서 살 수 없다. 그러면 생태계의 질서가 파괴된다. 또, 낮은 밤을 침범할 수 없고 밤은 낮을 침범할 수 없다. 해와 달과 별들은 정해진 고유한 움직임을 통해 세상의 시간과 계절을 이어가야 한다. 식물은 정한 환경에서 정한 열매를 맺으며 존재해야 하고, 그것으로 사람과 짐승의 식량이 공급되어야 한다. 식물이 움직이거나 열매를 맺지 않으면 사람과 짐승은 죽게 되어 질서가 파괴된다. 동물은 사람과 함께 살면서 이 세상을 유지하고 지탱하는 주요 구성체로 머물러야 한다. 동물이 사라지면 역시 질서가 깨진다. 그리고 이 모든 질서를 유지하고 관리할 책임은 사람에게 부여된다.

그렇다면 사람은 어떻게 창조되었는가? 창세기 1장 26~27절에서 사람은 "하나님의 형상을 따라", "하나님의 모양대로" 지음 받았다.창 1:26~27 여기서 하나님의 "형상"히, 첼렘과 "모양"히, 데무트이 무엇인가에 대해 오랫동안 많은 논의가 이루어져 왔다.[1] 그래서 자연형상과 초자연형상을 구별해야 한다느니, 하나님의 형상이란 영적 특성이나 능력을 일컫느니, 외적으로 드러난 형태를 가리킨다느니, 하나님과 상대할 수 있는 인격체를 말하느니, 하나님의 지상적 대리인으로서의 인격체라느니 등등의 견해를 제시해왔다. 그러나 이런 해석들이 간과한 것이 있다. 그것은 이 본문의 주안점이 인간의 본성에 대한 묘사가 아니라는 사실이다. 본문은 오히려 하나님의 행동을 말하는데 치중한다. 사람의 창조는 하나님 행동의 일부분에 속한다. 하나님의 행위에 강조점을 두면서 본문을 다시 읽어보자.

> 26 a 하나님이 이르시되 우리의 형상을 따라 우리의 모양대로
> b 우리가 사람을 만들고 그들로 바다의 물고기와 하늘의 새와 가축과 온 땅과 땅에 기는 모든 것을 다스리게 하자 하시고
> 27 a 그리고 하나님이 자기 형상 곧 하나님의 형상대로 사람을 창조하시되
> b 남자와 여자를 창조하시고

본문 26a절에서 하나님의 "형상"과 "모양"은 문장 표현 방식으로서 중언법hendiadys에 해당하며, 한 가지 의미를 부연해서 설명하는 형식이다. 그런 의미에서 "형상"과 "모양"이란 단어는 동의어이다.

더구나, 이 구절에서 언급하는 바, 하나님이 사람을 창조하신 목적은 "바다의 물고기와 하늘의 새와 가축과 온 땅과 땅에 기는 모든 것을 다스리게" 창1:26b 하는 것이다. 다시 말해서 사람은 세상에 움직이는 사람

1) C. Westermann, Genesis 1-11: A Commentary, tr. by J. J. Scullion, S. J.(Minneapolis: Augsburg Publishing House, 1984), 147-55.

외의 모든 생명체를 다스리는 일창1:28을 위해 지음 받았다. 여기서 사람의 "다스림"히, 라다은 하나님의 다스림dominion을 대행한다는 의미를 지닌다. 즉, 하나님이 창조를 통하여 세워놓은 세상 질서를 유지하는 임무를 수행해야 한다. 그러므로 하나님의 형상이란 하나님의 통치 행위를 반영하는 존재라는 의미를 지닌다. 즉, 사람은 하나님이 세상을 창조하면서 보여주신 다스림의 행동을 그대로 반영할 목적으로 지음 받은 존재가 된다.

그렇다면 하나님의 창조행위에 나타나는 다스림의 특성은 무엇인가? 위에서 잠시 언급한대로 하나님이 보여주신 다스림은 혼돈과 흑암과 무질서가 가득한 이 세상을 생명이 안주할 수 있는 질서 세계로 만드셨으며, 그 안에 생명체들을 창조하시고, 또 그렇게 창조하신 조화로운 세상을 아름답다고 평가하신 후 평화롭게 안식하셨다. 무질서에서 질서를 만드시고 생명을 수여하신 하나님의 행동이 바로 하나님이 세상을 다스린 모습이다. 하나님의 형상인 사람은 이 하나님의 다스림을 반영하는 삶을 살아야 한다. 즉, 사람은 하나님처럼 이 세상의 질서를 유지하고 생명을 수여하며 그것을 보존하여 아름답고 평화로운 세상이 되도록 다스리는 사명을 가진 존재라는 것이다.[2] 질서 유지, 생명 창조, 평화 추구! 이 세 가지가 사람의 창조목적이며 존재 이유이다.

이에 덧붙여야 할 중대한 진리가 더 있다. 사람이 하나님의 형상으로 창조되었다는 말은 무엇보다 먼저, 우리 사람은 이 세상의 유일한 절대자가 아니라는 사실을 의미한다. 다시 말해서 우리는 피조 된 존재이며 한계성을 지녔다는 뜻이다. 따라서 우리가 살아가면서 관계를 맺는 이웃이나 물리적 세계는 모두가 하나의 선물gift이라는 인식을 가져야 한다. 우리 사람은 사랑하시고 생명을 주시는 하나님에 의해서만, 그리고

2) M. D. Guinan, O.F.M., The Pentateuch (Collegeville, Minnesota: The Liturgical Press, 1990), 24-6.

온전히 그 분을 의지해야만 존재하는 그런 피조물인 것이다.

자연과 인간 모두 소중하다

마지막으로 이와 같이 창조신학의 관점에서 살펴본 인간 이해는 다시 한 번 깊이 고찰할 대목을 남겨두고 있다. 비록 사람이 창조주 하나님의 대리자로서 이 세상을 관리하고 감독하며, 질서를 유지하고 생명을 수여하며 평화를 추구해야 하지만, 결코 이 모든 과제를 인간 중심적 편견에 따라 수행해서는 안 된다는 사실이다. 사람은 이 세계의 일부일 뿐이다. 사람만이 이 세상에서 가장 중요하다는 태도는 자칫 엄청난 실수를 저지를 수 있는 위험한 생각이다. 그 이유는 이렇다. 우리 사람이 세상에 대하여 어떤 태도를 취하느냐에 따라 세상은 변화한다는 사실을 기억하자. 우리가 세상과 자연 그리고 환경에 대하여 공격적이고 파괴적인 자세로 임하면, 세상과 자연의 삼라만상은 즉각 인간에게 공격적이고 파괴적인 대응을 해올 것이다. 원칙적으로 세상과 인간은 하나님 앞에서 상호 동반자적 위치에 있다. 바로 이 사실을 잊어서는 안 된다. 세상과 인간 중에서 더 중요한 기능을 능동적으로 보여줄 책임이 있는 측은 인간이다. 세상을 다스리고 생육하고 번성하라는 말씀을 단순히 자연을 정복하고 파괴하여 인간이 원하는 대로 마음껏 활용해도 좋다는 뜻으로 해석한 지난 2000년의 기독교 역사는, 인간이 이 세상에서 가장 위험한 존재이며 스스로를 파괴할 뿐만 아니라 세계 자체마저 파괴할지도 모른다는 위기감을 조성한 장본인이었음을 보여주었다. 이런 과거의 자취는 모두가 인간이 창조물의 면류관이란 자부심에서 비롯된 것이며, 하나님의 "다스리라"란 말씀의 통치 개념을 왜곡해서 이해했기 때문이었다. 그러나 이 같은 인간의 독불장군 같은 제왕적 통치 개념은 욥기

38~41장의 비추어서 교정되어야 한다.

욥기 38~41장은 스스로 의롭다고 여긴 욥에게 폭풍 가운데서 나타나신 야훼 하나님의 긴 연설문이다. 욥은 세상의 중심을 자신이라고 간주한다. 그와 반대로 하나님은 사람을 세상에 존재하는 모든 존재 중 지극히 미미한 한 일부로 간주한다. 욥은 자기중심에 서서 하나님의 행위를 재단해왔다. 자기 관점에서 하나님의 섭리와 정의를 운운했다. 자기는 의로운데 까닭 없이 고난을 당하도록 방치한 하나님은 의롭지 못하다는 것이다. 이에 대하여 하나님은 더 크고 방대한 우주적 관점에서 욥이라는 피조물을 다루신다. 아니, 방대한 우주를 운영하시느라 욥에게까지 신경 쓸 겨를조차 없는 것처럼 말씀하신다. 여기서 야훼 하나님은 오히려 이렇게 반문하신다.

> 내가 반드시 욥이라고 부르는 피조물에게 내 정의의 기준을 맞추어야 하느냐? 나의 정의를 기다리는 세상의 질서와 생명체는 무한히 넓고 많으며, 그들은 모두 내가 정한 정의에 발맞추고 함께 호흡하며 나를 이의 없이 추종한다. 너도 내가 베푸는 정의의 기준에 발맞출지언정 나더러 네가 원하고 정해놓은 정의의 기준에 맞추어서 움직여 달라고 조르지 말라. 내가 땅의 기초를 놓을 때에 네가 어디 있었느냐?

이 하나님의 연설은 인간이 세상의 중심이라는 오만함을 여지없이 부인한다. 세상은 넓고 크며 무한하다. 그 가운데 지극히 작은 일부에 불과한 인간이 이 모든 세상의 주인인체 하는 태도는 용납받기 힘들다. 인간은 세계의 일부이다. 세상과 인간은 하나님의 다스림을 드러내는 피조물에 불과하다. 인간은 하나님의 다스림이 세상에 구현되도록 살아야 할 책임이 있을 뿐이다. 이 세상은 오로지 인간만을 위해서 존재한다고 여기는 인간 중심적 편협심을 버리라는 것이 욥기서가 주는 교훈이다.

온 세상의 모든 피조세계 중에서 하나님에게 소중하지 않은 것은 없다. 인간이 소중한 만큼 바다도 하늘도 자연도 공기도 나무도 짐승도 물고기도 구름도 모두 소중하다. 오직 인간만 중요한 것이 아니다. 인간만이 중요하다고 여기는 태도가 있다면 그것을 바로 인본주의라고 말해야 한다. 우리는 이런 인본주의를 격퇴하고 욥기에서 제시하는 신본주의를 회복해야 한다. 창조에 관한 한 인간은 온 세상의 일부이다. 인간은 세상과 조화를 이루며 살아가야 한다. 세상 삼라만상의 질서와 평화가 곧 인간 생존에 직결된다는 생각을 추호도 잊어서는 안 된다. 인간을 포함한 온 세상이 하나님이 보시기에 아름다웠다. 이제 하나님은 인간을 포함하여, 인간이 망가뜨린 삼라만상의 구원에 관심을 기울이고 계신다.

'하나님 형상의 신학'으로 읽은 창세기

세계의 일부로서, 세계의 질서를 유지하고 생명을 공급하며 평화를 일구어야 할 책임을 부여받은 하나님의 형상은 이후에 벌어지는 시공의 흐름 속에서 어떻게 표출되었는가? 창조되자마자 축복을 받고 존재하기 시작한 하나님의 형상으로서의 인류는 "제일 먼저" 고려할 존재가 아니라 "두 번째"라는 사실을 망각하고 유감스럽게도 스스로 "제일 먼저"가 되려는 오류를 범했다. 아담과 하와는 "두 번째"를 상기시켜주는 선악과를 먹지 말라는 하나님의 질서 준수의 명령을 위반하고 하나님처럼 되는 길을 선택했다.창3:1~21 결국 이 최초의 인류는 에덴동산에서 쫓겨나서 저주받은 땅에서 생존을 영위해야 했다. 하나님의 형상으로 사는 최초의 실험에서 그들은 실패하였다. 그리고 이 실패의 역사는 중단

되지 않았다. 형 가인은 하나님께 드린 제사의 결과를 놓고 질투심에 동생 아벨을 죽였고, 또 다시 피조물인 인간이 생명을 수여하거나 거둘 수 있는 하나님의 절대 권력을 찬탈했다.[창4:1~12] 그도 역시 쫓겨나 땅에서 유리하다가 결국 도시를 건설하고 정착하기에 이른다.[창4:17] 도시문명은 농경문화가 성취하기 어려운 각종 문명을 창출해냈지만,[창4:17~22] 동시에 인류가 다른 인류에게 가하는 부당한 폭력도 양산했다.[창4:23~24, 6:1~4] 하나님은 이렇게 "마음으로 생각하는 모든 계획이 항상 악할 뿐임을 보시고 땅 위에 사람 지으셨음을 한탄하사 마음에 근심하시고 사람을 지면에서 쓸어"버리기로 작정하셨다.[창6:5~7] 홍수 후 인류는 가정이면 가정 안에서[창9:18~27] 사회면 사회 안에서[창11:1~9] 하나님의 형상으로 살지 못했다. 그들은 그들 나름대로 스스로 이렇게 살려고 했다고 항변할지 모른다. 그러나 질서를 세우거나 생명을 공급하거나 평화를 추구하기는 커녕 계속해서 동료 인간을 괴롭히고 모욕하며 억압하는 행태를 멈추지 못했다. 이렇게 최초의 인류는 하나님의 형상으로 살아가는 본래의 존재목적을 완전히 망각한 듯 살았기에 이제는 악할 뿐인 이 인류에게 전혀 색다른 방법이 필요한 지점에 이르렀다.

하나님은 아브람을 부르시고 새로운 삶을 약속하신다. 아브람은 그것을 믿고 따라 나선다. 하나님의 약속과 축복을 믿고(!) 기대하면서 안팎에서 밀려오는 온갖 역경과 불행, 슬픔과 고난을 견뎌내며 꿋꿋이 살아가는 훈련을 하는 것이 아브라함, 이삭, 야곱의 생애이다. 이 세 족장 이야기는 믿음으로 사는 것이 무엇인지를 여과 없이 보여 준다. 질서를 지키고 생명을 수여하고 평화를 추구하는 인간의 존재목적에 부합도록 필요한 것은 무엇보다도 하나님의 존재와 말씀에 대한 변치 않는 신뢰와 희망이었다. 하나님의 형상으로 사는 존재의 목적은 인간이 스스로 추구함으로 얻어지지 않고 오직 하나님을 향한 믿음을 바탕으로 하나님이 선물로 주실 때만이 성취가능하다는 것이 창세기의 신학적 주제이다.

그런데 이렇게 삶을 살아간 사람이 있다. 그가 바로 요셉이다. 요셉은 창세기의 창조기사가 제시하는 하나님의 형상으로서의 신학을 삶으로 완벽하게 재현해낸 인물이다. 그는 사랑을 받고 자랐기에 사랑을 줄줄 알았다. 형들에게 배신을 당해 이집트에 종으로 팔려가 종살이를 하는 동안 그는 증오심과 적개심보다는 남들을 섬기고 배려하는 마음을 배양했다. 자신이 남보다 우월하기를 꿈꾸기보다 남을 섬기는 삶을 꾸준히 실천한 요셉은 결국 이집트의 총리대신의 자리에 올랐는데 그는 이 모든 것을 하나님 섭리의 선물로 간주했다. "하나님이 생명을 구원하시려고 나를 당신들보다 먼저 보내셨나이다… 그런즉 나를 이리로 보낸 이는 당신들이 아니요 하나님이시라". 창45:5,8 그는 완벽한 하나님의 형상으로 살아갔다. 그는 자연과 인간을 존중하였다. 그는 섬기는 모든 이에게 진정한 마음으로 성실하게 봉사하였다. 이유 없이 모함을 당해 감옥에 갇혔을 때도 그는 아무도 원망하지 않고 성실하게 옥살이를 하였다. 간수장이 열쇠를 맡길 정도였으나 그는 도망가지 않았다! 그는 자연의 섭리에 조화롭게 대처했다. 꿈을 통해 이집트에 7년 풍년과 7년 흉년이 들 것을 예감했고 이를 착실히 대비했다. 그는 자연을 존중했으며 생명을 보존했고 모든 이와 평화를 추구했다. 아버지 야곱이 죽은 후 요셉의 보복을 두려워한 형들에게 그가 던진 말 한 마디는 창세기의 하나님 형상의 신학을 다시금 생생하게 상기시켰다.

"내가 하나님을 대신하리이까" 창50:19

하나님의 형상으로 살아온 요셉의 태도는 죽는 날까지 결코 변치 않았다. 그의 말 가운데 모든 삶의 주체가 하나님이란 사실이 단 한 번도 빠진 적이 없었다.

> "나는 죽을 것이나 하나님이 당신들을 돌보시고 당신들을 이 땅에서 인도하여 내사 아브라함과 이삭과 야곱에게 맹세하신 땅에 이르게 하시리라"창50:24

> "하나님이 반드시 당신들을 돌보시리니…"창50:25

구원의 신학에 몰두하였던 우리에게 창세기의 창조기사를 읽으면서 드러난 하나님 형상의 신학은 인간이해를 바탕으로 더욱 더 적극적으로 신본주의를 내세울 수 있으면서도 동시에 인간의 책임을 강조하는 장점을 지닌다. 아울러 하나님 형상의 신학은 성서신학을 구축하는 작업에서 구원신학을 창조신학과 함께 고찰하게 해 주기 때문에 과거보다 더욱 건강한 신학을 수립할 기반을 마련해준다. 세계의 일부인 우리가 이 세상에서 해야 할 과제가 무엇이며, 그것을 성취하도록 궁극적으로 도달해야 할 목표가 무엇인지를 다시 한 번 기억하면서 살아가는 신앙공동체가 되길 바란다. 하나님의 형상인 우리 모든 신앙인은 이 세상 가운데 질서,정의와 공평 생명, 그리고 평화를 추구하면서 살아가도록 부름 받은 존재이기 때문이다.

「침신대학보」 219호 (2007년).

02 | 십계명의 신학

시내산에서 야훼 하나님과 언약을 맺은 신앙공동체 이스라엘에게 모세를 통하여 주신 법도의 핵심이 바로 십계명이다. 십계명은 출애굽 사건의 궁극적 목적인 새로운 공동체 형성과 그 삶을 위한 대강령이다. 십계명은 뒤따르는 다른 법전들, 이를테면 언약법전출20:22~23:33, 제사법전레1~16장, 성결법전레17~26장, 신명기법전신12~26장 등이 추구하는 언약의 정신과 삶의 원리를 담고 있다.

이 율법들은 내러티브 가운데 등장하기 때문에 의미 파악이 부실하게 이루어져 왔다. 십계명도 마찬가지이다. 십계명의 의미를 충분히 파악하려면 주변 내러티브의 흐름을 면밀하게 파악할 필요가 있다. 오경에서 십계명이 차지하는 위치를 파악해야 십계명에 대하여 더욱 충분하고 완전한 의미를 찾아낼 수 있다. 그렇다면 주변의 문학적 맥락은 무엇이며, 십계명은 그것들과 어떤 관계에서 의미를 형성하는가?

문학적 맥락에서 본 십계명의 의미

십계명은 앞뒤로 시내산에 강림하신 야훼 하나님의 현현출19:16~19, 20:18~21으로 둘러싸여 있다. 즉 십계명은 야훼 하나님의 지상적 임재를 소리와 글로 형상화한 것이다. 시내산에서 언약을 체결하고 언약의 조건으로 제시된 핵심이 바로 십계명이다.출19:4~6, 24:1~18 이 시내산 언약 사건은 출애굽과 홍해의 구원 사건에 잇대어 있다. 즉, 역사적 구원 경험이 언약 체결로 신앙의 틀을 갖추게 된 것이다.

출애굽기는 다시 창세기의 족장 역사창12~50장의 신학을 계승한다. 족장 신학의 핵심은 땅과 자손을 주신다는 약속이었다. 출애굽 사건은 그 약속의 성취를 위한 신호였다. 60만 명이나 되는 수많은 장정이 애굽을 떠났다는 기록출12:37은 족장 약속의 성취이다. 거슬러서 족장 역사는 다시 태초의 세상 창조 이래 타락 일변도의 인류역사에 맞서는 새로운 대안적 삶의 태도를 제시한다. 불순종과 타락 일변도의 태고사는 창세기 1~2장에서 하나님의 형상대로 지음 받은 인간의 본래적 모습에 역행하는 것이었다. 그런데 이 타락의 역사는 아브람의 신앙과 순종의 역사와 맞닿아 있다. 족장사는 태고사의 인류가 창조 목적에 어긋나게 살아온 역사를 교정한다. 그리고 그 대안적 삶의 자세를 요약하는 것이 바로 십계명이다. 요약하면, 십계명은 세상에 질서와 생명을 부여한 창조 신앙을 계승하여 그것을 구체적인 삶의 원리로 전환시킨 것이다. 동시에 인권을 유린하고 착취하는 전제 군주 사회에서 벗어나게 만든 자유와 해방 정신의 출애굽 사건을 구체적 삶의 강령으로 표현한 것이다. 그러므로 타락한 인류가 죄악의 굴레를 쓰고 타성에 젖어 살던 사회에서 완전히 탈피하여 하나님의 창조 목적과 출애굽 구원의 의도에 합당하게 표현된 거룩한 대안사회의 생활원칙이 바로 십계명이다. 신앙인은 하나님의 형상으로 지음 받은 하나님의 대리자로서 이 십계명을 통해 세상에서 질서와 조화, 생명과 정의 그리고 자유를 일구어내야 한다.

십계명의 정신: 신륜과 인륜은 하나다!

십계명은 역사적 서언으로 시작하여 열 개의 계명으로 이루어져 있다. 처음 넷은 하나님 섬김을, 이어지는 여섯 계명은 인간 사이에 섬겨야 할 삶의 원칙을 다룬다. 그 원칙들에 담긴 정신은 무엇인가? 그리고 그 정신은 어떤 사회적 정황과 제도에서 구현될 수 있는가?

십계명의 서언출20:2 : "나는 너를 애굽 땅 종 되었던 집에서 인도하여 낸 네 하나님 여호와니라."[1] 야훼가 바로 출애굽의 하나님이요 족장 약속을 성취할 수 있는 하나님이다. 그가 창조주이므로 세상에 질서와 생명 그리고 평화를 줄 수 있다. 이 계명은 신앙의 대상을 역사적 경험을 통하여 규정하며 신앙의 출발점을 천명한다.

제1계명출20:3: "너는 나 외에는 다른 신들을 네게 두지 말라." 이 계명을 의미 있게 만드는 당시 고대사회의 종교적 환경은 다신교polytheism였다. 그런데 오직 야훼 하나님만을 배타적으로 신앙할 것을 요구하는 까닭은 먼저 다른 신들에 대한 유혹이 그만큼 강했기 때문이라고 말할 수 있다. 반면, 전쟁의 신으로 알려진 야훼 신앙 자체는 가나안에 정착하여 농사짓는 사회에서 선호되기에는 상당히 취약했다. 땅에 풍요를 주는 신학이 아직 보완되지 않았기 때문이다. 사사시대에 이스라엘 사

1) 성서본문에서는 "여호와"로 되어 있지만, 이를 해설할 때 "야훼"로 표기하는 것은 전자가 하나님의 이름을 표기하는 히브리어 네 문자(YHWH, 요드-헤-바브-헤)를 읽는 일이 신성모독이라는 유대인 전통에 따라 "아도나이"(주님)로 읽도록 모음을 붙여둔 것을 중세 이후로 잘못 읽은 결과였다는 판단 때문이다. 히브리어 네 문자의 올바른 읽기는 "야훼 혹은 야웨"라는 것이 성서학계의 견해이다. 이에 대한 상세한 설명은 이어지는 글 "3. 하나님의 이름을 함부로 내세우지 말라-제 3계명"을 참고하라.

람들이 야훼를 버리고 바알 신과 아세라 신을 좇아갔다는 보도를 빈번하게 접하는 까닭이 여기 있다. 주전 9세기 엘리야와 바알 선지자들이 갈멜 산에서 한바탕 싸운 것도 같은 맥락이다. 그런데 더욱 중요한 다른 이유가 있다. 그것은 다른 신을 섬기는 일이 인간의 존엄성과 자유를 말살시키기 때문이다. 인간을 아름다운 피조물로 인정하는 신은 야훼 밖에 없다. 그를 믿고 따르며 그에게 배우는 삶 속에서만 사람은 참된 행복을 얻을 수 있다.

제2계명출20:4~6: "너를 위하여 새긴 우상을 만들지 말고… 어떤 형상도 만들지 말며 그것들에 절하지 말며 그것들을 섬기지 말라." 야훼 하나님을 이 세상에 존재하는 어느 물체에 빗대어 그의 신상divine image을 만들지 말라는 계명은 여러 가지 의도를 지닌다. a) 야훼 하나님은 인간이 만든 어떤 물체 속에 깃들지 않는다. 그런 영적 존재는 창조주 하나님이 아니라 떠도는 망자의 혼백이나 잡신에 불과하다. b) 하나님은 인간에게 그 자유를 박탈당하거나 조종당하지 않는 분이다. 하나님은 자유로운 분이다. c) 신상 제조 금지는 인간이 다른 인간에 대한 종교 행위를 통하여 인간 사이의 힘의 균형을 깨뜨리는 욕망 분출을 원천적으로 금지하는 명령이다. 종교심을 불러일으키는 신상은 신자의 헌신을 조장하여 헌물을 드리게 함으로써 재화의 이동을 초래하고 급기야 신상 소유자는 종교적, 정치적 힘과 부를 자신에게 집중시킬 수 있다. 권력자와 부자가 된 신상 소유자는 다른 사람의 삶을 얼마든지 조종하거나 유린할 여지가 있다. 이 계명은 이럴 가능성을 원천봉쇄한다. d) 신상은 종종 신자의 필요를 채워주는 마법magic의 도구로 활용되는 경향이 있다. 참된 신앙은 마술이나 마법이 아니다. 이 계명은 인간의 권리와 자유를 보호하고, 동시에 인간의 한계를 분명히 제시한다.

제3계명출20:7: "너는 네 하나님 여호와의 이름을 망령되게 부르지 말라 여호와는 그의 이름을 망령되게 부르는 자를 죄 없다 하지 아니하리라." 이 계명을 풀어보면 하나님의 이름을 '헛된' 목적을 위해 함부로 내세우지 말라는 것이다. 신앙인의 행동은 언제나 하나님의 뜻에 비추어 조정되고 인도된다. 그러나 하나님의 이름은 언제나 곡해될 가능성이 있다. 특히 종교지도자들은 그럴 가능성이 농후하다. 제2계명이 야훼 하나님의 존재가 왜곡될 가능성을 차단하였다면, 제3계명은 그 뜻의 왜곡을 방지하는데 목적이 있다. "헛되이"란 하나님의 본래적 의도에서 벗어나 인간의 사사로운 욕망을 성취하려는 모든 목적을 총칭하며, "함부로"란 인간의 각종 욕망을 충족하려고 계획적으로 저질러지는 행위가 결국에는 동료 인간을 심각한 위험에 빠뜨릴 수 있는 모든 상황을 포괄한다. 그렇다면 하나님의 뜻을 헛되지 않고 신중한 절차를 거쳐 선포하는 길은 무엇인가? 그것은 그 계획이나 일이 창조신앙의 생명 우선 원칙에 부합한지, 출애굽의 인간해방 목적에 적합한지, 또 시내산 계약의 자유와 평등 정신, 성막공동체의 거룩한 이상을 구현하는지를 살펴보는 일이다. 다시 말해서 그것이 지역공동체, 민족공동체, 더 나아가 인류공동체 구성원의 인격과 생명가치와 자유를 보존하고 진작하는지를 신중하게 헤아려 그것에 합당한 때에야 비로소 하나님의 이름을 내세울 수 있다. 하나님의 이름을 너무 손쉽게 일컫는 요즘에 깊이 고찰할 계명이다.

제4계명20:8~11: "안식일을 기억하여 거룩하게 지키라." 안식일 계명은 인간의 노동과 쉼의 주기를 지키라고 명령한다. 쉼은 자유와 해방 그리고 치유를 목표로 하며, 그 대상은 가족구성원을 포함하여 남종, 여종, 가축, 집에 머무는 객을 포함한다. 쉼의 대상에 차별 없이 공정하다. 이 구절에는 이 날에 예배만 드려야 한다는 의미가 아직 드러나지 않는다.출23:12, 34:21 이 날을 예배드리는 날로 규정하고 본래 의도했던 자유로운 쉼에 제약(!)을 가한 것은 포로후기의 유대교 제사장들이었다. 그들은 성전 안에만 머무르기 때문에 성전 밖에서 종일 땀 흘리며 일하는 사람들의 고충을 몰랐고, 그래서 그들의 쉼과 여가 활용에 대한 배려가 없었다.

제5계명20:12: "네 부모를 공경하라 그리하면 네 하나님 여호와가 네게 준 땅에서 네 생명이 길리라." 부모공경 계명을 준수해야 할 의무를 가진 사람은 미혼 연령의 자녀가 아니라, 가정을 꾸린 장성한 자녀들이다. 고금을 막론하고 부모를 학대하거나 유기하는 등의 패륜은 그치지 않고 있다.구타[출21:15], 저주[출21:17], 조롱[잠30:17], 착취[28:24], 억압[잠19:26], 쫓아내기[잠19:26] 등등 노년의 부모는 그동안 누려온 자유와 생명을 스스로 지키기 어렵다. 그래서 장성한 자녀가 그들의 자유와 생명을 대신 지켜주고, 대신 보존해 드릴 책임을 지라는 것이다. 어머니가 아버지와 대등한 지위에서 존경의 대상으로 규정되는 것은 눈여겨 볼 필요가 있다. 이 계명은 "노년의 부모가 죽을 때까지 음식, 옷, 거주지 등 구체적으로 적절하게 봉양하는 것과 예의를 갖추어 조심스럽게 공경하는 것, 생활력을 상실했음에도, 부모로서의 위치에 합당하게 대우하는 것, 그리고 마지막으로 예의를 갖추어 장례를 치르는 일"을 의미한다. 부모는 생명 창조의 신성한 통로이기 때문에 소중하며, 또 사회적 삶을 가르치는 가정교사이므로 마땅히 존중받아야 한다.

제6계명20:13: "살인하지 말라." 여기서부터 10계명까지는 자신의 소유를 위해 다른 사람의 것을 빼앗지 말라는 내용으로 이루어져 있다. 그 이유는 그 모든 것생명, 가정, 소유, 신뢰성과 명예을 야훼 하나님에게 은혜로 값없이 수여 받았기 때문이다.

살인 금지 계명에 사용된 히브리어 동사라차흐는 보통 의도적으로 사람을 죽이는 불법적 행위를 의미한다.예, 모세의 살인[출2:11~15], 다윗의 우리야 살인[삼하11장]은 권력을 남용한 사례 이 계명은 개인적인 피의 복수를 포함한다. 생명의 주인은 오직 야훼 하나님이다. 내가 수여받은 생명이 소중하듯이 남의 생명도 소중하다.

제7계명20:14: "간음하지 말라." 이 계명은 다른 사람들의 부부관계를 침해하지 말라고 말한다. 남성은 결혼했거나 적법하게 약혼한 여성과 관계를 해서는 안 된다. 결혼한 여성이 범죄 할 때는 자신의 부부관계를 파괴할 가능성이 있고, 결혼한 남성은 다른 사람의 부부관계를 파괴할 수 있다. 하지만, 고대 사회는 처첩을 여럿 가질 수 있는 남성보다는 여성의 순결을 더 문제 삼는 경향이 강하다. 그러나 간음은 남편과 아내 어느 쪽이 저질렀든지 한 가정을 해체시키거나, 재산을 상속할 후손의 적법성 문제를 야기함으로써 다른 가정을 파괴하는 결과를 초래한다. 혼인 제도를 위협하는 모든 관계의 불법적 성 행위를 금지하는 이 계명은 사실 가정에서 부부의 성 관계를 더욱 소중히 여길 것을 강조한다.

제8계명20:15: "도둑질 하지 말라." 이 계명을 히브리어 동사가나브의 용례출21:16에 비추어, 사람을 훔쳐가지유괴 말라는 명령으로 풀이했던 적이 있다. 하지만, 여기에 국한시킬 이유가 없다. 이 계명은 남이 소유한 모든 것사람과 소유을 불법적이든 합법적이든 탈취하는 행위 자체를 금지한다. 주전 8세기에는 채무 농가의 집과 땅에 대한 소유권이 채권자 엘리트들에게 매수된 법정 판결에 의해 합법적으로 이전되는 일이 만연했다.암2:6b~7; 미2:1~4 이 계명은 노동하지 않고 이득을 취하는 행동을 단죄한다.

제9계명20:16: "네 이웃에 대하여 거짓 증거하지 말라." 소송이 벌어질 때 법정에서 이웃에게 불리한 증언을 하여 불이익을 주는 행위를 금지한다. 신앙공동체에서 지위 고하를 막론하고 정의가 공정하게 집행되도록 노력할 것을 당부한다. 법은 공정하게 집행되어야 하지만, 언제나 권력자와 뇌물로 매수당해 왜곡될 가능성이 있다.예, 왕상21장의 나봇의 포도원 사건; 사1:23, 5:23 신앙공동체 이스라엘은 각종 억압에서 해방된 공동체이다.

자유와 구원을 체험한 공동체 구성원이 자기 욕망을 위해 다른 사람을 억압하는 일을 기획하거나 그런 모의에 동조해서는 안 된다.

제10계명20:17: "네 이웃의 집을 탐내지 말라." 이 계명은 출애굽기에서는 집을 탐내는 행위를, 신명기 5장 21절에서는 부인을 탐내는 행위를 강조하여 지적한다. 출애굽기에는 이어서 부인과 남녀 노예 그리고 가축이 나오고, 신명기 계명에는 집과 밭, 남녀 노예 그리고 가축이 나온다. 탐심을 금지하는 이 계명은 단지 마음을 절제하라는 의도에 그치지 않고 그 소원을 실행에 옮기는 모든 도발을 포함한다. 미가 2장 2절은 엘리트 지배층이 농민들의 밭을 탐내는 정황을 고발한다. 이런 정황이 발생하는 근본적 이유는 고금리의 채무제도 때문이다. 상호부조의 원칙을 망각하고 이윤을 최대화하려는 탐심은 공동체의 기초를 흔드는 죄악이다. 땅은 야훼 하나님이 모두에게 공평하게 분배해 주신 것이므로 다른 사람의 소유를 빼앗는 작태는 아무리 합법을 가장한다 해도 야훼 하나님에 대한 신앙의 도리를 명백히 위배하는 것이다.

윤리적 계명이라고 부르기도 하는 이 십계명은 역사적으로 볼 때, 다윗 가문의 독점적 권력 통치에 대항하여 지파들의 대등한 권리를 주장하는 북 왕국에서 보존된 것이라고 말한다. 그런 의미에서 십계명의 후반 여섯 계명은 군주사회의 위계질서 속에서 군주들과 엘리트 지배층이 힘없는 백성에게 부릴 정치적, 경제적, 사회적 행패를 염두에 둘 때 더욱 잘 이해된다. 가정을 파괴하고, 남의 소유나 사람을 합법적으로 훔쳐가며 거짓 증언을 사주할 수 있는 사람들은 기득권을 쥔 군주와 엘리트 지배계층이다. 다윗은 밧세바를 차지하고 합법을 가장하고자 충신 우리야를 죽였다. 아합은 이세벨의 모의에 따라 거짓 증인들을 세워 판결을 조종하여 자유농민 나봇을 죽이고 포도원을 차지하지 않았던가. 오늘날 이제껏 밝힌 십계명의 의미를 다시금 우리의 현실에서 깊이 아로새겨야 할 사람들이 있다면, 그들은 온갖 이해관계에 얽혀 있는 교회와 기독교 단체의 기득권자들, 즉 지도자들일 것이다.

신앙공동체 이스라엘이 일구려는 이상적 사회는 위협과 착취와 강요 없이 자급자족하며 상부상조하는 자유롭고 평화로운 농경사회였다. 그러나 그 사회는 안팎으로 평화와 질서 그리고 정의를 위협하는 상황에 부딪힌다. 하지만, 신앙공동체는 십계명을 지키는 신앙적 태도로 이 위협에 대항하도록 언약을 맺었다. 십계명은 야훼 하나님의 창조와 출애굽 구원의 경험, 그리고 족장에게 주신 약속을 구현하고 간직하는 생활방식이다. 하나님 사랑을 요약한다고 해설하는 1계명에서 4계명은 사실 동료 인간의 평등과 자유, 그들의 안녕과 복지에 대한 깊은 배려가 있어야 준수될 수 있으며, 이웃 사랑을 요약한 것이라고 해설한 5계명에서 10계명은 사실 하나님이 주신 것들생명, 가정, 소유, 정의을 소중히 여기야 하기 때문에 하나님을 경외하는 마음으로 지킬 계명들이다. 그런 의미에서 하나님 사랑은 인간 사랑에 근거하여 그것을 목표로 삼아 준수되어야 하고, 이웃 사랑은 하나님 사랑에 근거하여 그것을 목표 삼아 실행되어야 한다.

따라서 두 영역의 계명은 마치 동전의 앞뒤처럼 하나이지 서로 다른 두 가지 행동원칙이 아니다. 그러므로 하나를 어기면 자동적으로 다른 하나를 어길 수밖에 없다는 사실이 너무나도 자명하다. "누구든지 하나님을 사랑하노라 하고 그 형제를 미워하면 이는 거짓말하는 자니 보는 바 그 형제를 사랑하지 아니하는 자는 보지 못하는바 하나님을 사랑할 수 없느니라. 우리가 이 계명을 주께 받았으니 하나님을 사랑하는 자는 또한 그 형제를 사랑할지니라." 요일4:20~21

「침신대학보」 212호 (2006년 2월 28일).

03 | 하나님의 이름을 함부로 내세우지 말라 - 제3계명

너는 네 하나님 여호와의 이름을 망령되게 부르지 말라 여호와는 그의 이름을 망령되게 부르는 자를 죄 없다 하지 아니하리라.개역개정

너희는 너희 주 하나님의 이름을 함부로 부르지 못한다. 주는 자기의 이름을 함부로 부르는 자를 죄 없다고 하지 않는다.새번역

간단한 계명들, 복잡한 문학구조

성서의 말씀들은 언제나 변화하는 삶의 새로운 환경 속에서 그 의미를 다시 풀어서 적용해야 한다. 성서 구절을 해석하지 않고 적용하는 신앙공동체는, 어쩌면 신약시대의 바리새인처럼 문구는 고집하면서도 말씀의 배후에 깃든 진정한 의미와 정신을 놓치는 어리석음을 범하는지도 모른다. 성서의 말씀은 그 의미의 폭과 깊이가 시대에 따라 달라질 수 있기 때문에 '성서 해석은 끝이 없다.' 단번에 다 퍼 올려 바닥이 드러

난 우물에서는 더 이상 물을 찾을 까닭이 없다. 퍼내고 또 퍼내도 밑바닥이 드러나지 않는 우물이 있다면, 그것이 바로 성서라는 우물이다.

십계명출20:1~17; 신5:6~22의 의미를 퍼 올리는 일 역시 예외가 아니다. 10개의 계명에 의미를 부여하는 성서의 문학구조는 결코 단순하지가 않다. 십계명은 가장 가까운 문학단락에서부터 출애굽기, 오경, 오경과 예언서 사이, 구약성서 전체, 그리고 신약성서를 포함한 성서 전체의 맥락을 고려하면서 그 의미를 살펴야 한다. 먼저 가장 가까운 맥락인 시내산 단락을 살펴보자. 십계명은 시내산에 나타나신 야훼 하나님의 임재 장면 묘사 가운데 놓여 있다.출19:16~19a와 20:18 그리고 신5:4~5과 22~23 사이 출애굽기와 신명기는 각각 하나님의 임재를 이렇게 묘사한다.

> 셋째 날 아침에 우레와 번개와 빽빽한 구름이 산 위에 있고 나팔 소리가 매우 크게 들리니 진중에 있는 모든 백성이 다 떨더라 모세가 하나님을 맞으려고 백성을 거느리고 진에서 나오매 그들이 산기슭에 서 있는데 시내산에서 연기가 자욱하니 여호와께서 불 가운데서 거기 강림하심이라 그 연기가 옹기 가마 연기 같이 떠오르고 온 산이 크게 진동하며 나팔 소리가 점점 커질 때에출19:16~19a

> 뭇 백성이 우레와 번개와 나팔 소리와 산의 연기를 본지라 그들이 볼 때에 떨며 멀리 서서출20:18

이런 문학적 위치는 십계명을 야훼 하나님의 거룩한 신성과 직결시키는 기능을 한다. 그 다음으로 출애굽기 안에서 십계명의 위치를 살펴보자. 십계명은 출애굽의 목적지인 시내산 자락에서 공동체가 들은 하나님의 음성 첫 머리를 장식하고, 그 뒤를 계약법전출20:22~23:33, 제사법전레1~16장, 성결법전레17~26장과 같은 법전들이 따른다. 또 이어지는 신명기와 신명기법전신12~26장은 시내산 계약과 십계명이 항상 새로운 시대에 적용되어야 한다는 원칙을 설정한다. 이렇게 볼 때, 십계명은 출애굽 사건의 궁극적 목적인 새로운 공동체 형성과 그 삶을 위한 대강령을 명시한다. 아울러 뒤따르는 법전들의 기본정신을 담고 있다.

그러면 오경 안에서 십계명의 위치와 기능은 어떠한가? 출애굽기는 오경의 두 번째 책으로서 창세기 12~50장에 기록된 족장 약속, 즉 땅과 자손을 주겠다는 약속의 성취를 위한 첫 단계를 기록한다. 땅과 자손을 주시겠다는 야훼 하나님의 약속은 60만 명의 장정이 출애굽 할 때출12:37 예시되며, 또 가나안 땅의 정착과 분배여호수아로 구현된다.훗날 그 땅에서 이스라엘이 멸망하는 것도 이 계명들의 정신에 비춰 재음미해야 한다. 창세기 1~11장을 잇는 족장 이야기는 창조 사건과 인류의 타락에 대한 새로운 대안적 삶의 자세를 제시한다. 족장 이야기는 하나님의 형상으로 지음 받은 인간이 하나님의 말씀을 신뢰하지 않고, 운명의 유일한 주체가 되어 하나님처럼 되려는 그릇된 욕망으로 삶을 꾸려가는 역사창1~11에 종지부를 찍는다. 그리고 하나님이 주도하시는 역사를 그린다. 족장들은 하나님의 약속을 삶의 중심에 두고 살아간다. 십계명은 이제 그런 삶의 정신을 요약하는 셈이다.

한 마디로, 십계명은 오경에서 질서와 생명을 부여하는 창조신앙을 계승한다. 그리고 인권을 유린하고 착취하는 사회에서 벗어나는 출애굽의 구원 정신과 목적을 구현한다. 그 대안사회를 일구는 삶의 가장 근본 원칙이 십계명이다. 그것은 하나님의 형상으로 지음 받은 인류가 이 세상에서 하나님의 대리자로서 질서와 조화, 생명을 일구어내기 위한 아름다운 삶의 강령이다.

이해하기 어려운 점들

이 계명제3계명은 다른 계명들과 사뭇 다르다. 먼저, 2계명이나 4계명에서 사용된 어조와 다르고, 또 그것을 지켜야 할 이유도 다르게 제시한다. 2계명은 야훼의 본성인 질투하심을 근거로 다른 신 섬김을 배척하면서 결과적으로 이에 따른 형벌과 은혜의 길을 설정한다.출20:5~6 4계명은 안식일 준수의 신학적 이유를 장황하게 설명한다.출20:11 그 이유들은 모두 계명 준수에 대해 공동체가 가질 수 있는 의구심을 상당 부분 해소해준다. 그런데 3계명은 계명 준수의 이유가 별다르게 나타나지 않는다. 그 대신 "죄 없다 하지 아니하리라"는 제사장적 판결문이 첨가되어 있다. "죄가 없다고 하지 않을 것이라"는 말은 위반을 강력하게 단속하겠다는 점을 강조하는 것인지 아니면 위반해도 적발하기가 까다롭다는 어떤 경험적 정황을 암시하는 것인지 모호하다. 사실상, 시내산 계약의 관점에서 볼 때 어느 계명을 위반하면 위반자는 반드시 계약의 저주를 받는다.신28장, 30:19~20 그런데 하필 "죄 없다 하지 아니하리라"는 판결문구가 첨가된 정황은 그 의미를 더욱 신중하게 생각하도록 만든다.

또, 어떤 신앙인이라도 하나님을 부르지 않고 하나님과 영적 교제를 할 수는 없는 노릇이다. 그런데 도대체 하나님의 이름을 망령되게 혹은 함부로 부른다는 것은 어떤 상황을 일컫는 것일까? 결국, 이 계명의 의미와 적용범위가 해석적 관건으로 남는다. 그리고 과연 어떤 신앙인이 하나님의 이름을 부르는 일을 두고, 그것을 망령되다거나 함부로 부르는 행위라고 판단할 수 있는가? 그렇게 말할 근거는 또 무엇인가?

하나님의 이름과 세계관

우선 하나님의 이름이 의미하는 바를 생각해보자. '하나님' 히브리어로, 엘로힘 혹은 엘이란 단어는 '신' 神 즉 초월자, 절대자를 가리키는 총칭어로 보통명사이다. 이런 어휘는 세계 인류가 공통으로 사용하는 종류의 단어이다. 신의 특정한 명칭은 고대 세계에서 그 신의 정체, 속성, 능력과 역할 등을 알려주는 표식이었다. 이 '하나님'의 이름이 무엇이냐고 묻는 사건이 벌어졌다. 불붙은 가시떨기 나무 가운데서 들리는 하나님의 음성 앞에 모세는 이렇게 질문한다. "너희의 조상의 하나님이 나를 너희에게 보내셨다 하면 그들이 내게 묻기를 그의 이름이 무엇이냐 하리니 내가 무엇이라고 그들에게 말하리이까." 출3:13 하나님은 이렇게 답변하셨다. "나는 스스로 있는 자이니라 예흐예 아쉐르 예흐예… 너는 이스라엘 자손에게 이같이 이르기를 스스로 있는 자 예흐예가 나를 너희에게 보내셨다 하라… 너는 이스라엘 자손에게 이같이 이르기를 너희 조상의 하나님 여호와 야훼 곧 아브라함의 하나님, 이삭의 하나님, 야곱의 하나님께서 나를 너희에게 보내셨다 하라 이는 나의 영원한 이름이요 대대로 기억할 나의 칭호니라." 출3:14~15

여기서 본문은 "스스로 있는 자" 예흐예, "여호와" 야훼가 하나님의 이름이요 칭호라고 말한다. 우리말 "여호와"는 네 개의 히브리어 자음으로 이루어진 단어YHWH의 본래적 발음이 아니다. 신의 이름을 부르는 일을 신성모독이라고 간주한 유대인은 이 자음에 "주"를 뜻하는 히브리어 '아도나이'의 모음들 아, 오, 아을 네 자음에 붙여 읽어왔다. 그런데 그것을 중세시대에 "여호와"로 잘못 읽은 것이 관행처럼 굳어진 것이다. 본래적 읽기는 "야훼"이다. 그러나 어떻게 읽든지, 구원의 하나님의 실체는 동일하다. 다른 소리로 읽는다고 해서 하나님이 달라질 까닭이 없다고 믿기에 "여호와" 혹은 "야훼"로 읽는 것이 공존한다.

"스스로 있는 자"는 다양하게 풀이된다. 어근동사 "있다, 되다"히, 하야 혹은 하와/하바의 미완료태라는 문법적 사실에 착안하여, '완성되지 않는 미래의 구원을 위해 일하시는 하나님' 으로 보기도 하고, 또 "있게존재하게 만들다"란 사역형으로 쓰였을 가능성에 근거하여 '만물의 제일 원인자, 즉 창조의 하나님' 이란 뜻으로 풀이하기도 한다.

피할 수 없는 사실은 그 이름의 의미가 하나님이 이 세상 역사의 현장에서 보여준 행동들과 유리되지 않는다는 점이다. 다시 말해서 하나님의 이름의 의미는 하나님이 주도하신 출애굽 사건의 역사적 행동, 그리고 이어지는 이스라엘의 경험과 불가분의 관계를 맺는다. 출애굽 사건은 시내산에서 야훼 하나님이 이스라엘 백성과 계약을 맺기 위한 역사적 출발점이고, 시내산 계약은 성막공동체 건설을 위한 신학적 출발점이다. 성막공동체는 성막에 임재 한 하나님을 모시고 구성원 모두가 평등한 사회적 위상을 누리면서 사는 것을 근본정신으로 삼는 공동체라고 정의할 수 있다. 이 사회는 야훼 신앙을 내세워 광야라는 현실 속에서 이동과 정착의 삶을 반복한다. 그리고 온갖 형태의 위계질서와 그로 말미암은 권력과 부의 차등이 발생할 수 있으나, 그럼에도 억압과 착취를 거부하고, 오로지 구성원 사이의 평등과 자유, 정의와 사랑을 근본정신으로 삼는 공동체적 삶을 지향한다. 그러므로 "스스로 있는 자"라는 하나님의 이름의 의미는 이 역사, 신학, 이상에 뿌리내리고 있다. 그 이름은 시내산 계약을 상기시키고, 성막 공동체가 추구하는 이상적 사회와 그 세계를 추구하는 하나님을 지칭한다.

신앙인이 채워야 할 "야훼"이름의 공백

하나님의 이름 야훼는 또 다른 차원의 의미를 가진다. 그것은 야훼가 신앙공동체와 평등한 관계를 유지하는 분이라는 사실이다. 대체로 관계를 맺는 쌍방의 위상에 따라 크게 두 가지 유형의 관계가 존재한다. 먼저 상하 위계질서 속에서 억압과 지배를 정당화하고 신앙인에게 일방적 의무와 복종을 요구하는 불평등한 관계가 있고, 쌍방의 대등한 위치를 인정하고 서로에게 자발적 사랑을 충성스럽게 나누고 공유하는 평등한 관계가 그것이다. 그런 의미에서 야훼 하나님과 바알 신의 이름이 의미하는 바는 매우 교훈적이다. 이 두 이름은 아주 대조적이다. 바알은 비인격적 지배를 정당화하는 신의 이름이고 야훼는 인격적으로 평등한 관계를 지향하는 신의 이름이다.

"야훼"란 이름은 단어 자체가 하나의 문장으로 구성된다. 그런데 문장 구성 성분에서 주어와 동사로만 되어 있을 뿐, 그 신의 정체를 보충해주는 문장성분인 보어complement가 빠진 이름이다. 그래서 "무엇과 누구, 어떻게"가 빠진 "이다"의 존재이다. 그 구조는 "무엇과 누구, 그리고 어떻게"가 "이다"와 결합하여 "나는 무엇이다, 누구이다, 어떻다"로 그 존재를 드러내는 분이 된다. 따라서 "야훼"가 무엇이고 누구이며 어떻게 되는지를 결정하는 역할은 야훼를 섬기는 신앙공동체의 몫으로 돌아간다. 만일 그들이 "야훼"의 아내로 살아간다면 야훼는 "나는 남편이다"라는 존재로서 나타나 일한다. 그래서 야훼는 남편과 아내가 주고받는 사랑과 신뢰의 역사를 신앙공동체와 공평하게 주고받는 분이 된다.특히, 호2:16을 보라 즉 인간이 경험하는 하나님은 인간의 반응 여하에 따라 그 존재를 드러내는 분이라는 말이다. 반면에 바알의 의미는 '주인, 소유자, 지주'를 뜻한다. 그래서 예배자가 "바알"을 부르는 순간 그것은 바알 신을 자신의 주인과 소유자로 인정하는 한편, 신앙인은 인간으로서의 자유의지를 포기한 채 주인의 의지를 맹목적으로 추종하는 운명론적이고 수동적인 존재로 자신을 받아들이는 것이다. "야훼" 하나님은 인간과 인격적인 일대일의 대등한 관계 속에서 상호존중과 신뢰를 추구하는 세계관을 정의하는 반면, 바알은 소유에 따른 상하 종속적 지배관계를 정당화하는 세계관을 정의한다.

"스스로 있는 자", "야훼"는 계약 상대방인 인간과 대등한 관계를 맺고자 인간이 자유로운 결단을 통해 하나님의 뜻을 수행하기를 기다리신다. 그는 열려 있는 하나님이다. 그런 의미에서 야훼 신앙은 인간의 인격과 존재가치를 소중히 여긴다. 그래서 신과 인간의 관계는 물론, 인간과 인간의 관계에서 언제나 일대일의 평등한 인격적 관계를 맺는 일을 가장 소중하게 여긴다. 따라서 남을 해치려는 목적의 신앙적 행위는 일체 용납되지 않는다. 바알 신앙은 타율적이지만, 야훼 신앙은 근본적으로 자율적인 응답에 기초한다. 그러므로 여기서부터 그 이름의 사용에 관련된 모든 질문을 풀어야 한다.

하나님은 증인이 아니라 판결자이다

일단 야훼 하나님의 이름과 그 의미를 확보했으므로, 이제는 그 이름을 "망령되게" 혹은 "함부로"히, 라샤웨 사용하지 말라는 의미를 가늠해보자. 이 계명은 히브리어 "샤웨"의 폭넓은 용법에 따라 보통 그 이름을 헛되이, 혹은 쓸데없이 들먹이지 말라, 그 이름으로 맹세하지 말라,유대인의 이해 그 이름을 주술이나 마술에 이용하지 말라모빙켈의 주장 등등으로 풀어왔다. 우선 맹세하지 말라는 의미와 주술이나 마술에 사용하지 말라는 의도를 생각해보자.

왜 하나님의 이름으로 맹세하지 말아야 하는가? 하나님의 이름으로 맹세하는 행위는 하나님을 인간의 행위에 대한 증인으로 앞장세우는들어올리다, 히, 나사 일과 같기 때문이다. 야훼 하나님은 세계의 주인이요 최후의 재판관이다. 그래서 그 하나님을 인간사의 시시비비에 법정증인으로 호출할 수 없다. 시비를 가려야 할 일이 발생한다면 증언을 할 수 있는 존재는 하늘과 땅이거나사1:2, 다른 인간 목격자일 수밖에 없다.출23:1; 신19:15~21 하나님의 이름으로 맹세하는 대부분은 보이지 않는 하나님을 들먹여 자기가 감추어 놓은 목적을 성취하려는 것이다. 게다가 그런 의도의 배후에는 허황된 과시욕구가 도사리는 때가 태반이다. 하나님은 인간들끼리 서로 진정한 신뢰를 주고받는 사회가 되기를 바라신다. 자신의 이름이 한편을 부당하게 대우받게 하는 일에 악용되기를 원치 않으신다.

하나님을 임의로 조종하지 말라

또한 하나님의 이름은 주술이나 마술에 이용해서도 안 된다. 주술이나 마술에 신의 이름을 사용하는 것은 창조자인 하나님을 인간이 임의로 조종하는 행위에 해당하기 때문이다. 야훼 하나님은 인간을 임의로 조종하지 않을 뿐 아니라, 인간 역시 야훼 하나님을 임의로 조종하지 못한다. 야훼든 인간이든 자유의지를 지니며, 자기 의사와 상관없이 이용되는 것은 창조 질서와 목적에 부합하지 않는다. 구약성서는 특별히 마술을 금지한다. 예언은 가능하지만, 마술은 허용하지 않는다. 오늘날 우리 사회에서 일부 그리스도인이 거룩하고 초월적인 하나님에 대한 극단적인 경건심 탓에 야훼 신앙을 샤머니즘과 혼동하는 경향이 있다. 그래서 위기에 처한 신앙인들에게 며칠 동안 주기도문이나 사도신경을 몇 번 암송하라거나, 금식을 하라는 처방을 내리기도 한다. 이것은 신앙을 주술로 이용하는 행위이다.

야훼 신앙이란 성서에 기록된 말씀에 대한 올바른 해석을 바탕으로 인격적 결단을 하는 일이며, 하나님에게 희망을 품는 일이다. 여기에는 마술이 끼어들 자리가 없다. 신령한 처방전을 경건하게 완수했다고 해서 그것이 곧 야훼 하나님의 간섭과 중재 혹은 기적을 반드시 이끌어낼 수 있다고 믿으면 안 된다. 야훼는 자유로운 인견적 존재이며, 신앙인은 생의 위기 앞에서도 언제나 성서의 뜻에 따라 스스로 결단해야 하는 존재이다. 야훼 하나님은 인간이 조종할 수 있는 분이 아니다. 그렇게 믿는 것은 근본적으로 기독교 취지에 어긋난다.

이웃에게 해로운 것을 하나님의 뜻이라고 주장하지 말라

그렇다면 야훼 하나님의 이름을 망령되게 혹은 헛되게 부르지 못한다 히, 로 텟사… 라샤웨는 뜻은 무엇인가? 야훼 하나님의 이름은 야훼 신앙이 사회를 지배하던 고대 이스라엘 사회에서 최고의 종교적 권위를 상징한다. 그 세계에서 야훼 하나님은 모든 삶과 상황의 주체이고 신앙인은 객체이다. 일반 신앙인들이 언제나 신의 뜻을 따라 올바로 살아가고자 할 때 신앙지도자들의 판단이 중요한 몫을 한다. 그들은 하나님의 뜻을 발견하고 그것에 순응하여 살아야 하는 엄숙한 삶의 과제를 돕는 전문가들이다. 고대 이스라엘 사회에서 그들은 주로 제사장과 예언자이다. 신 16:18~18:22

정치권력의 대표자인 왕,과 장군 행정관리, 그리고 백성의 소송을 다루는 재판관 역시 이 전문가들에게 문제를 의뢰한다. 어떤 때에 정치인은 종교인을 이용하는 때가 적지 않다. 문제는 이들이 발견한 하나님의 뜻과 확신이다. 제사장과 예언자들이 발견한 하나님의 뜻은 항상 선하고 옳은가? 그들이 발견한 하나님의 뜻은 인간적 욕망이나 정치적 상황에서 자유롭다고 말할 수 있는가? 구약성서를 깊이 읽어보면 이런 질문 앞에 절대적으로 가치중립이라고 할 수 있는 말씀을 찾기 어렵다. 모든 말씀은 의도가 있다. 다만 그 의도가 인류를 이롭게 하는 것인지 해롭게 하는 것인지를 판단하는 문제만 남아 있다. 신학이란 처음부터 편향적이고 이념적이다.

왜 야훼만을 섬기라고 강조하는가? 야훼 아닌 다른 신을 섬기는 상황이 창궐했기 때문이 아닐까? 왜 하나님의 이름을 함부로/망령되게 부르지 말라고 하는가? 함부로/망령되게 부르는 일이 비일비재했기 때문일 것이다. 너도 나도 자기의 확신과 경험이 하나님에게서 나온 것이라고 주장하고, 그것이 유일한 진리라고 말하며 다른 사람에게 따를 것을 강요한다면, 과연 어느 주장이 참인지 가릴 수 있겠는가? 게다가 그 진리의 주창자가 정치지도자나 종교지도자이며, 그 주장이 수많은 인명에 손해와 불이익을 줄 수 있다면 어떻게 하겠는가? 누가 그들을 막을 수 있는가? 오로지 "죄 없다고 하지 않을 것이다"란 막연한 표현만이 그들을 진정시킬 수 있을 것이다. 게다가 그들을 단죄해야 할 사람들마저 모두 같은 이해관계를 가졌다면 인류의 역사는 속수무책으로 진행될 것이 뻔하다.

특별히 정치와 종교의 영역에서 권력자와 지도자가 자신들의 이해관계에서 비롯된 계획을 하나님의 이름을 빌려 진행하는 태도를 반드시 삼가야 한다. 하나님의 이름을 내세우려면 무엇보다도 먼저 검토할 것이 있다. 그 일과 계획이 창조 신앙, 출애굽의 목적, 시내산 계약의 정신, 성막공동체의 이상과 부합하는지를 살펴야 한다. 그것이 공동체 구성원의 인격과 소중한 생명가치를 보존하는 일인지를 헤아려야 한다. 그것이 하나님의 거룩한 뜻인지는 시간이 흐르면 자연스레 판명될 것이다.

결론적으로 제3계명은 인간 사회에서 타인의 피해를 불사하면서 자신의 야심과 계획을 이루려고 하나님의 이름을 내세우는 일을 금지한다. 그것은 야훼 하나님의 구원 섭리와 정면으로 배치되며, 인류의 창조 목적에 어긋나기 때문에 헛된 것이요 망령된 것이다. 야훼 하나님은 신앙공동체의 경배와 찬양의 대상이요, 간구의 대상일 뿐이다. 이 일 외에 어떤 때라도 신앙인은 하나님과 그 이름을 개인과 집단의 필요와 욕구에 따라 신학적 근거 혹은 신앙적 방패막이로 내세우는 일체의 행위를 근절해야 한다.

「기독교사상」(2005년 2월).

04 | 정의, 잊고 살았던 성경의 근본정신

개신교회가 잊고 살아온 성경적 진리

선교 2세기에 접어든 한국교회가 그동안 잊고 살아온 중요한 진리가 있다. 그것은 정의이다. 처음 1세기 동안 한국교회는 하나님의 무한한 사랑을 외치면서 부흥하고 성장해왔다. 그러나 정작 그 하나님 사랑의 밑바탕에 깔려 있는 성경적 진리인 정의는 외면해 왔다. 왜 그런지 생각해볼 때 그 이유가 그리 단순하지 않다. 복음이 전래되던 초기, 이 땅은 개화사상과 이를 거부하는 척사사상이 대립하던 시절이었다. 통치계층이 외세에 무력해진 틈을 타서 외국 선교사들은 주로 교육과 의료봉사를 앞세워 개신교 복음을 전파하였다. 본격적으로 기독교 교파들의 선교가 활발하던 시기에는 일제 강점기가 온전한 성경적 진리의 보급을 방해했다. 강점기 동안 우리 민족의 자주독립이라는 기본 가치를 일깨워준 것은 분명 교회와 복음의 공헌 이었다. 하지만, 기미독립선언 이후 일제는 식민지 정책을 수정하여 문화정책을 표방했고 그 일환으로 외국 선교사들에게 자유와 해방이라는 복음의 정치적 측면을 배제하고, 천당이라는 초월적 세상을 희구하는 영적 복음만을 전하도록 권장했기 때문이다. 교회 설립이 우선과제였던 선교사들은 일단 하나님 사랑이란 진리를 앞세워 “예수 천당 불신지옥”이라는 전도구호로 교회를 확장하는 데 기여했다. 해방 직후 발발한 한국전쟁은 한국교회를 자주민족이라는 건강한 이념을 지향하는 공동체로 만들지 못하고, 반공과 반미라는 정치 이데올로기 투쟁 속에서 극심한 피해를 입은 당사자로 만들었다. 전후 우리 사회는 본격적으로 선진민주사회를 향한 험난한 여정을 걸어왔다. 진보신학과 보수신학의 갈등으로 교단이 분열하는 아픔을 겪으면서도 끊임없이 성장하던 한국 개신교는, 선교 2세기의 문턱에 접어들면서 뜻밖에도 쇠퇴현상을 경험하기에 이르렀다.

이는 우리사회가 교회를 향해 그리 곱지 않은 시선을 던진다는 증거이기도 하다. 왜일까? 하나님의 사랑을 외치던 교회가 하나님의 사랑 아닌 또 다른 세속적 가치에 매몰되어 있음을 보여주기 때문이 아닐까? 그렇다면 교회가 하나님의 사랑과 함께 매료되어 있는 세속적 가치는 무엇이며, 그렇게 된 연유는 어디에 있는가? 그것은 교회가 성공과 번영이라는 가치만을 집착하여 가르치기 때문이다. 반면에 교회는 이 성공과 번영을 누리려고 성경에서 근본적으로 가르치는 정의라는 가치를 거의 망각하며 살아왔다. 더구나 성경에서 가르치는 하나님의 사랑이 사실은 정의의 원리에 입각한다는 사실마저 깨닫지 못하고 있다. 이 소고는 구약성경이 정의라는 신학사상을 근본원리로 가르친다는 사실을 밝힘으로, 우리 개신교회가 이 가르침의 중요성을 깨닫고 이에 입각한 목회자세로 도약해야 한다는 사실을 피력하려고 한다.

구약성경 무용론과 참된 가치

기독교 역사에서 사랑과 정의라는 진리만큼이나 그리스도인에게 왜곡되어 이해된 진리가 없을 것이다. 이런 현상은 구약성경에 대한 참된 가치를 곡해하는 데에 그 뿌리가 놓여 있다.

구약성경은 진노의 하나님을, 신약성경은 사랑의 하나님을 가르치므로 수많은 신학자가 구약성경 무용론을 주장하게 만들었다. 그것은 유대인폄하정신Anti-Semitism으로까지 발전했고, 2차 세계대전의 발발원인 중 하나로 자리매김하기도 했다. 아직도 우리나라의 개신교회에서는 신약성경에 비해 구약성경의 진정한 가치와 중요성을 온전히 수용하지 못하는 것 같다. 이런 상황은 신구약성경에서 말하는 사랑과 정의의 관계를 적절하게 이해하지 못한 데에 연유한다. 아울러 성경적 진리에 대한 이 모든 왜곡 현상의 배후에는 성경을 오직 구원사적 관점으로만 해석하려는 경향에도 일부 책임이 있다.

구약성경은 율법이고 불완전한 계시이며 그것을 따라 살면 구원을 얻지 못하고, 반면 예수님의 십자가를 믿으면 참된 구원을 얻는다고 가르치는 신약성경은 영생에 이르는 복음이고 완전한 계시라는 논리가 구원사적 성경해석의 핵심인데, 이와 같은 설명은 신약과 구약의 성경적 가치들을 왜곡시키는 진술이 포함되어 있음을 깨달아야 한다.

우선, 구약성경과 신약성경을 비교해 볼 때, 역사적으로는 구약성경이 먼저 존재했음을 알아야 한다. 그리고 신약성경 곳곳에서 언급하는 성경이란 구약성경을 지칭한다는 사실도 잊지 말아야 한다. 예수님과 제자들이 읽은 성경도 구약이고, 초대교회가 주요 경전으로 읽고 예배하던 경전도 구약성경이었다. 신약성경에 포함된 여러 서신이 교회의 경전으로 자리 잡은 것은 주후 5세기 이후의 일이었다.

둘째로, 구약을 불완전한 계시라고 폄하하는 해석은 주로 신약에서 사도 바울의 로마서나 갈라디아서 등과 같은 서신서와 히브리서의 가르침에 바탕을 둔다. 그러나 이런 서신들의 가르침은 1세기에 유대교와 벌인 갈등구조 속에서 이해해야 할 일이지 구약성경의 본래적 가치로 이해하면 곤란하다. 만일 누가 구약성경을 불완전한 계시라고 주장한다면 구약성경의 첫 페이지에 등장하는 창조기사도 불완전한 계시인가? 그럴 수는 없다. 한편, 예수님은 자신이 이 세상에 온 까닭을 "율법이나 선지자를 폐하러 온 것이 아니라 완전하게 하려"고 왔으며 그 "율법의 일점일획도 결코 없어지지 아니하고 다 이룰"마5:17~18 것이라고 말씀하셨는데, 여기서 "완전하게 함"이란 불완전한 계시를 완전한 계시로 만든다는 의미가 아니라, 아무도 성취하지 못한 하나님 계시의 참 뜻을 자신의 삶으로 온전히 보여주겠다는 뜻으로 풀이되어야 한다.

셋째로, 그런 의미에서 이제까지 곡해되어 온 구약성경의 가치는 새롭게 재정립되어야 한다. 신약성경의 예수는 구약성경에 나타난 하나님의 계시를 완벽하게 이해하시고, 그것을 자신의 삶으로 몸소 살아내신 분이다. 우리가 이 예수를 주와 구주로 영접하였다면 이제 우리는 구약성경을 다시 새로운 각도로 읽어야 한다. 예수님이 보여주신 삶과 죽음을 전제로 구약성경에서 야훼 하나님이 이스라엘 백성에게 도대체 어떤 삶의 원리를 가르치셨는지를 밝혀내려는 자세로 구약성경을 읽자는 것이다. 이러한 방식의 구약 읽기는 구약성경의 페이지를 넘길 때마다 그 안에 숨겨진 예수와 메시아에 대한 연관성을 찾아내려는 자세로 읽는 통상적 방식과 크게 다르다. 이런 읽기는 구약성경을 하나님이 인류에게 주신 온전한 일차 계시로 본다. 구약성경에 기록된 이스라엘은 이 하나님의 뜻을 오해하거나 불충분하게 이해해서 잘못 살았던 것뿐이다. 즉 하나님의 계시가 불완전했기 때문이 아니라는 뜻이다.

구약성경이 가르치는 정의

만일 우리가 구약성경을 하나님께서 인류에게 주신 완전한 일차 계시로 보는데 수긍한다면, 이제는 구약성경이 가르치는 정의를 자세히 살펴볼 준비가 된 것이다. 주제를 본격적으로 다루기에 앞서 한 가지만 더 전제하려고 한다. 정의라는 성경적 사상을 탐구할 때 혹시라도 교리적이 되거나, 특정한 교파신학칼빈 신학이나 웨슬레 신학 등등에 비추어 사고하지 말라는 것이다. 성경은 이런 저런 교리나 신학들보다 먼저 존재했고, 그 신학적 진술의 기초이면서 동시에 전부라는 사실을 명심하면 좋겠다.

구약성경의 사상을 탐구하는 방식은 최종본문의 정경적 형태를 중시할 것이다. 그래서 탐구 순서는 크게 창세기의 창조기사1장, 태고사2~11장, 족장사12~50장에 이어 출애굽 사건1~18장, 시내산 이야기 중 계약체결출19~24장, 32~34장, 성막 건설과 제사 규정출25~31장, 35~40장, 레위기 전체 그리고 가나안 정착 이전의 역사를 다루는 규범적인 오경 내러티브, 그 다음에는 가나안 정착 이후 건설한 왕국의 존망에 관한 역사적 관점을 제시하는 신명기역사서여호수아-열왕기하를 주로 다룰 것이며, 필요하면 예언서와 성문서를 함께 언급할 것이다.

용어 해설

"정의"란 용어는 히브리어 체덱sedeq이나 체다카sědāqâ를 번역한 것이다. 이 단어는 유사한 의미를 지닌 "공의" 혹은 "공평"으로 번역되는 미쉬파트mišpāt나 메사림mêšārîm이란 단어들과 종종 평행구를 이루거나 단어쌍을 만들어 표현되곤 한다.우리 말 성경에는 이 용어들이 일관성 있게 번역되지 않았다. 우선, 체덱/체다카는 '의로움, 올바름'을 뜻하는데, 문제는 의롭다거나 올바르다는 가치판단의 기준이 사람마다 또는 상황마다 다를 수 있다는 점이다. 그래서 정의의 기준이 문제가 되는 것이다. 구약성경은 이에 대해서 일관되고 명료한 답변을 준다. 그 점에 대해서는 아래의 논의를 통해 구체적으로 제시될 것이다. 또한, 미쉬파트는 '재판하다'는 뜻을 지닌 히브리어 동사 샤파트šāpat에서 유래한 명사라는 사실을 감안할 때 그 의미 유추가 더욱 용이하다. 무엇보다도 미쉬파트의 요구를 이행해야 하는 당사자는 일차적으로 사법권을 행사할 수 있는 지도자와 지배계층이라는 사실이다. 메사림은 인간관계의 평등함을 기준으로 판단할 것과 인권존중을 목표로 공정하게 이루어져야 함을 강조하는 의미로 이해할 수 있다. 체덱/체다카, 미쉬파트, 메사림은 의미상의 차이가 거의 없어 보이지만, 굳이 설명하자면, 체덱/체다카는 상태나 상황을,유대교에서는 체다카를 '자선행위'로 해석하기도 한다 미쉬파트는 재판상의 판결과정과 결과를, 메사림은 공정함fairness을 강조하는 용어로 이해할 수 있다. 이 단어들을 더 상세하게 정의할 필요가 없는 것은 구약성경에서 그 의미가 모든 이에게 너무나도 단순명료하고 자명하기 때문이다. 그것은 모두 고대 사회에서 일종의 상식과 같은 진리를 표명하며 이에 대한 실행을 요구한다.

정의는 창조질서의 원리이다

창세기 1장의 창조기사는 신구약성경을 통틀어 가장 근본적인 계시요 완벽한 계시이다. 이것은 성경적 가르침의 첫 단락이기에 일종의 대헌장a magna carta과 같은 사상을 담고 있다 해도 과언이 아니다. 하나님의 세계 창조를 진술하는 창세기 1장은 하나님께서 이 세상에 질서를 세우시고 생명체와 생명체들이 생존할 수 있는 환경을 창조하셨으며, 그렇게 모든 피조세계가 조화롭게 공존하는 세상을 보시고 만족스럽게 안식을 취하셨다고 진술한다. 여기서 하나님이 세우신 세계질서란 하늘과 땅, 바다와 육지, 식물과 새, 천체의 운행, 짐승과 인간 사이의 엄연한 구별을, 그리고 하늘, 바다, 땅이라는 각 공간 내에서 생명체와 비생명체가 수행해야 하는 독특한 고유 기능과 그것들의 공존과 조화를 말한다. 그래서 시편기자는 "구름과 흑암이 그를 둘렀고 공의체덱와 정의미쉬파트가 그의 보좌의 기초로다"시97:2라고 노래했다.

한 마디로 창세기 1장은 하나님이 세계를 창조하실 때 보여주신 행동에 질서 수립, 생명 창조, 평화 유지라는 가장 근원적인 성경적 가치를 드러내시는 방식으로 행동하셨다고 증언한다. 그리고 인간은 하나님의 형상을 따라 지음 받았기에 바로 이 세 가지 근원적 가치를 실행함으로써 하나님의 통치를 반영하여, 인간은 물론이고 인간 외 다른 피조세계식물, 동물, 그리고 자연환경와 적절한 관계를 맺으면서 살아야 할 책임적 존재라고 가르친다.

창세기 2~3장에서 하나님께서 아담에게 선악과를 먹지 말라고 지시하신 명령은 하나님이 인류에게 세우신 최초의 질서이다. 첫 인류는 그 질서를 어겼고, 그래서 생명 넘치는 행복 대신 벗어날 수 없는 죽음과 고통을 인류사회에 가져왔다. 정의의 원칙을 위반한 인류가 경험해야 하는 대가는 치명적이었다. 이후 인류가 하나님의 고유 권한인 정의의 원칙을 찬탈했던 역사는 태고사의 고비마다 그 흔적이 생생히 남아 있다. 생명권 침해가인과 라멕와 인간의 존엄성을 짓밟은 물리적 폭력하나님의 아들들과 정치적 억압바벨탑은 대홍수 전후에 그친 적이 없다.

이와 달리 다시 새로운 역사가 시작된다. 아브라함-이삭-야곱-요셉으로 이어지는 족장사는 너무도 심각하게 침탈 당해온 하나님의 주권과 정의로운 세상질서를 태고사와 전혀 다른 방식으로 정립해 나가는 이야기이다. 족장들은 현실적으로나 환경적으로 모든 것이 불가능하게만 보이는 조건들--땅 없고 자식 없음--앞에서 하나님의 무조건적 약속,

즉 땅과 자손에 대한 약속을 굳게 붙잡고 사는 모습을 보여준다. 족장사를 통해 성경은 믿음이야말로 하나님의 형상으로 지음 받았으되 불완전한 인류가 취해야 하는 가장 기본적 삶의 태도라고 가르쳐준다. 그것이 정의로운 세상을 위해 살아야 하는 인간이 취할 근본적 자세이다. 그래서 하나님은 "내가 그로 그 자식과 권속에게 명하여 여호와의 도를 지켜 공의와 정의를 행하게 하려고 그를 택하였나니"창18:19라고 말씀하신 바 있다. 하나님의 주권과 개입을 믿고 살되 자신들의 권력의지를 포기하며 사는 인류가 하나님의 정의로운 세계 통치를 체험할 수 있다는 것이 족장 이야기의 신학적 주제이다. 이와 같은 족장사의 배후에 불완전한 인류를 향한 하나님의 사랑어린 배려가 있고, 이것이 새로운 역사의 기초가 되었다는 사실을 발견하기는 어렵지 않다.

정의는 시내산 언약의 핵심원리이다

출애굽기에서 신명기까지에는 고대 이스라엘 사람들을 통해 야훼 하나님께서 창조 시에 세워놓으신 질서가 곧 정의와 공평, 생명과 평화 추구임을 구체적으로 재천명하는 역사적 경험이 기록되어 있다. 출애굽 사건은 절대군주가 힘없는 백성을 정당한 이유 없이 정치적으로 억압하고 인권을 유린하며 경제적으로 노동력을 착취하는 현장에서 야훼 하나님이 간섭하고 개입하여 억압당하는 이스라엘 백성을 구원해낸다는 이야기이다. 그런 의미에서 출애굽 구원은 하나님께서 이스라엘 백성이 자유롭고 평등하고 정의로운 사회를 일구며 살아가기를 염원해서 일으킨 사건이다. 그리고 이 사건을 영원히 기념하려는 조치가 시내산에서 야훼 하나님과 이스라엘 백성 사이에 맺어진 언약이다.

시내산 언약의 기본 정신은 십계명으로 압축된다. 출애굽의 하나님만이 정의의 하나님이기에 그 분만을 섬겨야 한다. 야훼 하나님 외의 다른 신을 섬기는 일을 금지하는 이유는 야훼만이 정의의 하나님이고, 다른 신들은 정의가 아닌 번영을 최고 가치로 삼으면서 인권유린과 불평등을 조장하기 때문이다.[1계명] 신상제조를 금하는 이유는 신상이라는 물체로 인권을 유린하고 경제력을 통제하여 부당한 종교적 위계질서를 수립할 가능성이 있기 때문이다.[2계명] 하나님을 표방하는 어떤 논리도 인간의 존엄성을 무시할 수 있기 때문에 함부로 그 이름을 들먹이지 말아야 하며[3계명], 인간의 노동력이 가장 원천적인 생존질서이므로 적절한 주기적 안배를 통해 치유와 쉼을 규정한 것이며[4계명], 가정의 질서를 소중히 여기도록 부모공경을 명령한 것이고[5계명], 생명과 재산과 결혼제도와 사법제도를 신성하게 보존하고 존중해주어야 하는 까닭은 이 모두가 야훼 하나님이 세우신 정의로운 사회질서를 위한 계명들이기 때문이다.[6~10계명] 한 마디로 십계명은 언약백성이 장차 약속의 땅 가나안에서 일구고 살아가야 할 사회의 정의로운 질서와 원리를 명시한 헌장이다.

따라서 언약백성 이스라엘은 이 세상에서 살아계신 하나님의 정의로운 통치를 민족의 삶으로 증언해야 하는 막중한 사명을 띠고 형성된 것으로 보아야 한다. 그들은 이 야훼 하나님 신앙을 기초로 인권과 생명, 평등과 자유를 존중하는 정의로운 사회를 세상에 보여주어야 한다. 물론 출애굽 구원 사건을 촉발시킨 것은 억압받는 대다수 약자에 대한 하나님의 긍휼이었다. 그것을 행동으로 보여주신 까닭은 하나님이 정의로운 분이기 때문이다.

성막을 짓고 그것을 중심으로 광야를 이동하는 이스라엘 백성에 대한 기록과 제사제도에 대한 세밀한 기록들은 앞서의 두 가지 사건과 그것에 대한 의의를 언제나 잊지 않고 상기시켜주는 제도로 기능한다. 만일 정의와 공평에 대한 하나님의 기대가 어긋나는 상황이 공동체 안에 벌어지면, 그 상처로 말미암아 발생되는 불의한 현실을 재조정해서 다시 공평과 정의가 유지되게끔 하는 장치가 바로 각종 제사제도와 제의이다. 제사제도와 성막 그리고 광야 이동의 기록은 모두 정의로운 사회를 일구어 나가기를 바라는 하나님의 염원과 이를 순응치 못하는 언약공동체의 뼈아픈 과오를 중심으로 전개된다. 그럼에도, 이 모든 기록의 밑바탕에는 역시 하나님이 언약백성을 향해 베푸시는 지치지 않는 사랑과 정의에 대한 확고한 의지가 자리 잡고 있다.

정의는 통치자와 지배계층에게 가장 우선적으로 요구되는 가치이다.

가나안 땅에 정착한 이스라엘은 군주사회를 건설하기에 이른다. 이스라엘 민족의 통치자와 지배계층에게 기대되었던 특성 역시 정의와 공평이다. 그것은 위에서 설명한 언약과 율법의 정신을 구현하는 일이기 때문에 그렇다.

이스라엘 군주사회의 역사에서 가장 모범적인 군주로 기억되는 왕은 다윗이다. 이스라엘 군주사회는 열두 지파가 하나로 결속된 통일왕국으로 시작하였으나, 솔로몬의 강권통치 여파로 지파들이 분열되어 이루어진 남북왕조사를 간직하고 있다. 하지만, 언약정신을 온전히 구현한 것으로 평가받는 왕은 다윗 가문이 통치한 유다의 요시야 왕뿐이다.[왕하 23:25] 북 왕국은 대략 200년 만에, 남 왕국은 대략 400년 만에 모두 외국의 강대국에 의해 멸망했고, 유다 왕국의 지배계층 후손들만이 바벨론 포로 생활 후 귀환하여 예루살렘 성전을 중심으로 살면서 작성한 성경기록을 후세에게 전해주었다.

예언서와 시편 곳곳에는 이스라엘 민족의 왕들과 지배계층이 이 정의와 공평의 원리를 시행하여 살지 못한 것이 곧 민족이 멸망하게 된 이유라고 가르친다. 이사야는 포도원의 노래에서 통치계층이 정의를 시행하지 못한 것을 이렇게 표현한다. "무릇 만군의 여호와의 포도원은 이스라엘 족속이요 그가 기뻐하시는 나무는 유다 사람이라 그들에게 정의미쉬파트를 바라셨더니 도리어 포학이요 그들에게 공의체다카를 바라셨더니 도리어 부르짖음이었도다."사5:7 미가는 아예 이스라엘의 통치자들이 정의를 싫어했기에 멸망당할 것이라고 선포한다. "야곱의 우두머리들과 이스라엘 족속의 통치자들아 들으라 정의미쉬파트를 아는 것이 너희의 본분이 아니냐… 야곱 족속의 우두머리들과 이스라엘 족속의 통치자들 곧 정의미쉬파트를 미워하고 정직한 것하-예사라을 굽게 하는 자들아… 이러므로 너희로 말미암아 시온은 갈아엎은 밭이 되고 예루살렘은 무더기가 되고 성전의 산은 수풀의 높은 곳이 되리라 하시더라."미3:1,9,12 예레미야도 같은 태도이다. "너희가 정의미쉬파트와 공의체다카를 행하여 탈취 당한 자를 압박하는 자의 손에서 건지고 이방인과 고아와 과부를 압제하거나 학대하지 말며 이곳에서 무죄한 피를 흘리지 말라 너희가 참으로 이 말을 준행하면 다윗의 왕위에 앉을 왕들과 신하들과 백성이 병거와 말을 타고 이 집 문으로 들어오게 되리라 그러나 너희가 이 말을 듣지 아니하면 내가 나를 두고 맹세하노니 이 집이 황폐하리라 여호와의 말씀이니라."렘22:3~5 포로시절에 성전의 재건과 더불어 민족에게 희망의 불씨를 지폈던 에스겔도 똑같은 주장을 편다. "이스라엘의 통치자들아… 너희는 포악과 겁탈을 제거하여 버리고 정의미쉬파트와 공의체다카를 행하여 내 백성에게 속여 빼앗는 것을 그칠지니라 주 여호와의 말씀이니라 너희는 공정한체덱 저울과 공정한체덱 에바와 공정한체덱 밧을 쓸지니."겔45:9~10

구약성경이 염원하는 메시아사상은 이스라엘 민족을 다스릴 의로운 정치적 지도자이다. 그런 사람이 오면 불의와 폭력이 난무하는 현실을 정의와 공평이 가득한 평화로운 사회로 만들어 줄 수 있다고 믿기 때문이다.

정의가 시행되지 못하는 근원적 이유는 탐심에 있다.

그렇다면 군주와 통치계층이 정의롭지 못하다고 비판받은 구체적 사항들은 무엇인가? 예언자들은 "고아와 과부와 이방인과 무죄한 자를 압제"하였다는 표현을 하는데 이것 역시 도대체 어떠한 정황을 염두에 두고 한 말일까?

우선, 오경에는 크게 언약법전,출20:22~23:33 성결법전,레17~26장 신명기법전신12~26장이 수록되어 있는데, 학자들은 성결법전을 포로기 혹은 그 이후에 작성된 것으로 보고 나머지 두 법전은 군주시대에 작성된 것으로 본다. 오경을 작성하는 과정학자들은 포로후기인 주전 450~400년경에 최종완성된 것으로 본다에서 고대 이스라엘의 지파 사회의 전통이나 경험 혹은 군주 사회 유지를 위해 제정된 관습법이나 제의법, 그리고 각종 사회 질서를 위한 법규가 야훼께서 시내산에서 모세에게 준 율법의 맥락 속에 삽입되었다는 뜻이다. 이것들을 신성불가침의 절대적 권위를 지닌 규범으로 삼기 위해서이다. 어쨌든 이 법전들에는 고대 이스라엘 사회의 오랜 삶과 구체적 경험이 반영된 것이 사실이다. 여기서 눈에 띄는 것은 채무노예를 해방하는 법,출21:1~11; 신15:12~18; 레25:39~55 채무를 면제하는 법,신15:1~11 토지 소유권을 원주인에게 반환하는 법레25:1~34 등이다. 이런 법규를 시행하도록 제정했다는 것 자체는 고대 이스라엘 사회에 사회적 불평등이 심화되었음을 보여주며, 더불어 힘없는 다수의 약자계층과 힘을 가진 소수의 사회적 강자계층이 존재했음도 시사한다.

공의미쉬파트로 번역된 단어가 재판의 판결과 상관있음을 상기해보면, 앞서 예언자들이 지적했던 포악한 행동이나 부르짖는 소리는 결국 강자가 사법제도를 이용하여 약자의 소유와 인권을 유린하는 행위 일체를 추상적 언어로 표현한 것에 불과하다. 그러면 농사를 주업으로 하는 대다수 백성에게 채무는 왜 생기며 또 누가 누구에게 채무를 진다는 말인가? 또 히브리인 노예는 어떻게 생기는가?

고대 이스라엘이 가나안 땅에 정착할 때 여호수아의 지도를 따라 지파들은 자기들의 땅을 분배받았다고 성경은 기록한다. 그러나 해가 거듭하고 시간이 흐르면서 평등을 최고 가치로 삼았던 이스라엘 지파 사회에 빈부격차가 생겨나고, 군주와 지배계층이 형성되었으며, 도시와 농촌으로 나뉘고, 국가 운영을 위해 징병과 세금제도가 실시되었다.삼상 8:10~18 가뭄이나 재해 혹은 전쟁으로 말미암아왕상17~18장의 배경 농사작황이 부족하면, 농부는 가축이나 토지 혹은 집이나 노동력을 담보로 부유한 지주에게 채무를 질 수밖에 없었고,왕상 17장의 사르밧 과부 이야기를 상기하라 그렇게 시작된 채무는 변제가 거의 불가능하여 농부들은 평생 채무를 떠안고 살아야 했다. 극심한 때는 저당 잡힌 소유를 합법적 재판 절차를 통해 온전히 빼앗기는 것이 비일비재했다.미2:1~5; 왕실까지 개입한 극단적 사례는 왕상 21장의 나봇 이야기이다 집과 토지를 잃은 자영농민은 남의 땅을 임대하여 농사를 짓는 소작농이 되거나 심하면 날품팔이 일꾼마 20장의 포도원 품꾼 비유 참조이나 노예로 전락하였다. 이와 반대로 자영농가의 소유를 차지한 부유한 자들은 토지를 확대하여 더 많고 더 비싼 농산품을 생산하게 되고, 더 많이 소유함에 따라 욕심이 생겨 더 높은 사회적 지위를 차지하기에 급급했다.사5:8~12

빈익빈 부익부. 고금을 통해 상식이 된 인류의 현실을 묘사한 말이다. 구약성경의 주인공들이 진리를 전달하는 구체적인 역사의 배후에는 이러한 현실적인 사회가 움직이고 있었다. 오경의 법전들은 사회적 불평등을 해소하고 인권을 소중히 여기며 정의와 진리가 통용되는 평화로운 사회를 꿈꾸었다. 그래서 정한 기한이 차면 채무관계로 얻은 노예들을 풀어주고, 그들의 채무를 면제하며, 토지는 원소유주에게 반환하라는 규정을 율법에 포함시켜두었다. 그러나 정작 이를 시행해야 하는 당사자들이었던 지주, 관리, 지배층, 왕권은 예언자들이 고발한 것처럼 이런 규정의 실행을 도외시하였다. 권력을 이용하고, 권력의 그림자 뒤에 숨어서 자신들의 이익과 명예와 권력을 무한정 추구해 온 지배층이 어떻게 한 순간에 그러한 이해관계에 초연하여 그 많은 권한을 포기하겠는가?

정의를 시행하라는 미가6:8와 아모스5:24같은 예언자들의 목소리가 귀에 들어오지 않았던 태도의 배후에는 무엇보다도 자기만 잘 살겠다는 탐욕이 있었다. 십계명 중의 열 번째 계명이 명령한 내용도 바로 이러한 탐심금지가 아닌가? 나라는 멸망해도, 민족은 흩어져도, 자신의 사회는 붕괴되어도 나만 잘 살고 내 재산만 있으면 된다는 안일한 사고방식이 정의의 실천을 막는 가장 강력한 훼방꾼이었던 것이다. 그들에게 신앙은 그저 장식품에 불과했을 것이다. 그러나 하나님은 살아계시고 하나님의 정의로운 세상 운영방식은 그것을 좌시하지 않았다. 하나님은 고대 이스라엘 군주사회를 멸망시키고 지도층을 포로로 끌려가게 하심으로 오경의 법전에서 요청한 정의를 직접 수행하셨다. 나라의 멸망으로 가난한 농부들 중 채무노예는 해방되었고, 채무는 사라졌으며, 토지는 원소유주에게 돌아갔다. 하나님은 불의한 소수를 징벌함으로써 다수의 불쌍한 백성을 사랑으로 돌보신 것이다. 이것이 하나님의 정의이다. 그리고 구약성경은 바로 이것을 가르친다.

정의를 실행하게 해주는 성경적 가르침은 십자가의 도리이다.

그렇다면 만일 하나님의 개입이 없다면 인간 스스로 정의를 직접 실행할 수는 없을까? 만약 정의를 실행하게 해 주는 성경적 가르침이 있다면 그것은 무엇일까? 구약성경에서는 이를 명시적으로 언급하지 않고 우회적으로 가르친다. 우회적인 구약성경의 가르침이란 세상이 정의의 원리에 따라 창조되었으므로 그 질서에 부응하며 살라는 것이다. 너무나도 명백한 가르침이지만, 현실과 동떨어진 가르침처럼 들린다. 인간의 탐심이 이를 가장 강력하게 저해하고 훼방하기 때문이다. 그렇다면 이러한 인간의 본능적 탐심을 막을 다른 방도는 없겠는가?

성경은 그 해법이 예수님께서 짊어지고 가신 십자가에 있다고 가르친다. 십자가 사건은 기독교 신앙과 신학에 가장 근본적이고 중추적인 가르침을 제공해준다. 그것은 하나님 되신 예수님의 자기포기 사건이다. 비움으로 채움을 얻고, 포기함으로 더 가지는 것. 인간이 가지고 누릴 수 있는 명예와 부귀와 권력을 예수님께서는 버리고 포기하고 놓아버림으로써 창조주 하나님에게 직접 손상당하지 않는 명예와 썩지 않을 영원한 재산과 무한한 권력을 수여받으셨다. 예수께서 십자가를 진 일이 인류를 사랑하기 때문이라는 신약성경의 가르침은 사실상 정의로운 사회를 염원하는 하나님의 마음을 표현한 일이다. 그리스도인이 예수를 주로 믿고 따르는 것은 바로 이와 같은 예수의 삶을 자신들도 살겠노라고 고백하는 일과 다르지 않다. 그래서 십자가의 도리만이 우리 그리스도인을 정의로운 삶으로 인도할 수 있다. 그 정의로운 삶은 모든 인간이 세계를 자신과 대등한 존재가치를 지닌 것으로 존중하고, 이해하며, 사랑하는 일로만 표현된다.

정의의 기준

서두에서 잠시 밝힌 대로 정의의 기준은 사람마다 또는 상황마다 다를 수 있다. 그렇다면 "정의의 기준이 무엇인가?"라고 물어보아야 한다. 이제까지 구약성경의 사상을 살펴본 결과에 의하면 그 대답은 이렇다. 사회적 약자와 소외된 사람들, 그리고 보살핌 없이 인권과 존엄성이 박탈당한 채 억압당하고 수탈당하는 사람들을 이해하고 돕고 돌보며 사랑을 베푸는 행위가 정의이다. 이것이 구현되어야 그 사회를 하나님이 통치하는 사회라고 말할 수 있다. 따라서 이것을 실행 하는가 그렇지 못한가 하는 것이 구약성경에서 가르치는 정의의 기준이다.

나가는 말

우리나라의 개신교회는 정의라는 이 성경적 진리를 오랫동안 잊고 살아왔다. 그동안 성공과 번영을 내세워 교회를 성장세로 일구고 제법 비그리스도인의 존경도 받아왔다. 그러나 지금은 비그리스도인이 개신교회에 무관심하며 냉정한 시선을 던진다. 그 이유는 교회가 교회답지 못해서이고, 그런 연유는 교회가 정의라는 성경적 가치를 잊고 있기 때문이다. 다른 말로 하면 우리 사회는 지금 개신교회에 우리 사회와 역사 앞에 더욱 책임 있는 자세를 요구한다. 교회가 단순한 이익집단으로 비춰진다면, 이런 분위기 역시 교회가 정의의 가르침을 외면하고 지내왔기 때문은 아닌지 자문해보아야 한다.

구약성경은 개신교회가 인류와 인류 외의 세계자연생태계를 향해 하나님의 통치를 보여줄 책임이 있는 공동체라는 것을 일깨워 준다. 그리고 그러한 책임은 교회가 정의로운 삶을 살아갈 때만 수행 가능하다. 하나님은 정의로운 분이기 때문이다. 하나님이 요구하시는 이 시대의 정의로운 삶은 교회의 구성원인 우리의 탐심 때문에 시행 곤란한 처지에 처했으나 예수께서 보여주신 십자가 정신으로 무장한다면 가능하다. 자신의 이익을 포기하는 예수 십자가의 길이 아니라면 어떤 정의로운 삶도 인간에게는 불가능할지 모른다. 사회경제적 약자와 소외계층에 대한 배려와 돌봄을 통해 정의로운 정신을 회복한 교회로 갱신된다면, 우리 개신교회는 다시 이 사회에서 인정받는 공동체로 발돋움 할 것이다. 사랑과 정의는 서로 대립되는 진리가 아니라 동전의 양면과 같은 관계를 지닌다. 성경의 정의는 선택된 소수가 아닌 대다수의 행복을 위한 정의를 실천하기를 가르친다. 그것은 인간만이 아니라 생태계를 포함한 이 세계 전체에서 정의가 실행되기를 요구한다. 성경적 정의는 궁극적으로 온 세상에 생명의 소중함과 온전한 평화를 지향한다는 사실도 잊지 말아야 한다. 지금의 개신교회는 그동안 잊고 살았던 이와 같은 구약성경의 중요한 가르침을 가슴에 품고 전혀 새로운 각오로 살아가야 한다.

「성서마당」 99권 (2011).

05 | 구약성서의 법전과 법관, 그리고 헤게모니

최근에 이상한 여론이 우리 사회에 대두되어 세인의 정서를 혼란에 빠지게 하고 있다. 내용인즉 사법부가 내린 일련의 판결을 놓고 정치인들이 이를 좌파 빨갱이일명 "좌빨"적 이념을 가진 판사들이 사회의 여론과 상식에 상반되는 판결을 내린 것이라고 호도하면서 사법부 개혁의 구실로 삼는다는 것이다. 그간 사법부는 광우병 쇠고기 수입에 대한 MBC 공영방송의 특정프로그램에 대한 쇠고기 수입업체의 고소와 민노당 강기갑 의원의 일명 "국회폭력"에 대하여 각각 무죄판결을 내린 바가 있다. 그런 판결들이 아마 MB 정권과 여권의 정략적 선호도와 합치하지 않아서인지 사법부 내의 일부 판사들을 대상으로 이념 논쟁이 번지고 있다. 그리고 이를 빌미로 사법부 개혁을 운운하는데, 이것은 그 진의로 보나 대응 방식으로 보나 옳지 않아 보인다. 이유는 우리 사회가 오랫동안 이슈가 생길 때마다 이념 논쟁으로 깊은 상처를 받아왔기에 더욱 그렇다. 여하간 이 사태는 특정 판결을 놓고 국민들끼리 벌이는 논쟁이 아니라 국가 권력을 장악한 집단과 사법부 사이에 벌어진 사안이란 점에서 기현상이고 그 귀추가 주목된다. 차제에 기독교 신앙의 경전인 구약성서에서 이와 유사한 사안에 대해 어떤 가르침을 내놓는지 살펴보려고 한다.

구약성서의 법전 형성

구약성서가 신앙적 태도의 기준을 제시하는 단락은 오경혹은 토라이다. 오경은 기독교와 유대교 모두에게 결코 부인할 수 없는 모세의 신성한 권위와 함께 전해지는 이야기와 법의 결속체라고 묘사할 수 있다. 이야기든 법이든 이와 같은 오경의 기록에 대한 역사적 근거와 기원에 대한 이해는 다양하게 전개된다. 역사비평적 렌즈를 사용하는 학자들은 오경에 포함된 여러 가지 법의 기원에 대한 대단히 설득력 있는 해명을 전개한다. 구체적으로 오경에는 언약법전출20:22~23:33, 제사법전레1~16장, 성결법전레17~26장, 신명기법전신12~26장과 이 법전의 요체를 추려놓은 것 같은 십계명출20:2~17; 신5:6~21 등이 수록되어 있다. 학자들은 이 법전들의 작성 시기를 이스라엘 백성이 애굽의 종살이에서 해방된 연후 시내 광야에서 모세를 통하여 야훼 하나님이 하사한 것으로 기록된 문학적 맥락과 달리, 모세 시대가 아닌 후대의 왕조시대와 포로기, 그리고 그 이후의 시기로 간주하고 그에 따라 아주 구체적인 정치사회적 정황을 곁들여 해석한다. 물론 이와 같은 역사비평적 해석들도 이 법전들이 유래한 전승의 기원을 왕국시대 이전의 지파 중심의 촌락사회와 그 이전이었다는 사실을 부인하지는 않는다. 이 견해에 따르면 언약법전은 오랜 시간 왕국에서 겪은 경험을 바탕으로 북 왕국 시절에 작성되었으며, 제사법전은 포로시절에, 성결법전 역시 왕국시대 말기, 특히 유다 왕조 말기나 혹은 포로기에, 그리고 신명기법전은 왕국시대 말기의 유다 왕조 시대의 특정 시대상황을 반영하여 작성된 법이라고 설명한다.

우리의 관심사는 이 법전들이 기원한 시기나 작성시기보다 이 같은 법률들을 작성하여 오경이라는 신성한 문학적 맥락에 포함시킨 사회정치적 의도를 알아보는 일에 있다. 법전과 사회정치적 상황은 어떤 함수관계에 있는가? 아니 그 법에 모세 및 출애굽의 하나님이 하사한 법이란 문학적 맥락을 부여한 까닭은 어디에 있을까? 먼저 말할 수 있는 것은 여러 배경의 구성원이 사회에 함께 어울려 살면서 발생하는 다양한 이해관계에서 비롯된 송사와 이에 대한 최종판결들을 지극히 신성시하기 위함이다. 이차적으로는 신성시된 법률적 판단들을 사회의 궁극적 질서로 내세우고, 이를 바탕으로 사회 구성원이 일원화된 이념을 받아들이도록 교육하고 통제하기 위함이다. 셋째로, 법전은 국가 권력이 추구하는 이데올로기와 그 헤게모니와 전혀 무관하지 않다는 사실이다. 언약법전을 보자. 이 법전은 북 왕국에서 전통적인 지파사회의 정서를 표준으로 삼는다. 그 까닭은 북 왕국이 남 유다의 다윗 왕조와 경쟁적인 의도로 남 유다의 전제주의적 통치 행태에 맞선 일종의 대안으로 작성하였기 때문이다. 신명기법전은 남 유다에서 앗수르라는 외세의 침략을 저지하고, 언약백성의 신앙생활을 순수하게 한다는 명목으로 지방 분권 의지를 약화시키고 중앙집권을 강화할 목적으로 작성되었다. 제사법전과 성결법전 역시 포로기라는 극한적 상황을 전제로 민족정체성을 공고히 할 목적으로 작성되었다. 그리고 이 모든 법전의 작성자는 종교지도자이든 정치지도자이든 민족의 엘리트 지도계층이라는 공통성을 가진다.

법전을 준수하는 사회의 현실

오경에 포함된 법들을 왕조시대를 살아가던 백성과 지도계층이 얼마큼 준수했는지 여부를 규명하기는 그리 쉽지 않다. 다만 고대 이스라엘 사회에서 법전을 얼마나 성실히 준수하였는지 여부를 올바로 판단하려면 먼저 고대 이스라엘 사회의 구조를 이해하는 일이 요구된다.

우리가 읽는 성서에 존재하는 고대 이스라엘 사회는 산업사회 이전의 전형적인 농경사회였다. 농경사회의 구조는 고대 이스라엘뿐 아니라 지구상의 어느 지역에 있든지 일정한 구조적 패턴을 지닌 채 형성된다는 것이 사회학자들의 일치된 견해이다. 농경사회는 농사를 중심으로 사회가 형성되며, 생산성의 많고 적음에 따라 빈부의 격차가 발생하고, 다시 그 격차는 지도력 유무로 발전하여, 결국에는 소수의 엘리트 지배계층과 다수의 피지배 백성으로 이원화되는 경향이 있다. 그래서 전형적인 농경사회는 대체로 여러 지역 지주들의 후원이나 견제를 받는 왕조사회로 발전한다. 왕조사회는 전형적으로 인구의 5%이내의 지배계층이 95%의 피지배 계층을 갖가지 구조적 장치와 제도를 이용하여 지배하는 체제로 유지된다. 왕조사회에서 그 사회시스템을 유지하고자 활용하는 제도에는 권력집중을 영속화해주고 이를 촉진시키는 장치가 있는데, 그것이 바로 토지제도와 조세제도이다. 이 두 가지 제도에 관한 성서의 법은 구체적으로 상술되어 있지 않으며, 다만 전제되어 있을 뿐이다.

구약시대의 현실을 이 틀에 비추어 생각해보자. 고대 이스라엘 사회가 가나안 땅에 정착한 이래 이스라엘은 거의 200년 가까이 12개 정도의 서로 다른 지역에 정착하여 열두 지파로 공존했으며, 서로 대등한 지위에서 형제의 의리를 간직한 채 존속했다. 그들은 서로 침탈하지 않았으며, 외부의 침범이라는 위기의 순간에는 서로 연합하여 이를 물리치는 상부상조의 관계를 유지했다. 이 시기를 우리는 소위 사사시대라 부르고 이에 대한 성서적 증거를 사사기와 사무엘상에서 찾아 볼 수 있다.

그러나 외부의 위협에 자주 직면했던 고대 이스라엘 지파 사회는 내부의 필요와 더불어 점차 일인에게 권력을 집중시키는 왕조사회가 내외부의 문제를 더욱 효과적으로 해소시켜주는 조직사회라고 판단하여 결국 왕조사회로 변모하게 된다. 사무엘상은 그 첫 번째 왕조를 북쪽 지파였던 베냐민 지파의 사울 집안이 차지했다고 기술하며, 이에 경쟁적이었던 집단을 남쪽 유다 지파 출신의 다윗 집안으로 묘사한다. 다윗 집안이 사울 집안을 극복하고 왕권을 통일시킨 이후 이스라엘 사회는 한동안 유다 지파의 다윗 집안을 하나의 왕조로 섬기게 되었다. 하지만, 다윗의 왕권도 그리 순탄치는 않았다. 안으로는 왕자들이 끊임없이 왕권을 놓고 경쟁을 벌였고, 밖으로는 다른 지파의 영웅들이 왕권에 도전해왔다. 다윗의 왕자들 중에서 최종적으로 왕권을 장악한 왕자는 밧세바의 아들 솔로몬이었다.

솔로몬은 명실 공히 일인통치시대를 연 장본인이었는데, 그는 왕권강화를 위해 경쟁적인 모든 이해집단의 지도자왕자 아도니야, 제사장 아비아달, 장군 요압를 숙청 또는 경질하였다. 또 왕권강화를 위해 수십 년에 걸쳐 백성을 강제부역으로 동원하여 성전을 건설하고 화려한 왕궁을 건설하였으며, 지방 곳곳의 요충지에 군대를 주둔시키는 마병성을 건축하고 조세제도를 체계화하였다. 그의 통치는 그야말로 왕권을 공고하게 확립시켜주었다. 이렇게 왕조사회가 견고해져 가는 동안에도 고대 이스라엘 사회는 전통적인 지파사회의 정서와 전통을 망각한 적이 없었기에, 강화된 일인지하의 왕권과 지파들의 대등한 권한을 중시하는 지파사회와의 갈등은 바로 이때부터 본격화되었다.

우리가 관심을 갖는 법 실행 여부에 관한 이슈에 관해 솔로몬 왕은 전형적인 법전 위반자에 해당된다. 그는 왕권장악을 위해 왕권 경쟁자 그룹에 속했던 요압 장군을 처치할 때 전통적으로 지켜오던 도피성 법출 21:12~14; 민35:9~34; 신19:1~13; 수20:1~9을 무시했다. 요압장군은 정권다툼에서 패한 사실을 알고 곧장 지방 성소의 제단에 들어가 제단 뿔을 붙들었다. 이런 사람에게는 사형이 마땅할지라도 목숨을 빼앗아서는 안 된다는 것이 전통적인 법이었다. 그러나 솔로몬의 명을 시행하던 브니엘 장군은 성소에 칼을 들고 난입하여 요압장군의 목숨을 끊었다. 강력한 왕권 앞에서 신성한 법은 아무런 효력도 발휘하지 못하는 한낱 종이호랑이에 불과했던 것이다. 이로써 솔로몬은 단순히 하나의 법 조항을 무시한 것으로 그치지 않고, 그 법을 규정한 신성한 하나님의 권위를 정면으로 침범하였던 것이다.

이뿐만이 아니다. 솔로몬은 성전과 왕궁건설에 진 엄청난 채무를 갚으려고 야훼 하나님께서 여호수아의 인도 아래 12지파에게 공정하게 분배해주었던 북쪽 갈릴리 지역의 20개 도성을 이곳 백성과는 한 마디의 상의도 없이 두로 왕 히람에게 뚝 잘라준다. 그나마 히람은 이것이 마음에 들지 않아서 가불이라고 부르기까지 했다.왕상9:11~13

왕이 이렇듯 눈 하나 깜박 안하고 법을 어기는데 누구에게 어떤 법을 지키라고 명령할 수 있겠는가? '나라를 부강하게 하려고' 라는 변명을 아무리 멋있게 웅변한들 그것이 가당키나 하겠는가? 그런 왕이 백성에게 신성한 법 준수를 요청할 수나 있을지 의문이다. 솔로몬이 위반한 법은 단순히 몇 가지 조항이 아니라 백성의 고유한 정서가 담겨있는 법 자체를 전부 무시한 것이라고 말해도 지나치지 않다. 비록 솔로몬의 사례는 성서에 기록되었기에 우리가 이 정도로 구체적으로 거론하고 상고할 수 있지만, 상세한 보도가 남아있지 않은 나머지 왕들은 두말할 필요가 있겠는가? 우리가 명심해야 할 것은 지상의 절대 권력은 백성 전체가 전통적으로 소중히 지켜온 법이라 할지라도 안중에 두지 않는 경향이 있다는 사실이다. 이와 같은 부당한 공권력 행사는 "위로부터 행해지는 테러"라고 정의할 수 있고, 현실 사회에서는 그런 테러가 더욱 심각하다는 것을 성서는 고발한다.

법령과 헤게모니

솔로몬 왕이 법을 정면으로 위배한 사례라고 한다면, 아예 교묘하게 법을 빙자하여 공권력을 행사한 사례도 있다. 북 왕국 오므리 왕조의 아합 왕이 포도원 농부 나봇을 죽인 일왕상21장이 그것이다. 오므리 왕조 아합 왕의 치세는 통일왕국 솔로몬 왕에 견주어 전혀 손색이 없고, 오히려 솔로몬 시절을 능가했다고 역사학자들은 평가한다. 그런 아합 왕이 일개 농부에게서 포도원을 빼앗는 일쯤은 손쉬운 일이었을 것이다. 과정은 앞으로 자세히 언급하겠지만, 결과는 예상대로이다. 그는 원하는 것을 차지했다. 그러나 이 일 또한 아합이 계승하는 오므리 왕조를 몰락하게 만든 결정적 사건이었다는 사실을 미리 주지하면서 논의를 시작하려고 한다.

권력의 정점에 있던 아합은 아주 사소한 욕심에서 나봇의 포도원을 차지하고 싶어 했다. 그래서 나봇을 불러 다른 좋은 포도원과 맞바꾸거나 돈을 받고 팔라고 제안했다. 그러나 나봇의 대답은 아주 엉뚱하게도 반박할 수 없는 것이었다. "조상의 유산을 왕에게 주기를 여호와께서 금하실지로다 하니"왕상21:3라는 것이다. 나봇은 이스라엘 지파사회에서 소중히 여겨온 땅 소유권 이전 불가에 관한 전통, 즉 법으로 대꾸하였던 것이고 이를 너무나도 잘 알았던 아합 역시 이 대답에 한 발 물러섰던 것이다. 그러나 권력이 어찌 이렇게 허망하게 물러설 수 있겠는가? 아합의 부인이었던 두로 출신의 왕비 이세벨은 오히려 교묘한 꾀를 생각해내고 아합을 위로한 후 곧장 권모술수에 착수했다. 이세벨은 나봇이 사는 마을의 장로와 귀족들에게 편지를 보냈다. 내용인즉 불량자 두 사람을 매수하여 나봇이 하나님과 왕을 저주했다는 거짓 증언을 시켜 나봇을 법정에 세운 후 공개적으로 처형시키라는 것이었다. 사태는 이세벨의 계획대로 차질 없이 진행되었다. 그리고 주인 없는 나봇의 땅은 아합 왕이 차지가 되었다.

만일 이세벨의 요구를 거절한 마을의 장로나 귀족이 한 사람이라도 있었다면, 아마 왕의 계획은 심각한 차질을 빚었을 것이다. 그리고 왕비의 제안을 거절한 법관은 감봉이나 지위 해제 혹은 외지로 발령 등의 상당한 불이익을 감수해야 했을 것이다. 사실 고대 사회에서 왕실이 지방 법관을 매수하는 일은 아주 쉬운 일이었다. 지방 법관이 왕실의 눈에 들어 승진과 이익을 챙기는 일 또한 비일비재했음을 부인할 수 없다. 고대 사회에서 법관이 양심과 신앙을 지켜 왕에게 대항하는 일은 지극히 상상하기 어렵다.

나봇이 하나님을 저주하고 왕을 저주했다는 이야기가 당시의 사람들에게는 어떻게 받아들여졌을까? 과연 나봇이 정말로 그랬다고 의심 없이 믿었을까? 아니면 그럴 리가 없다고 의구심을 품었을까? 나봇의 진실성에 대한 다수 여론은 아마 지방 장로와 귀족들의 여론몰이에 그 빛을 잃기 쉬웠을 것이다. 더구나 그것이 사실이 아닐지라도 이에 항의할 제도적 장치가 있었는지도 궁금하다. 아니 나봇 자신이 이를 항의한들 무슨 영향력이 있었겠는가? 이미 매수된 거짓증인이 둘씩이나 버티고 있지 않은가? 십계명 중 아홉 번째 계명인 "네 이웃에게 대하여 거짓증거하지 말라"는 계명 역시 여기서도 아무런 효력을 발생시키지 못하는 것이 명백하다. 매수된 법관이 나봇의 생명을 긍휼히 여기고 그의 무력함에 동정심을 품었다 할지라도, 이미 짜여 진 왕실의 각본을 뒤집는 판결을 내놓을 수는 없었을 것이다.

냉정하게 현실을 직시해보자. 십계명이라는 거룩한 법전이 사회의 공감대를 얻고 적용 중이다. 그러나 그 법전을 무시할만한 권력이 진실과 무관한 엉터리 각본을 이미 작성해 놓은 상태이다. 그리고 나봇의 양심을 입증해 줄만한 진실한 증언이 나오지 않을 정도로 여론몰이 또한 확실한 상태이다. 일이 이 정도로 흘러갔으니 그곳에 진실하고 정의로운 판결이란 더 이상 존재할 수 없음이 분명하다. 여기서 법은 더 이상 사회질서를 유지하는 기준이 아니다. 권력자가 누군가를 살해하여 이익을 챙기면서도 그 살인을 은폐하는 합법적 근거에 불과하다. 애꿎게 죽은 사람만 억울할 뿐 정의는 더 이상 존재하지 않는다. 그런 의미에서 법이란 가치중립적이며, 더욱 심각한 문제는 이 법을 악용하는 권력자들의 헤게모니이다.

따라서 이런 사건에 대해서는 오직 하나의 해법만이 존재한다. 그것은 하나님의 판결이다. 이 하나님의 판결 결과를 선포한 사람이 나봇 사건에서는 예언자 엘리야였다. 하나님의 판결과 그 선포는 역사적 경과를 통해 입증되었다. 나봇을 죽여 포도원을 갈취했던 아합 왕과 그의 왕조는 결국 예후 장군의 칼날 앞에 흔적도 없이 사라지게 되었다. 역사의 심판은 준엄하다. 성서는 왕조를 유지하려는 왕권이 항상 이 역사의 추상같은 판결을 유념하라고 외친다.

예언자들의 사자후

힘없는 누군가가 유죄로 인정되어 상당한 처벌을 받았지만, 사실은 그가 유죄가 아니라 무죄였다는 진실을 밝히려는 자세는 구약성서가 시종일관 유지하려 했던 바이다. 가인에게 죽임 당했던 아벨이 그랬고, 애굽에서 종살이 하던 이스라엘 백성이 그랬다.

그러나 현실에서 가난한 농부가 부자에게 어쩔 수없이 생계를 위한 채무를 지고서도 이를 갚을 길 없어 전전긍긍하는 상황에 부딪칠때, 채권자인 부자가 그를 지방 법정에 세워 그간 저당 잡힌 재산권 상실을 선고하도록 유인하여 가난한 농부의 재산을 가로채는 판결을 이끌어내기는 손바닥 뒤집듯 쉬운 일이었다. 이 지상 법정은 가난한 채무자를 채무를 갚아야 할 책임을 진 죄인guilty으로, 부자를 그 채무를 받아낼 권리를 지닌 의인innocent으로 판결 하였다. 그래서 그 세계에서 가난한 사람은 저주받은 죄인이고 부재지주들은 언제나 복 받은 의인이란 기형적 세계관이 형성되기도 하였다.

그러나 정의로운 하나님은 이런 비정상적abnormal 상황을 묵과하지 않으시고 교정하고자 개입하신다. 고대 이스라엘 사회에서 예언자들이 등장하는 이유는 바로 이런 정황에서 이해해야 한다. 주전 8세기에 등장하여 정의의 예언자라는 별명을 듣는 아모스는 이와 같은 지상의 판결을 뒤집는 선언을 남겼다.암2:6b~8 아모스의 이 선언에서 정작 책임이 있는 측은 부재지주요, 책임이 없으며 보호받아야 할 당사자는 가난한 농부들이었다. 그래서 아모스는 가난한 농부를 의인이요 죄가 없는 자로, 그리고 부재지주는 책임 있는 당사자, 즉 죄인으로 선포한다. 이런 판결은 어떤 근거로 이루진 것이며 얼마나 정당하냐고 물어야 한다. 이런 판결 배후에는 고대 이스라엘 백성이 하나님에게 시내산에서 모세를 통하여 받은 것으로 전해지는 전통적인 언약법전이 있다. 이 법전은 부자는 가난한 자에게 이자를 받지 말고 꾸어주도록 명시한다. "네가 만일 너와 함께 한 내 백성 중에서 가난한 자에게 돈을 꾸어 주면 너는 그에게 채권자 같이 하지 말며 이자를 받지 말 것이며"출22:25 이처럼 성서는 법을 가운데 놓고 가난한 자와 부자 사이에 벌어지는 역학 관계를 결코 무시하지 않는다.

동시대 남 유다의 예루살렘에서 활약한 이사야는 한 걸음 더 나아가 자신이 속한 사회에 만연한 이와 같은 부당한 판결을 두고 다음과 같은 은유로 선포하였다. "거짓으로 끈을 삼아 죄악을 끌며 수레줄로 함 같이 죄악을 끄는 자는 화 있을진저… 악을 선하다 하며 선을 악하다 하며 흑암으로 광명을 삼으며 광명으로 흑암을 삼으며 쓴 것으로 단 것을 삼으며 단 것으로 쓴 것을 삼는 자들은 화 있을진저… 그들은 뇌물로 말미암아 악인을 의롭다 하고 의인에게서 그 공의를 빼앗는도다"사5:18,20,23

이같은 이사야의 선포가 무슨 뜻인지 모호하게 들리는가? 그렇다면 같은 시대 남 유다의 시골에서 활동한 예언자 미가의 다음 선언을 들어보라. "그들의 우두머리들은 뇌물을 위하여 재판하며 그들의 제사장은 삯을 위하여 교훈하며 그들의 선지자는 돈을 위하여 점을 치면서도 여호와를 의뢰하여 이르기를 여호와께서 우리 중에 계시지 아니하냐 재앙이 우리에게 임하지 아니하리라 하는도다"미3:11 미가의 다음 선포는 우리에게 훨씬 강력하게 요구한다. "사람아 주께서 선한 것이 무엇임을 네게 보이셨나니 여호와께서 네게 구하시는 것은 오직 정의를 행하며 인자를 사랑하며 겸손하게 네 하나님과 함께 행하는 것이 아니냐"미6:8 이 말씀은 예루살렘의 권력계층을 향하여 외친 말씀이다. 여기서 공의란 신명기법전이나 언약법전에 명시된 바 채무면제법이나 노예 해방법처럼 기득권의 포기를 규정해놓은 명령을 이행하라는 뜻이다. 인자를 사랑하란 말씀은 항상 변함없는 자세를 추구하라는 뜻이다. 이를 풀어 말하면 기득권층특히, 왕을 포함한 판결권 소유자들이 법전에 명시된 내용을 상황 관계없이, 주도권의 향방을 따지지 말고 변함없이 수행하되, 언제나 하나님 앞에서 죽은 듯 땅에 엎드려서 하늘의 판결을 기다리며 살라는 뜻이다.

이 예언자들의 선포가 공통적으로 적시하는 바는 명약관화하다. 법관들이 그 신성한 권한을 원칙 없이 임의로 자신의 유익을 위해 행사해서는 안 되며, 설혹 그런 일이 불가불 발생한다면, 그 결과는 온 세상이 주목하고 여차하면 하나님이 언제라도 개입하여 심판을 내리실 것이라는 사실이다. 오늘의 사회 역시 이와 같은 성서시대 예언자와 같은 사람들이 없는 것이 아님을 주지해야 한다.

법관의 사명과 개혁을 위하여

법관은 고금을 망라하여 공평무사해야 한다. 주어진 법 정신을 기초로 정확하게 판결하는 것이 가장 소중하다. 법 정신을 이해하는 것은 물론이요 법관 자체가 해당 사회에서 막중한 직책을 부여받은 존재이기에, 그의 판결이 사회의 질서와 공공의 안녕을 유지하는데 결정적인 역할을 한다는 사실을 잊어서는 안 된다. 무엇보다도 법관은 법을 옳게 해석하여 정당한 판결을 내려야 한다. 그러나 성서의 증언을 들어보면 법관이 항상 공평무사하지 않았다는 것을 알 수 있다.

우리 사회에서는 언제부터인가 "유전무죄 무전유죄"라는 여론이 상식이 되고 있다. 그 이유는 간단명료하다. 치우친 판결을 내리는 법관들 때문이다. 치우치게 만드는 요인이 돈 때문인지, 권력 때문인지, 이념 때문인지는 그때마다 다를 것이다. 우리는 이런 외적 요인에 관계없이 어떤 상황에서도 법 정신에 입각하여 옳은 판결을 내려주기만을 바랄 뿐이다. 아니 민심의 추이를 제대로 읽고 위의 상식이 그릇된 것임을 보여주는 사법부 자체 개혁이 선행되기를 바랄 뿐이다.

물론 무엇이 옳으냐는 문제 역시 결코 쉽지 않은 일인 줄 잘 안다. 정의는 시시각각의 상황에 따라 그 향방이 달라질 수 있다는 것도 모르는 바 아니다. 하지만, 그럼에도 하늘의 뜻을 대변하는 대다수 백성의 정서를 정의와 공평으로 세워가는 법 정신만큼은 달라지지 않는다고 믿는다. 법 판결의 향방은 하늘이 인정하고 땅이 인정하는 바에 따라 이루어져야 한다. 성서의 법전은 이것을 증언한다. 특정한 법이 특정한 때를 위해 제정된 것이라고 해도, 법 정신이 궁극적으로 지향하는 바는 위의 내용과 일치한다고 생각한다. 예를 들어, 구약성서에 수록된 신명기법전의 내용이 주전 6세기 말 유다 사회라는 특수한 상황에서 외세를 극복하고 자주정신을 일구어내도록 제정된 법이라고 해도, 그래서 그 법이 강조하는 바가 오직 야훼 하나님만을 신앙해야 하며 예루살렘 이외의 장소에서 드리는 제의를 불법으로 간주한다 해도, 결국은 대다수 언약백성에게 진정한 의미의 정의 수호, 생명 보호, 사회 안녕을 추구한다는 의미에서 볼 때 법 정신은 여느 법과 크게 다르지 않다고 말할 수 있다. 어느 사회의 법이든 그 법은 그 사회의 정의와 질서, 생명과 평화를 추구해야 한다. 그 법을 수호하도록 옳은 판결을 내리는 일이야말로 참된 법관의 소임을 다하는 일이라고 믿고 싶다. 그리고 무엇보다도 이 같은 신성한 법관의 직무 수행에 장애가 되는 직접적 요인은 대체로 일반 국민이 아니라 권력자들임을 잊어서는 안 된다. 권력은 언제나 법을 길들이려고 덤빈다. 그리고 역사는 그 권력에 길들여진 판결을 내놓은 사례를 무수히 수록하고 있다. 어떤 판결을 내어놓든지 권력자나 재판권자는 자신들의 판결 외에 또 하나의 판결이 기다리고 있음을 잊어서는 안 된다. 그것은 하늘의 정의이다. 참된 의미에서 사법부의 개혁은 국민 다수가 원하는 바에 따라 이루어져야 한다. 권력계층의 주도권에서 자유롭고 국민의 소리와 하늘의 음성을 경청하는 사법부가 되어야 한다.

「기독교사상」(2010년 3월).

06 | "고멜 증후군"을 치유하자

지금 개신교회는 치유가 절실하다

기독교 역사에서 종교개혁이 일어난 지 어언 494년째이다. 아울러 기나긴 세월 개신교라는 이름으로 세계에 전파된 기독교복음이 우리 땅에 뿌리를 내린지도 벌써 100년이 훌쩍 넘었다. 그런데 이상하다고 해야 하나 아니면 당연하다고 해야 하나, 이 예수의 복음을 전파해온 개신교가 중병을 앓고 있다는 징후가 한반도 곳곳에서 발견되고 있다. 천국입성을 위한 구원을 기치로 활동해온 개신교회는 이미 우리 사회에서 외면당하는 집단으로 전락했고, 신자들의 수효가 감소한다는 소식은 벌써 20년 가까이 변할 줄 모른다. 이제는 몇몇 교회다운 교회를 제외하고는 크고 작은 교회가 모두 온갖 종류의 추문에 시달리고 있다. 더욱이 그 추문의 진원지가 일반 신자들이 아니라 주로 일선 목회자들이란 사실이 우리를 더욱 당혹스럽고 암담하게 만든다. 돈과 명예 그리고 교회의 정치 권력을 안하무인격으로 드러내놓고 추구하는 목회자들과 그 주변에서 끊임없이 들려오는 성 추문 소식은 빙산의 일각에 불과할 것으로 추정된다. 교회 지도자가 그 정도라면 신자들에게는 무얼 더 기대할 수 있겠는가. 그만큼 개신교는 심각한 중증 질환을 앓으며 쇠락하는 중이다. 이는 교회의 미래를 염려하는 이 땅의 모든 그리스도인이 더 이상 좌시할 수 없는 문제이다.

이와 같은 모습은 당연히 성서가 가르치는 교회의 모습도, 목회자의 모습도 아닌 것이 분명하다. 교회와 예수의 이름을 먹칠하는 그런 목회자들의 비정상적 병적 증세를 우리는 "고멜 증후군"Gomel symptom이라고 부를 수 있지 않을까 생각해본다. 고멜은 구약성서의 예언자 호세아가 결혼했던 여자이다. 고멜은 음란한 여인이었다. 그런데 고멜의 음란함은 문자 그대로의 의미만을 전달하는 것이 아니다. 호세아의 저자는 북왕국 이스라엘 사회가 겪는 문제의 총체적 원인을 신앙적으로, 신학적으로 표명하려고 이 말을 사용한다. 그런 의미에서 "고멜 증후군"은 우리 교회와 지도자들에게서 벌어지는 "음란 현상"을 포괄적으로 은유하기에 적절하다. 그렇다면 먼저, 고멜의 음란함이 은유하는 현실이 무엇인지 알아보자. 그리고 그에 비추어 우리 교회 지도자들의 "고멜 증후군"과 원인도 살펴보자. 끝으로 그 증상을 어떻게 치유할 수 있는지 고민해보자. 우리 개신교가 현재의 중증 질환에서 건강한 교회로 변모하는 종교개혁을 일으킨다면 그것은 바로 이 증세를 올바로 적시하는 일에서 시작되어야 한다.

음란한 고멜의 프로필과 의미

고멜은 구약성서의 후기 예언서 중 첫 번째로 등장하는 호세아에 등장하는 여인의 이름이다. 예언자 호세아는 언약백성이었던 북 이스라엘 왕조의 말기에 등장하여 사역하였다. 그의 소명은 매우 이상한 하나님의 명령으로 시작한다. "너는 가서 음란한 여자를 맞이하여 음란한 자식들을 낳으라 이 나라가 여호와를 떠나 크게 음란함이니라 하시니 이에 그가 가서 디블라임의 딸 고멜을 맞이하였더니."호1:2~3 호세아의 예언은 바로 이 음란한 여인 고멜과 결혼하여 자녀들을 낳으면서 고멜이 보여준 음란한 행위 묘사를 중심으로 선포된다.

어미가 음란하니 자녀도 음란하다

호세아서는 특이하게도 고멜에게만 "음란한 여인"이라는 수식어를 붙이지 않고, 호세아와 고멜 사이에 낳은 자녀들까지도 "음란한 자식들"이라고 부른다. 실제로, 부모 중 한 명이 부정을 저질러 자녀를 낳으면, 자녀들은 그들 고유의 존재가치나 인격적 삶과 아무런 상관없이 주변 사람들에게 부당한 대우를 받고 놀림감이 되곤 한다. 자녀들을 "음란"하다고 말한 것은 바로 이런 맥락에서이다. 부모의 잘못 탓에 자녀들까지 오명을 뒤집어쓰고 불행을 공유한다는 뜻이다. 그런 자녀들이 부모에게서 무엇을 배우고 살아갈지는 명백하다.

세 자녀가 전하는 메시지

호세아와 고멜 부부는 세 자녀를 출산했고, 그들의 이름은 각각 아들 이스르엘, 딸 로루하마, 아들 로암미이다. 장남 '이스르엘'은 북 왕국 역사 중에 바알 신앙에 몰두했던 아합과 이세벨로 유명했던 오므리 왕조를 전복시키고 탄생한 예후 왕조가 피의 쿠데타를 성사시킨 이스르엘 평야를 상기시킨다.왕하9~10장 참조 우리나라로 치면 이는 마치 5.18 의거가 일어났던 광주와 같다. 그래서 장남의 이름은 하나님이 과거 이스르엘 평야에서 한 왕조를 끝장내고 새 왕조를 출범시켰던 것처럼 이제는 북 왕국 이스라엘 왕조 자체를 멸망시키겠다는 뜻을 함축한다. 차녀 '로루하마'는 출애굽 구원을 선물하신 하나님의 상징적 성품인 "긍휼이 없다"란 뜻으로서, 하나님이 이스라엘 족속에게 더 이상 긍휼을 베풀지 않겠다는 무서운 의지를 드러낸다. 삼남 '로암미'는 본래 언약백성으로 존재하기 시작했던 이스라엘 족속이 이제는 더 이상 "내 백성이 아니다"라는 뜻이므로, 이 이름을 통해서 하나님은 이제 이스라엘과의 관계를 단절하겠다고 선언하는 것이다.

이처럼 하나님이 자신과 이스라엘 백성 사이에 맺은 언약관계를 끝장내겠다고 다짐하는 연유는 어디에 있을까? 호세아 2장은 이런 언약파기의 근원적 이유가 다름 아닌 고멜의 음란함 때문이란 사실을 설명한다. 이어지는 호세아 4~14장은 그렇게 음란하게 행동하는 이스라엘 사회의 구체적 현실을 제시하며 회복을 촉구하는 내용으로 구성되어 있다.

간통한 여인이라기보다는 방탕하고 난잡한 여인

흔히들 이 고멜의 음란함을 결혼 후 남편 몰래 다른 남자와 벌인 간통adultery사건으로 이해하는데, 이는 조금 빗나간 이해이다. "음란한 여인"히, 에셋 즈누님이란 표현은 호세아 4장 12절과 5장 4절에서 "음란한 마음"히, 루아흐 즈누님이란 비슷한 구문으로 표현된다. 호세아에서 "음란"즈누님이란 말은 일종의 반복적이고 습관적인 태도나 성향을 가리킨다. 그런 의미에서 고멜의 음란함은 결혼 후 남편 몰래 벌인 간통사건보다는 태생부터가 성 도덕이 해이하여 결혼과 상관없이 남성 편력이 심한 여인의 "방탕함"wantonness과 "난잡함"promiscuity을 뜻한다.

대가를 추구하는 음란

이 같은 고멜의 음란한 성향 중에서 아주 심각한 증상으로 대두되는 것은 그가 뭇 남성들과 맺는 관계를 통해 언제나 변함없이, 항상(!) 대가

payment를 추구한다는 것이다. 그가 추구한 대가는 "곡식, 포도주, 기름, 물, 삼, 양털"호2:5,8,9,12인데 그것은 고대 팔레스타인 지역에서 생산되는 농산물을 말한다. 특히, 곡식, 포도주, 기름은 3대 농산물로 알려져 있다. 고멜은 음란의 대가로 어째서 이런 농산물을 추구하는 것일까?

고대 사회에서 농산물을 얻으려 애쓰는 고멜의 모습은 자영농민이 기초 생계를 유지하려고 애쓰는 수고와 노력을 지칭하지 않는다. 고멜은 거리의 창녀도 아니어서 몸을 생계수단으로 활용하는 여인도 아니다. 이제 호세아의 아내가 된 그녀가 이런 것을 구한다는 것은 다른 의미를 말한다. 고멜이 추구한 것들은 부를 창출하는 기초 물자이며, 그를 통해 얻은 부는 곧장 세상의 권력과 명예를 얻게 해 주는 결정적 수단이었다. 고멜이 호세아와 한 결혼에 상관없이 난잡한 남성편력을 통해 간절하게 추구한 것이 다름 아닌 부와 권력과 명예였다는 것은 참으로 눈여겨 볼 만한 대목이다.

"바알사모"바알들을 사랑하는 고멜

고멜의 음란함이 은유하는 것은 그녀가 사랑하는 남성들의 정체와 직결된다. 호세아서는 그녀의 음란한 행위를 "그가 사랑하는 자를 따라가는 것"으로 묘사하는데, 평행구문인 호세아 2장 13절에서 "바알들을 따라가는 것"이라고 친절하게 설명한다. 다시 말해서 고멜이 사랑하여 따라가는 자는 "바알들"이었다는 뜻이다. 고멜은 "바알사모"였다!

흔히 바알은 고대 가나안 농경사회가 신봉했던 농경 신만을 일컫는 것으로 알지만, 고대 사회에서 신의 이름은 그 정체를 내비칠 뿐만 아니라 그 신이 주관하는 세상의 질서를 함축하여 표명하는 것이기도 하다. 그런 맥락에서 바알이란 신의 이름은 바람과 비를 가져오는 농경 신이란 뜻 이외에 보통명사로 쓰일 때 "소유주, 주인, 주군"을 뜻한다. 풀어 말한다면, 바알들은 자영농이나 소작농에게는 지주, 대다수 백성에게는 정치와 경제를 통제하는 한 나라의 군주와 그 통치계층, 약소국 군주에게는 강대국의 군주 등을 지칭한다. 그런 의미에서 바알 신이 정의하는 세계에서는 빈부귀천의 차이를 운명적 차별성으로 보며, 상명하복의 위계질서를 정당화한다. 그러나 이와 달리 야훼 하나님은 세상에 지음 받은 모든 존재가 평등하고 대등한 권리를 지니며, 자유로운 의사결정의 주체임을 보장하는 그런 세계질서를 세우신다.

호세아서는 고멜이 사랑하여 추구하는 바를 이중적으로 말한다. 종교의 언어로 보면, 고멜은 야훼 하나님으로 상징되는 남편 호세아에게 충실한 아내로 행복과 평안을 누리기보다는, 바알 신으로 묘사된 다른 부유하고 강력한 남성들이 제공하는 경제적 대가와 그것이 가져올 쾌락에 눈이 멀어 남편에 대한 정조를 헌신짝 버리듯 하는 여인이다. 정치사회적 의미로 보면, 고멜은 야훼가 보장하는 인격적 평등이나 자유롭고 정의로운 세상을 추구하는 삶에 가치를 두고 헌신하기보다는, 바알 신이 제공한다고 믿는 부와 권력과 명예를 토대로 남을 짓밟고 희생시키면서 오를 위계사회의 정상에서 누릴 쾌락을 꿈꾼다.

음란한 고멜의 정체

음란한 여인 고멜의 약력을 정리해보자. 고멜이 보여준 음란한 행위는 남편과 결혼한 여인이라는 사실과 아무런 상관없이 선천적인 끼에 기인한다. 그는 이런 바알 저런 바알에게 자신의 몸과 마음을 나누어 주고, 그 대가로 부와 명예와 권력을 얻으려 했다. 그는 누구를 은유하는가?

고멜의 음란한 행위와 그에 대한 판단을 전하는 호세아 1~2장의 일차 청중은 이스라엘 왕조의 남성 엘리트이다. 고멜 이야기는 일종의 사법비유juridical parable 장르에 속한다. 나라의 최고통치자가 잘못했을 때 이를 판결할 수 있는 법정이 세상에 존재하지 않으므로, 그의 비리를 스스로 판결하도록 만들 목적으로 전하는 이야기를 사법비유라고 한다. 우리아를 죽인 다윗에게 예언자 나단이 전한 부자와 가난한 사람의 비유삼하12장나 압살롬을 복권시키려고 드고아의 여인이 다윗에게 전한 두 아들 이야기삼하14장가 그 실례이다.

지금 호세아는 나라의 지배계층인 남성 엘리트들에게 남편 있는 아내가 부정한 행위를 하다가 붙잡힌 사건을 고발하는 모양새를 취한다. 사건 경위를 들은 남성 청중은 매우 격분한 채 단호한 판결을 내린다. 그를 발가벗겨서 수치를 드러내게 하고 식량도 주지 않은 채 광야로 내몰아 그곳에서 목말라 죽게 내버려두라는 것이다.호2:3~13

호세아는 고멜의 음란함에 관한 사법비유를 통해 바로 그런 판결을 내린 당사자인 북 왕국의 왕과 통치계층이 바로 이 여인이라고 선포한다. 야훼께서 "이 나라에레츠가 여호와를 떠나 크게 음란함이니라… 이스라엘 족속의 나라히, 마믈레쿠트를 폐할 것"호1:2~4이라고 하신 말씀을 이런 맥락에서 이해할 수 있다. 그 땅에서 나라를 움직이고 나라를 대표하는 사람들은 언제나 바로 이들 소수의 통치 집단이기 때문이다.

"고멜 증후군"이란?

호세아와 결혼한 고멜은 야훼 하나님과 언약 관계에 있는 이스라엘의 통치계층을 말한다. 그들은 자신의 정권 유지를 위해 필요할 때면 언제든 외국 강대국주로 이집트와 앗수르과 각종 조약을 체결하여 경제적, 군사적 원조 약속을 받아낸다. 고멜이 사랑하는 바알이란 다름 아닌 바로 이스라엘 엘리트 계층이 의존하는 강대국이었다! 이러한 조약 성사를 위해 이스라엘 왕조는 정규 세금 이외에 대다수 이스라엘의 농부들이 피땀 흘려 생산한 농산물을 수시로 거둬서 막대한 지참금을 지불해야 했다. 강대국의 지원을 통해 이루어진 이스라엘 정권은 또다시 자신들의 부와 권력과 명예를 오래도록 유지할 조건을 추구한다. 남성 엘리트 지배 계층을 상징하는 고멜이 음란한 행위의 대가로 항상 농산물을 추구한다고 묘사되는 까닭이 여기 있다.

아울러 나라 안에서는 지배계층 자신이 바알토지 소유주와 주권자이 되려고 주어진 정치권력을 활용하여 온갖 경제적 착취와 불법을 자행하여 한껏 부와 권력과 명예를 탐했다. 전체 인구의 5%도 채 안 되는 소수의 지배층이 90퍼센트가 넘는 대다수 백성의 기초생계를 여지없이 무너뜨리고, 거대한 토지에서 생산되는 농산물의 수출입을 통해 오직 부와 권력을 키워나가는 일에만 급급했다.예, 미2:1~5와 사5:8 너도 나도 바알토지소유주, 주인이 되기 위해서이다.

이와 같은 사회는 생명과 평등과 자유를 최고 가치로 내세우는 야훼 신앙 정신에 정면으로 위배되는 것이다. 백성을 행복하게 해 주는 것이 일차 목적인 지도자가 존재목적을 잊어버린 것이 음란이요, 자신들만의 행복을 추구하려고 다수 백성의 삶을 희생시키고 뭉개 버리는 행위가 모두 방탕이요 난잡함이다. 야훼를 안다면서도 사실은 전혀 모르쇠로 일관하는 해당 사회의 지도자들은 "바알사모"요, 그 때문에 나타나는 증세가 "고멜 증후군"이다.

이런 지도자들 때문에 대다수 백성은 아무런 허물과 잘못이 없음에도, 지도자들과 함께 나라를 잃을 수밖에 없다. 어미 고멜이 음란하므로 그가 낳은 자녀들도 음란하다는 이유가 여기에 있다. 지도자를 잘못 둔 까닭에 백성도 불행을 함께 겪는 것이다.

"바알사모"로 전락한 "음란한" 교회지도자들

우리 교회의 지도자들은 오늘날 "바알사모"가 되어 "고멜증후군"을 앓고 있다. 그리고 교인들도 유사한 증세에 전염되어 살아간다. 겉으로는 야훼 하나님 신앙이라고 자처하면서도 속으로는 바알 신의 부요와 번영 그리고 권력과 명예를 추구한다. 야훼 하나님이 제시한 세계관과 신앙의 목표를 정직히 추구하지 않는다면, 그것은 바로 다른 신들을 추구하는 우상숭배나 배역의 행위와 다를 바 없다. 그들은 야훼가 지시한 삶을 올곧게 추구하지 않으면서도 그것을 야훼 하나님의 계획이요, 축복이라고 미화한다. 백성 다수는 그런 미사여구에 속아 넘어간다. 그러나 역사는 정직하다. 상식도 크게 빗나가지 않는다. 왜 사람들이 교회를 비난하는가? 그들은 교회와 예수를 비난하는 것이 아니다. 궁극적으로는 "바알"이 되려고 눈이 먼 교회 지도자들을 비난하는 것이다! 그들이 보여준 잘못된 행태 때문에 잘못된 신자가 생기고 잘못된 교회로 곡해되는 것이다.

이런 증세가 치유되지 않으면, 우리 교회는 발가벗긴 채 광야로 내쫓긴 고멜의 처지가 될지 모른다. 교회가 그런 처지에 이르기 전에 우리가 나서서 해야 할 특단의 조치가 절실하다.

"고멜 증후군"을 치유하도록

사실 이 같은 증세는 우리가 자초한 것이다. 그 이면에는 유치하고 비뚤어진 신앙관, 불충분하고 일방적인 성서관, 왜곡되고 편협한 신학 교육, 그리고 역사의식 없는 현실 이해가 자리 잡고 있는 것 같다. 목회자들이 너도 나도 바알이 되기를 추구하는 "고멜 증후군"을 앓아도 그것이 잘못된 것이라고 말하는 소리를 여간해서 쉽게 들을 수 없는 게 현실이다. 그런 소리를 하는 예언자를 외면하거나 아예 입을 틀어막기 때문이리라. 여하튼 이 "고멜 증후군"을 치유하려면 무엇보다도 올바른 신앙관, 적절하고 충분한 성서관, 폭넓고 깊은 사고능력을 배양하는 신학 교육과 바른 역사의식 교육이 이루어져야 한다.

먼저 한 가지 물어보자. 오늘날 목회자들에게 야훼 하나님 신앙이 궁극적으로 추구하는 것이 무엇인지 물어보면 그들은 어떻게 대답할까? 그들은 성서의 하나님이 이 세상에서 정의와 공평, 생명과 평화를 추구하신다는 사실을 알고 있을까? 그 대신 그들은 믿는 자에게 영혼구원과 기적적인 축복을 통한 성공적 삶을 주시는 것이 야훼 하나님이라고 가르치지는 않을까? 교인을 많이 확보하여 대형교회를 만드는 일이 교회의 지상과제라고 믿지는 않는가? 그러나 그렇게 대형화된 교회의 목회자들이 지금 교단 정치에 나서서 총회장이나 지방회장이 되려고, 또 각종 기구나 기관장 혹은 교단연합기구의 우두머리가 되려고, 금권선거를 자행하는 모습은 무엇을 말하는가? 혹시 그들은 그 일이 하나님의 축복이요, 교회의 자랑이며 명예라고 교인들에게 선전하지 않는가? 지도자의 거룩함을 미끼로 벌어지는 성 추문이나 재산의 축적을 목양에 지친 목회자의 일시적 일탈이라고 축소해서 말할 수 있겠는가? 최고급 외제 승용차나 대형승용차를 타는 것이 하나님의 축복이라고 자랑하는 목회자가 바람직한가? 이런 부류의 목회자라면 이미 타락한 종교인 아니겠는가?

성서는 우리 목회자들의 이 모든 행태를 하나님의 축복이라고 언급하거나, 하나님이 바라시는 뜻이라고 말하는 적이 결단코 없다. 이와 반대로 호세아는 그런 행태를 "음란"이라고 규정한다. 수많은 영혼을 진리의 길로 인도하여 하나님 앞에서 자유로운 영혼이 되게 하고, 그들이 이 세상에서 성숙한 자세로 인격적 삶을 살고 그것으로 행복을 느끼면서 아름다운 세상을 위해 평생 헌신하도록 가르치고 뒷바라지하는데 여념이 없어야 할 목회자들이, 하나님이 원하지 않는 다른 길을 사모하며 걷고 있으니 하는 말이다.

이제 일부 개신교 목회자들이 보여주는 "고멜 증후군"을 치료할 처방 몇 가지를 제안해본다. 첫째, 목회자들은 성서의 하나님이 무엇을 가장 원하시고 기뻐하시는지를 분명하게 그리고 제대로 알아야 한다. 앞서 잠시 언급했듯이 하나님은 교회를 통해 정의와 공평, 생명의 소중함과 평화로운 세상을 일구시기를 꿈꾸신다. 그런 의미에서 하나님은 대형교회만을 원하지 않는다. 진실로 원하시는 것은 크기에 상관없이 교회다운 교회이고, 지위와 부와 지식의 고하를 막론하고 그리스도인다운 그리스도인을 원한다. 나라의 대통령직에 그리스도인이 선출되기를 원하지 않고, 혹시라도 그렇게 된다면 그가 대통령으로서 하나님의 최고 가치가 무엇인지를 분명하게 알고 시행할 줄 아는 사람이길 바라실 뿐이다.

둘째, 목회자들의 성서적 신앙의 재교육을 위해 가장 시급한 것은 신앙이 얼마나 깨지기 쉬운지를 가르치는 일이다. 신앙이란 얼핏 보는 것과 달리 사실 매우 취약하다. 그것은 삶에 기적을 일으키기도 하지만, 매우 사적인 영역에 속하고 인격적인 일에 속한다. 그래서 누가 진실로 믿는지 안 믿는지를 판단할 마땅한 기준이 없다. 교인으로서 십일조와 헌금을 내고 예배에 성실히 참여한다고 해서 그가 참 신앙을 가졌다고 말하기 어렵다. 신앙은 삶의 열매로 안다. 그리스도인이 성서를 읽고 설교를 잘 들어도 그것을 실행하지 않으면 하나님의 위대한 역사는 그저 무용지물로 그치고 마는 것이 바로 신앙이다. 심지어 때로는 살아계신 하나님마저 잘못된 길을 걸어가는 그리스도인을 강제로 간섭하지 않고 방임해두는 것도 같은 이유이다. 그런 이유로 신앙은 오직 자신에게 정직하고 진실해야 비로소 강력한 힘을 발휘하는 특성이 있다. 그러므로 자신을 속이는 신앙은 허무맹랑한 위선으로 인도하기 쉽다. 바로 이 사실을 깨닫고 난 후 목회자의 길을 훈련받기 시작해야 한다.

그 다음으로는 교리적 암송으로 그치는 경직된 신학 교육을 탈피하고, 성서적 신앙세계를 깊이 있게 탐구하는 신학교육을 추구해야 한다. 깊이 있는 신학은 인생의 다양성과 심오함을 깊이 있게 관조하며 인정한다. 획일적이고 알량한 신앙 공식 몇 가지만을 무장시켜 목회자의 길에 뛰어들게 하고, 인생길에 나서게 만드는 신학교육은 애초부터 부실한 결과를 초래할 수밖에 없다.

셋째, 목회자 됨의 의미를 올바로 교육시켜야 한다. 일반적인 신학교육 과정과 교재들을 살펴보면 한결같이 목회자가 하나님의 종이요 섬기는 자라고 가르친다. 이것은 현실을 무시하는 교육이고 치우친 가르침이다. 이런 정의와 더불어 반드시 가르쳐야 할 사실은 목회자는 바로 교회에서 인사와 행정 그리고 예배 전반에 관한 최종 결정권을 지닌 사람이기 때문에 일종의 종교 권력자가 된다는 점이다. 목회자들은 자신이 교회라는 집단의 지도자, 즉 권력을 쥐는 줄도 미처 예상치 못하고 현장을 경험하는 것 같다. 그래서 정작 교회에서 절대 권력을 쥐면 그때는 현실의 유혹을 거절하지 못하고 탐욕을 부리는 비뚤어진 지도자로 변모하는 경향이 있다. 자신에게 주어진 권력을 사용하는 방식에 관해 배운 바가 없는 목회자들이 교훈을 얻는 장소는 대부분 비뚤어진 현실정치판이다. 그래서 성장하는 교회의 목회자들은 교인들을 이용하여 자신의 정치적 야욕을 채우려는 위선적인 정치인의 모습으로 변모하기 쉽다. 그러므로 제대로 된 신학교육이라면 지도자의 길을 걸어야 할 목회자들에게 자신에게 부여된 그 막강한 권력을 성서적으로 활용하는 길이 무엇인지를 가르쳐야 한다.

성서는 그 길에 대해 단호하고 분명하게 가르친다. 그것은 십자가의 길이다. 자기를 포기하라. 죽음과 희생을 각오하고 하나님의 정의와 공평, 생명, 그리고 평화의 가치가 이루어지는 삶을 선택하라. 이것이 성서가 가르치는 십자가형 권력 행사방식이다. 힘을 기르기만 애쓰다가 그 힘을 포기할 줄 모르고 자신의 몸집과 탐욕만을 부풀리는 양아치(!) 목회자로 전락하지 않도록 십자가의 길에 대한 교육이 절실하다.

넷째, 목회자는 남을 가르치는 사람일 뿐만 아니라 자신을 수련하는 사람이란 사실도 잊지 않도록 가르쳐야 한다. 신학교육의 궁극적 목적은 자기각성의 능력을 극대화하는데 있다. 목회자는 물론이고, 고등 신학교육을 받은 교수요 목사들 가운데서도 아주 이기적인 사람들을 종종 본다. 그들은 자신을 가르치지 않은 채 가슴이 아닌 머리에 외래 지식을 가득 채워 온 사람들이다. 그들은 우리 교회의 현실을 타개할 혁신적 가르침을 주려는 용기를 발휘하지 못한다. 생계를 유지하는 것이 일차적 목표이고, 그 다음에는 부와 명예를 얻으려 한다. 그들은 이기적이고 탐욕 가득하며 안이한 생각을 지닌 사람들이다. 그들이 음란한 고멜과 무엇이 다른가? 그러나 그들이 나서서 교회의 미래와 미래의 목회자들이 헤쳐 나가야 할 엄연한 현실과 개혁과 발전이란 막중한 과제를 분명하게 가르치지 않는다면, 우리 교회는 장차 현재와 같은 정체상태에서 한 걸음도 발전할 수 없을 것이다. 모름지기 목회자나 신학자 모두 자신을 수양하는 일에 최우선의 노력을 경주해야 한다.

끝으로, 한 마디만 더 덧붙이고 싶다. 기독교 복음이 전래된 선교초창기 역사에서 우리는 위대한 신앙위인들의 얘기를 다수 접한다. 교회 앞에서 자신의 비리를 공개적으로 고백한 장로, 예수에 대한 자기의 신앙고백을 지키려다가 처절히 순교한 목회자, 위대한 설교자로 이름났지만, 은퇴 후 깨끗이 교회를 떠난 목회자. 여러 훌륭한 목회자의 이름을 우리는 선명하게 기억한다. 그러나 지금은 어디에서 그런 거룩한 명예를 누리는 목회자를 만날 수 있는가? 교회를 크게 일으켰다는 목회자는 많지만, 그들의 삶과 인격이 한 점 흠 없이 존경할만한 목회자라는 얘기를 접하기가 너무 힘들어졌다. 공개적으로 자신의 과오를 고백하고 뉘우치며, 모든 것을 포기하고 물러선 목회자도 찾아보기 어렵다. 모두 한 길로 가는 것 같다. 큰 교회로 이름 떨치고, 감동 있는 설교로 이름을 떨치고, 크게 선교하는 교회로 이름을 떨치고, 자식에게 교회를 물려주고, 물러나지 않으려 평생을 함께 한 교인들과 힘을 겨루고…. 그러나 정작 예수 신앙인으로서 가장 본받을 만한 삶을 산 목회자라고 칭찬할만한 목회자는 어디에 있는가? 그 분 때문에 너도나도 앞 다투어 회개하고, 우리의 교회를 새롭게 개혁할 원동력을 제공하는 목회자는 어디에 있는가?

우리 교회는 호세아가 남긴 아래의 희망의 메시지가 현실화되는 날을 목표삼아 자기개혁에 박차를 가해야 한다. "그 날에 네가 나를 내 남편이라 일컫고 다시는 내 바알이라 일컫지 아니하리라 내가 바알들의 이름을 그의 입에서 제거하여 다시는 그의 이름을 기억하여 부르는 일이 없게 하리라."호2:16~17

「기독교사상」 2011년 10월호.

07 | 예언서에 나타난 믿음: 하박국서를 중심으로

들어가는 말

구약성서의 예언서에 대한 기독교의 일반적 생각은 종말사상이나 메시아 대망사상에 치중해 온 경향이 짙다. 이런 추세는 예언서를 해석하는 과정에 내재한 해석 과정의 문제 때문에 생성되는 것으로 판단된다. 특히 예언서 해석이 주로 기독론이나 구원론에 치중할 때 더욱 그런 양상이 전개된다. 이것이 잘못된 것은 아니지만, 그런 관점으로만 이루어진 해석은 무엇인가 부족한 측면이 있다. 예언서 해석이 올바르게 그리고 충분하게 이루어지려면 무엇보다도 예언서와 오경의 상관관계가 반드시 선행적으로 토론되어야 한다. 구약성서에서 오경의 사상적 영향력에서 벗어난 경전이 있다는 것은 상상조차 할 수 없기에 그렇다. 따라서 예언서에 나타난 그 어떤 사상이든 해석하려면 오경에 대한 논의는 가장 먼저 그리고 기본적으로 전제되어야 한다.

이것을 전제로 우리는 여기서 예언서에 나타난 믿음의 문제를 하박국을 중심으로 해설하려고 한다. 이 주제는 믿음의 주체와 그 현실, 믿음의 대상과 그 대상의 요구, 믿음의 정의와 그 구체적 내용을 다루는 일을 수반한다. 먼저, 믿음의 주체와 그 현실을 다루는 일은 고대 이스라엘 백성의 역사적, 사회적 현실 이해를 요구한다. 둘째, 믿음의 대상과 그 대상의 요구는 야훼 하나님과 이스라엘 백성의 역사적 언약 경험과 그에 기초한 오경 이해를 필요로 한다. 셋째, 믿음의 정의와 그 구체적 내용 논의는 예언서 전체를 다루기에 앞서 믿음에 관한 내용을 구체적으로 언급한 특정 예언서를 다룸으로써 가능하다. 여기서는 주전 7세기의 역사적 상황에서 유다 왕국을 향해 예언한 것으로 이해되는 하박국에 초점을 맞출 것이다. 예언자 하박국은 그의 이름으로 전해지는 예언서 2장 4절 하반절에서 "의인은 그의 믿음으로 말미암아 살리라"는 말씀을 선포하기에 우리의 논의에 중요한 의미를 지닌다.

오경의 신학사상

오경의 신학사상은 오경의 문학구조 이해에서 파생한다. 자세한 설명은 생략하고 아래의 간략한 구조를 살펴보자.

창 1장 창조 : 창조와 하나님 형상으로 창조된 인간
창 2~11장 원역사 : 하나님이 되려는 인간역사의 실패
창 12~50장 족장사 : 하나님의 약속을 믿는 인간역사의 승리
출 1~18장 출애굽 : 억압 받은 히브리인의 구원
출 19장~민 10:11 시내산 언약과 십계명 : 언약공동체의 출발
민 10:12~36장 광야여정 : 언약공동체의 현실적 삶, 실패와 교훈
신명기 1~34장 모세의 고별설교 : 시내산 언약의 재천명

이상의 문학구조는 피라미드 형태를 지닌다. 창세기 1장에서 인간은 하나님의 형상으로 창조되었다. 그 뜻은 인간이 창조과정에 나타난 하나님의 행동을 반영하는 삶을 살아야 하는 운명으로 지음 받았다는 것이다. 하나님의 행동은 질서,정의와 공평 생명, 안식을 통한 평화 추구로 정리할 수 있으므로 인간은 이 세상생명체와 무생명체를 모두 포함의 질서를 유지하고 생명을 보호하며 평화를 건설하는 삶을 목표로 살아야 한다. 이와 같은 사상은 실패로 끝난 원역사의 교훈에 이어서 하나님의 축복의 약속을 믿음으로 살아가는 족장들의 삶으로 그 모범을 제시한다. 이 원리는 이제 히브리인의 출애굽 구원사건에 기초하여 더욱 자세하게 제시된다. 히브리인은 이제 단순히 노예가 아니라 자유인이다. 자유인이 된 그들은 이제 시내산에서 하나님과 언약을 맺은 언약공동체가 된다. 언약관계를 유지하도록 주어진 조건이 십계명이다. 십계명은 하나님의 형상으로 창조된 인간이 공동체의 일원으로 살아갈 때 마땅히 지켜야 할 삶의 대원칙들을 요약한 것이다. 이후에 뒤따르는 율법과 광야 여행기록, 그리고 모압 평지에서 행한 모세의 고별설교는 이런 사상을 더욱 구체화하고 경험에 비추어 재차 강조한다. 따라서 오경은 사람이 마땅히 하나님의 형상을 닮은 피조물로서 공동체 안과 밖에서 창조의 원칙에 입각하여 살아가야 한다는 사상을 천명한다. 아래에서는 이를 전제로 하박국에서 가르치는 믿음의 의미를 해설할 것이다.

하박국에 나타난 믿음

주전 7세기 유다와 국제 정세

주전 7세기에 예언자 사역을 감당한 하박국이 살았던 시대는 국제 정세가 아주 불안정한 때였다. 이 때 유다는 주전 8세기 중반 이후, 특히 주전 734년에 아하스 왕이 앗수르의 디글랏빌레셀 3세에게 시리아-에브라임 동맹군의 격파를 위해 지원을 요청했던 사건에서 시작하여 거의 100년이 넘도록 근동의 패자 앗수르의 간섭을 받아왔다. 그리고 7세기 말에 이르러 유다는 주변 국제 정세가 급속하게 변동하는 것을 목도하였다. 주전 626년에 나보폴라살이 건국한 신흥 바벨론 제국이 앗수르를 위협하기 시작하더니 주전 612년에는 앗수르의 수도 니느웨를 파괴시켰다. 패잔병으로 구성된 앗수르의 잔당들은 유다 남부의 애굽과 반바벨론 동맹군을 만들어 지금의 터키 동남부의 갈그미스에서 주전 605년에 신바벨론 제국과 최후의 격돌을 벌였다. 이 전쟁은 앗수르-애굽 동맹군의 대참패로 끝났고, 고대 근동의 패자는 신바벨론 제국으로 확정되었다. 이 와중에 애굽은 앗수르 제국의 팔레스타인 지역에 관한 장악력이 쇠퇴해진 틈을 타서 므깃도 전투에서 죽은 요시야 왕 대신에 유다가 세운 여호아하스를 폐위시키고 엘리야김여호야김을 왕으로 세웠다. 왕하23:31~34 친애굽 노선을 따르는 여호야김은 신바벨론 제국의 느부갓네살이 예루살렘을 침공해오자 일시적으로 항복한 척 하다가 3년 후 배신하였다. 주전 597년, 여호야김을 이은 여호야긴 시절에 재차 느부갓네살이 침공하여 예루살렘을 파괴하고 여호야긴과 신하들을 포로로 끌고 갔다. 그리고 유다에 여호야긴의 숙부인 맛다디야를 왕으로 세워 놓고 이름을 시드기야라 불렀다.

격변하는 국제정세 속에서 힘없는 유다의 왕실은 어느 외교노선이 자국에 유익할지를 두고 갈팡질팡하였고, 왕실은 친앗수르파, 친애굽파, 친바벨론파, 중립파 등으로 사분오열되었다. 하박국은 주전 629년에 신바벨론 제국의 등장과 주전 612년의 니느웨 멸망을 앗수르의 멍에에서 벗어날 호기로 판단하였고, 주전 605년에 앗수르와 애굽의 동맹국을 신바벨론 제국이 갈그미스에서 격파한 사건을 배경삼아 바벨론의 등장을 유다 내부의 정치경제적 부패와 사회적 불안 문제에 대한 하나님의 정의로운 간섭으로 이해하였다.합1:6 하지만, 하나님의 정의로운 도구로 이해하였던 신바벨론 제국이 막상 예루살렘을 침공하고 파괴하면서 보여준 잔인함과 패역무도함에 또 다시 경악하였다. 그래서 다시 하나님의 정의로운 통치를 목마르게 갈구하면서 선포된 말씀이 하박국이다. 따라서 하박국서는 주전 605년부터 597년 사이에 선포된 말씀으로 이해하는 것이 적절하게 보인다.

하박국의 구조와 주제

하박국은 하나님께 받은 말씀을 일방적으로 전하거나 선포하는 형식을 지닌 다른 예언서와 달리 조금 특이한 형태로 되어 있다. 이 예언서는 하나님의 정의로운 통치에 대해 두 번씩 질문을 던지는 형식으로 이루어진 말씀이 처음 1~2장을 구성하고, 마지막 3장은 하박국의 기도로 구성된다.

1장 1절의 표제를 제외하면 1장 2절~2장 4절은 하나님의 정의로운 통치에 관하여 두 차례에 걸친 하나님과 하박국의 질의와 응답이 실려 있고, 2장 5~20절은 조롱하는 어조로 표현된 다섯 번의 재앙신탁을 통해 신바벨론 제국의 몰락을 예고하며, 그리고 3장 1~19절은 하박국의 기도가 기록되어 있다.

하박국의 내용 전체를 해석하는 열쇠는 예언서 전반부에 등장하는 두 번의 대화에 들어있다. 첫 번째 대화1:2~11는 예언자가 유다 사회 내부에서 발생하는 지도자들의 강포, 패역, 그리고 겁탈에 직면하여 하나님의 정의로운 구원이 임하지 않은 현실을 개탄하며 하나님께 질문을 던짐으로써 시작한다.1:2~4 여기서 악인은 유다의 지도자들이며, 의인은 가난한 농민들이다. 이에 대하여 하나님은 갈대아인의 등장으로 이를 해결하시겠다고 답변하신다.1:5~11 두 번째 대화1:12~2:4는 주제를 달리하여 갈대아 인의 패역을 문제 삼는다. 여기서는 앞서의 첫 번째 대화와 달리 갈대아인을 악인으로, 그리고 힘없는 유다의 지도자들을 의로운 자로 묘사한다. 예언자는 하나님께 악인이 의인을 무자비하게 멸망시키는 일이 자행되는 것이 하나님의 정의로운 통치인지 묻는다.1:12~17 이에 대해 하나님은 하나님의 정의로운 세상 통치에 대한 믿음을 저버리지 않고 지키는 것이 사는 길이라고 답변하신다.2:1~4 하박국의 주제는 하나님의 정의로운 통치에 대한 의혹을 말끔히 해소하는데 초점이 맞추어져 있다. 그리고 이 예언서는 그 해법이 믿음에 있다고 가르친다.

하박국 2장 4절의 말씀처럼 2장 5~20절에는 갈대아인의 몰락을 노래하고, 이어서 3장에서는 하박국이 이 세상에 정의로운 통치를 이룩하시는 야훼 하나님에 대한 확신을 기도의 형식을 빌려 노래한다. 이 기도문은 고대의 출애굽 전승과 시내산 전승에 의거하여 야훼 하나님이 무패의 전쟁용사였다는 사실을 환기시킨다. 정리하면 하박국은 정의가 부재하는 것 같은 이 세상의 현실 앞에서 하나님의 의로운 통치하심이 구현되기를 갈구하는 예언서이다.

하박국과 세계 정치

하나님의 구원계획을 담고 있다는 전통적인 예언서 이해와 달리 하박국서의 간략한 분석에서 살펴보았듯 실제로 예언서는 의외로 매우 정치적 성격을 지닌다. 과학시대를 살아가는 현대인이나 예언서를 종교적 영역에 국한시켜 살펴보려고 할 뿐이지 구약시대의 세계관에 비추어 본다면 예언서의 관심은 언제나 정치경제 영역에서 분리된 적이 결코 없다. 고대인에게 신앙은 영적인 것이며, 동시에 정치적인 것이고, 또한 경제적인 것이다. 아니, 성경에서 가르치는 신앙은 통전적으로 삶 전체에 관한 문제를 다룬다고 말해야 옳다. 더구나 예언서란 주로 왕실에서 작성한 문서로 이해되는 까닭에 그 관심사가 정치적이라고 말하는 것이 전혀 이상한 일이 아니다.

하박국이 주전 7세기 유다 왕국이 직면한 정치사회적 현실을 놓고 하나님께 질문을 던진 일이나, 이에 대한 해법이 신바벨론 제국의 등장에 있다고 말씀하시는 하나님의 답변은 모두 정치적 현실에 속한다. 게다가 신바벨론 제국의 운명도 역시 또 다른 강대국페르시아에 의해 몰락할 것을 내다보는 하박국서는 지극히 정치적이다. 그런데 문제는 이 영역이 바로 우리가 관심을 갖는 믿음의 역할이 기대되는 장소라는데 있다.

믿음이란 대단히 개인적 영역에 속하는 삶의 태도이다. 그러나 하박국은 그것을 정치적 영역으로 끌어올린다. 우리는 이 예언서의 안내와 가르침을 좇아 우리의 믿음을 정치적 영역으로까지 끌고 올라가 그곳에서 어떻게 믿음이 발휘되어야 하는지를 배워야 한다.

하박국이 말하는 믿음

유다 사회의 강포와 믿음1:2~4

유다 사회를 엿볼 때 우리가 잊지 말아야 할 중요한 사항은 이들이 저 옛날 모세의 인도를 따라 시내산에서 야훼 하나님과 언약을 맺었던 백성이라는 사실이다. 이는 이 사회에서 불의한 일이 일어난다면, 그것은 신앙인 사이에서 벌어진 현실이라고 분석해야 옳다는 말이다.

지금 하박국은 유다 사회 내부에서 벌어지는 현실을 두고 개탄한다. 언필칭 언약백성이라고 일컫는 이 사회에서 강포하마스, hamas와 겁탈쇼드,

shod 그리고 변론리브, rib 그리고 분쟁마돈, madon이 끓어오르는 용암처럼 소용돌이치며 부르짖는 소리짜아크, za 'aq만이 솟구치기 때문이다. 강포와 겁탈 그리고 변론과 분쟁이란 어떤 현실을 묘사하는 것일까? 그리고 도대체 왜 그런 현실이 벌어지게 되었을까?

강포와 겁탈은 개인적 축재를 일삼는 정치 관료들의 행태를 뜻하며, 변론과 분쟁이란 매수된 사법기관에 의해 의례적으로 진행되는 각종 소송과 부당한 절차라고 풀이된다. 이런 현실이 비일비재한 까닭은 다름 아니라 급변하는 국제 정세 때문이다. 당시의 시대 정치에 비추어 이해한다면 이는 아마도 친 애굽파인 여호야김 파벌이 권력을 쥐고 친바벨론 파벌을 제압하면서 벌어지는 각종 압제를 지칭하는 것으로 볼 수 있다. 사실 어느 파벌이든지 그 권력이 오래가는 법은 없고 당장 권력을 쥔 파벌에서도 그것이 장기적인 이득을 가져올 것이라고 장담하지는 못했을 것이다. 따라서 권력을 주도하는 측에서는 권력을 쥐고 흔드는 현재 시점에서 가능한 한 많이 축재를 해두는 것이 미래를 위해 유리할 것이라고 생각한 것이 틀림없다. 이런 파벌 싸움과 축재현상은 강대국을 등에 업고 사는 약소국내의 지도층 사이에서 고금을 막론하고 흔히 볼 수 있는 현상이다. 이는 비단 지도층 내부의 문제로만 국한되지 않았을 것이 틀림없으며, 그런 권력의 각축현상은 곧장 일반 백성에게도 즉각적 파장효과를 일으켰음이 분명하다. 따라서 위아래를 막론하고 사회의 어느 곳에서나 법과 정의를 외면하는 각종 권력형 부패와 비리가 판을 치는 것은 당연한 일이다.

이를테면, 하박국과 동시대에 예언활동을 한 것으로 이해되는 예레미야는 여호야김이 한 나라의 왕이면서도 불의한 이득을 취득하는 장면을 고발한 적도 있다.렘22:17 심지어 여호야김은 사치스런 궁전을 건설하려고 급여를 주지도 않은 채 백성을 강제부역에 동원했으며, 애굽과 동맹

관계 유지를 위한 대가로 유다 백성에게 중과세를 부과하기도 하였다.왕하24:4; 렘22:17 그는 정의의 훼방꾼으로 불리기도 했고렘22:13, 예언자 우리야를 죽이는 등 죄 없는 자의 목숨을 빼앗기도 했으며렘26:20~23, 예레미야의 글을 갈가리 찢어버리기도 하였다.렘36장 그런 그를 따르는 신하들은 오죽했겠는가?

더욱 중대한 사실은 이 모든 현상을 신앙의 논리로 풀려는 예언자 하박국의 시각과 해법에 있다. 하박국은 눈앞에 펼쳐지는 현실에 대한 그의 격분을 하나님 앞으로 가져와 하소연한다. 예언자의 시각으로 보면 본문에 등장하는 의인은 무죄한 자요, 약자요, 가난한 자를 지칭하며, 악인은 죄에 책임 있는 자요, 강자요, 부자를 지칭한다. 특히 강자인 악인이 약자인 의인을 에워쌌다는 표현에서는 오늘날의 집단폭력 현상을 보는 듯하다. 이는 강자와 부자들끼리만 잘 먹고 잘 살려는 사회 지도층 인사들의 패거리 문화를 비판하는 말이다. 하박국은 이와 같은 사회적 현실을 율법이 해이하고 정의가 시행되기는커녕 굽게 행해진다며합1:4 피를 토하듯 선포한다. 여기서 율법토라은 모세오경 전체를 가르키거나 오경 내의 율법을 지칭하는 용어가 아니라, 야훼 하나님 신앙에 합당한 삶의 원칙을 위한 가르침과 교훈 일체를 뜻하는 말이다. 그래서 그는 그가 꺼내는 말 첫 마디에 하나님이 통치하는 이 백성과 이 나라에 하나님의 정의가 언제까지 지체되며 언제 구현될지를 묻는다.합1:2

정치적 관계와 그로 말미암은 권력형 축재의 이해관계 앞에서 신앙이란 참으로 취약하기 짝이 없다. 언약백성이란 자부심도, 그리고 모세의 출애굽 전승에 대한 경건한 자부심도 주전 7세기의 정치경제적 현실 앞에서는 아무 쓸모가 없다. 이런 그들에게서 하나님에 대한 믿음을 찾을 수 있겠는가? 어쩌면 그들은 그것이 바로 하나님의 축복이라고 여길지도 모른다. 그러나 나의 축복이 남의 불행을 토대로 얻은 것이라면, 그것은 잘못이며 그릇된 신앙임이 분명하다. 하나님을 향한 믿음은 언제나 너와 나 그리고 모두에게 옳고 유익한 삶으로 표출되어야 한다. 그렇지 못하면 그것은 궤도를 이탈한 믿음, 왜곡된 믿음, 중병을 앓는 건강치 못한 믿음, 잘못된 믿음, 헛된 믿음이다.

하나님의 도구로 사용된 바벨론 제국을 통해 배우는 믿음

1:5~11

1장 5~11절은 하박국의 불평에 대한 하나님의 답변이다. 요지는 갈대아인[1:6]을 일으켜 유다 사회의 문제를 해결하겠다는 것이다. 이 예언대로 유다의 여호야김 왕은 신바벨론 제국의 침공으로 폐위되었다. 갈대아인의 등장은 8절의 군마와 마병, 9절에서 숱한 포로 획득, 10절에서 어떤 나라라도 점령할 수 있는 위용의 묘사로 압축된다. 그런데 11절에서 "자기들의 힘을 신으로 삼는 자들"이요 "바람 같이 급히 몰아 지나치게 행하여 범죄하리라"는 표현에 눈길이 멈춰진다.

구약의 예언자 신학은 외국 군대의 도래를 하나님의 심판 증거로 이해한다. 이와 같이 외국군대를 동원하는 궁극적 목적은 세계에 하늘의 정의를 확립하는데 있다. 여기서 중요한 변수는 그럴 목적으로 동원된 막강한 세계강국의 힘을 사용하는 방식에 있다. 하나님의 의로운 세계통치가 이루어지려면 하나님 섭리의 도구로 이용되는 강대국의 힘 사용이 의롭고 선해야만 한다. 그런데 그것을 악한 방식으로"지나치게" 사용하면 그 강대국의 행위 역시 또 다른 하늘의 심판을 받을 범죄를 저지르는 것이고 그것을 피할 길이 없다는 것이다.

비록 바벨론의 도구화 그리고 그 도구의 지나침이 예고된 이 단락은 국제정치의 맥락에서 강대국이 약소국에 저지르는 강압적이고도 일방적인 처사를 비평하는 견해를 지지한다. 국제 정세에 관한 이런 교훈은 국가 간의 행동에 대한 가르침일 뿐만 아니라 개인의 삶의 영역으로도 변환될 수 있다. 면밀히 따져보면 믿음이란 개인과 집단의 힘 사용 문제와 긴밀하게 결부되어 있다. 예수님은 십자가에 처형되던 밤, 칼을 빼어 말고의 귀를 자른 제자를 나무라시면서 로마의 열두 군단보다 더 많은 천사를 불러 대항할 수 있지만, 그 힘을 사용하지 않으시겠다는 말씀을 남기셨다.마26:47~56 한 마디로 예수님은 힘 사용의 모범을 보여주신 것이다. 신앙인의 힘 사용 원칙은 이렇다. 신앙이란 큰 힘을 길러 왔고 그것을 지금 가졌다 해도, 더욱 큰 선을 위해 그 힘 사용을 포기하는 일이라고 정의할 수 있다. 만일 어느 신앙인이 강한 자의 위치에 있다면 그 힘을 약자를 누르고 제압하는데 사용하지 말고, 약자를 일으켜 세우고 그의 버팀목과 보호막이 되는데 사용해야 한다. 그것이 오경이 가르치는 참 신앙의 도리이다. 그렇지 못하다면 그 강한 힘은 힘의 원천이신 하나님에 의해 완전히 몰수당하는 날이 올 것이다. 다음 단락은 바로 그런 현실을 가르쳐 준다.

의인과 악인의 처지가 뒤바뀌는 현실과 믿음1:12~17

1장 12~17절은 하나님의 심판 도구가 도를 지나치자 다시 바벨론 제국의 소행을 방관하시는 것처럼 보이는 하나님의 처사가 옳은지를 묻는다. 이를 13절과 17절에서 읽을 수 있다.

> 주께서는 눈이 정결하시므로 악을 차마 보지 못하시며 패역을 차마 보지 못하시거늘 어찌하여 거짓된 자들을 방관하시며 악인이 자기보다 의로운 사람을 삼키는데도 잠잠하시나이까13절

> 그가 그물을 떨고는 계속하여 여러 나라를 무자비하게 멸망시키

는 것이 옳으니이까17절

이 단락에서는 의인과 악인의 정체가 앞 단락과 다르게 규정된다. 여기서는 악인이 바벨론 제국이며 의인은 패망한 유다의 포로들이다. 처지가 뒤바뀐 것이다. 그리고 하나님은 약자의 하소연에 응답하신다. 앞 단락도 마찬가지이다. 사회적 약자의 편에서 하나님은 당대의 정권을 심판하신 것이다. 이렇듯 하나님은 언제나 약자의 편에서 활동하신다. 기억해보자. 애굽에서 강제노동으로 신음하던 히브리인을 구원해 주신 분이 하나님 아니셨던가? 출애굽 사건의 신학적 의미는 여기에 기초한다. 약자였던 히브리인이 세운 나라가 이스라엘이었고, 그 이스라엘이 다시 사회적 만행을 저질렀을 때 하나님은 강자인 엘리트 지배계층의 편에 서지 않고 다수의 약자 편에서 행동하셨다. 가나안 정복 당시 여리고 사회의 밑바닥 구성원이었던 기생 라합을 향한 구원이 의미하는 바도 바로 여기에 있다. 그런 맥락에서 아무리 엘리트 지배계층이 성전을 소유하고 거룩한 전승과 경전을 보유했다 해도 그들이 사회의 약자에게 불의를 자행한다면 하나님은 지위고하와 신분을 막론하고 대응하신다. 결국 하나님은 오경에 계시하신 신앙의 원리를 철저히 준행하지 못한 북 왕국 이스라엘이나 남 왕국 유다의 지배계층을 가차 없이 멸망시키셨다. 하나님은 언제 어디서나 어떤 상황에라도 약자를 위해 공의로우신 섭리를 세상에 일관되게 펼치신다. 한 사회에서 강자든 약자든 하나님 앞에서는 오경이 가르치는 삶의 원리가 모두 똑같이 적용된다.

한편, 강자요 악인으로 묘사된 바벨론 제국의 소행은 마치 그물로 고기를 잡는 일에 비유된다. 그들은 고기를 풍성하게 잡아주는 투망을 신성시하여 그것에게 분향까지 한다. 이런 성향은 신이 없는 사람들이 보여주는 보편적 특성이라고 할 수 있다. 지상적 재화를 풍성하게 해 주는 도구를 신격화하며 섬기는 태도는 어떤 측면에서 보면 몰상식하게 보일지라도, 그런 것이 성서의 하나님이 아닌 다른 것을 숭배하는 사람들의 경향이기도 하다. 앞 단락에서는 목표를 성취시켜준 공로를 자기 힘 때문이라고 판단하여 그것을 신성시하였고, 여기서는 소득을 풍성히 가져다준 도구였던 그물을 신성시하는 것이다. 여기에 중요한 성서적 교훈이 있다. 믿음 없는 세상 사람들은 성공이나 재화 축적의 원인을 비인격적 수단이나 도구에 불과한 사물에 두는 경향이 있어서 그것을 신성시한다는 것이다. 천지만물의 창조주요 만사의 배후에 정의와 사랑의 원칙으로 섭리하시는 인격적 존재인 하나님을 모르기에 벌어지는 현상이다. 이 점에서 우리 그리스도인도 그런 경향에 부지불식간에 빠지는 때가 있지는 않은가 스스로를 살펴보아야 한다. 기독교 신앙의 세계에서는 모든 일의 결과가 오로지 하나님이 정해놓으신 질서와 원칙에 입각하여 벌어진다. 이 가르침을 망각해서는 안 된다.

믿음으로 살아가는 의인2:1~40

2장 1~4절은 하박국의 두 번째 질문에 대한 하나님의 답변이다. 두 차례에 걸친 하박국의 하소연은 하나님의 신정론에 초점이 맞추어져 있다. 그리고 두 차례에 걸친 하나님의 대답은 그 신정론의 확실성을 강조하는 내용으로 구성되어 있다.

악인이 판을 치고 치부하는 등 이 세상이 아무리 불의하게 운영되더라도, 그리고 그것이 올바로 잡혀가는 조짐이 조금도 보이지 않더라도, 궁극적으로 하나님의 의로운 통치는 반드시 구현될 것이다. 이 사실을 의심치 않고 낙심하거나 포기하거나 단념하지 않으며, 결코 좌절하지 않은 채로 희망 속에서 하나님의 가르침을 굳게 붙잡고 살아가는 것이 그리스도인에게 요구되는 최선의 자세이다. 그것이 믿음이다.

여기서 의인은 도덕적 윤리적 특성을 지시하지 않는다. 의인은 이 세상의 약자이지만, 하나님의 하늘법정이 죄 없다고 판단해주는 사람을 일컫는다. 예언서에서 언제나 의인을 사회적 약자로 지칭하는 것과 같은 맥락이다. 왜냐하면 약자는 스스로 자신의 삶을 해결하거나 바로잡을 능력이 없기 때문이다. 그런데 창조주요 구원자이신 하나님이 바로 그들을 편들어 주시는 분이라는 것을 구약성서는 줄기차게 강조한다. 신약성서에서 예수 그리스도를 믿으면 죄 사함을 받고 의롭게 여겨주신다는 사도 바울의 가르침은 이 말씀을 표면적으로 적용하는 사례이며, 바울이 의미하는 바는 오히려 구약성서의 바로 이곳에서 더욱 구체화되고 현실화된다.

이어지는 하박국의 내용은 신바벨론 제국의 몰락을 예고하는 것역사적으로 페르시아에 패망하였다!과 이런 역사를 능히 펼치셔서 하나님의 공의로운 세상 통치가 분명히 임하게 될 것에 대한 확신을 고대의 신앙 전승에 입각하여 재확인시켜주는 기도 형식의 노래이다. 모두가 이제까지의 풀이를 뒷받침하며, 새로운 사상을 추가하지는 않는다.

나가는 말

하박국은 믿음의 차원을 개인에게서 민족 간 갈등으로까지 확대하여 설명하는 예언서이다.예언서란 대개 정치적 차원을 지니기에 더욱 그렇다. 국내에서 벌어지는 불의한 현실은 믿음이 있지만, 그 믿음이 발휘되는 영역을 개인의 내면세계에만 국한시키는 오류를 범했기 때문에 발생한다. 언약공동체의 일원이 권력을 쥐고 불안정한 국제 정세를 틈타서 치부하고, 힘없는 약자를 짓밟았던 소행은 공의로운 하나님 앞에서 그 어떤 변명도 통하지 않는다. 믿음은 개인적으로든 집단적으로든, 그리고 국가적으로든 언제나 통용되어야 하는 영적 가치이기 때문이다. 불의한 유다 사회에 대한 하나님의 공의로우신 섭리는 강대국 신바벨론 제국을 이용하는 방식으로 표현되었다. 이로써 유다 사회의 문제는 해결되었으나 국제 관계에서 볼 때 신바벨론 제국은 또 다시 하나님의 의로운 간섭을 필요로 하는 불의를 자행하였다. 이 제국 역시 하나님의 심판을 이겨낼 수 없다. 국제 사회에서도 예언자의 입술을 통해 전개된 믿음은 동일하다. 강자는 약자를 도와야 한다. 약자의 신음 소리를 하나님은 방관하지 않으신다. 우리가 하나님에 대한 믿음이 있다면, 그 믿음에 입각한 삶은 개인에게나 집단에게나 그리고 국가의 정치와 경제 문제, 더 나아가서 국제 사회의 관계에서도 똑같이 구현되어야 한다. 하나님은 온 세상을 다스리시는 분이다.

「그 말씀」 2009년 6월호.

08 | 새삼스러운 '하나님의 통치', 상식이 통하는 세상

그리스도인의 현실

저런 사람이 그리스도인이라니!, 하는 장탄식이 나올 만큼 신앙의 원칙을 무시하면서 버젓이 신앙공동체의 일원으로 그것도 아주 상당한 지위를 차지하고 살아가는 사람들이 너무 많이 눈에 띈다. 때때로 그런 신앙인들에게는 하나님이 아무런 간섭조차 않는 것처럼 보이기도 한다. 그런 삶을 하나님이 절대 원치 않는다는 깨달음마저 없는 것 같아서 그들에게 성령이 역사하시기나 하는지 의구심이 들 정도이다. 그들은 자신들의 지위와 명예와 권세가 마치 하나님이 부여하신 특권이고 은혜인 양 생각한다. 그들을 제지할 수 있는 것은 이 세상에 아무것도 없어 보인다. 그러면 교회의 가르침은 어떤가? 대형교회의 유명한 목사들의 강단 설교가 역사의식도 없고 신학도 없으며, 교회론은 더더욱 빈곤하다는 예언자적(!) 분석과 평가가 나온 지 5년이 훌쩍 넘었지만, 교회는 아무것도 달라지지 않았다. 여전히 신자들이 교회로 많이 모이기만을 바라고 이것을 위해 축복과 치유를 내세운다. 얼마 전부터는 사회복지 사업을 내세워 교회의 대 사회 봉사를 강조하지만, 내면을 들여다보면 이것은 여전히 교인 수효의 증대를 추구하는 포장된 목회전략임을 부인하기는 어렵다.

일부를 제외하고 다수의 교회는 성서가 가르치는 올바른 삶, 도덕적 인간, 정의로운 인간사회, 그리고 하나님나라의 지상적 구현을 신자에게 가르치지 않는 것 같다. 무엇이 문제라고 말하기에 앞서 도대체 그들이 성서(!)의 하나님을 제대로 믿고 충분히 이해하는지가 궁금할 따름이다. 위에서 지적한 그리스도인의 현실은 곧 성서의 몰이해로 발생한 것이고, 그래서 종래에는 하나님 이해의 몰이해와 무지와 착각에서 비롯되었다고 생각한다. 그래서 이 지면을 빌어 하나님 이해와 관련된 우리의 몰이해, 그리고 무지와 착각을 교정할 하나의 처방을 성서에서 그것도 예언자들의 가르침을 통해 살펴보려고 한다.

하나님 이해의 문제

먼저 물어보고 싶은 질문이 있다. 하나님을 믿고 살아가는 우리는 우리의 하나님을 제대로 충분히 이해하는가? 우리 그리스도인은 바로 그 이해에 비추어 적절하게 생각하며, 그 이해에 합당하게 살아가는가?

우리의 하나님 이해는 크게 두 가지 영역에서 유래한 가르침에 기초하는 것 같다. 두 영역이란 다름 아니라 기독교 교리와 성서이다.

전지전능 무소부재의 하나님!

자비롭고 은혜롭고 노하기를 더디하고 인자와 진실이 많은 하나님!

전자는 기독교 교리가 가르치는 것이며 후자는 구약성서의 오경출34:6에 기록된 것이다. 성서의 하나님에 관해서 구약은 진노의 하나님을, 신약은 사랑의 하나님을 말한다는 편파적 주장에 대한 비평은 일단 접어두자. 두 가르침을 분석하면 전자는 하나님의 능력을, 후자는 하나님의 성품을 강조한다. 오늘날 우리나라 그리스도인은 대체로 바로 이 두 가지 가르침에 입각한 하나님 이해에 천착하여 삶을 영위하는 듯싶다.

'모든 것을 아시는 하나님' 이라는 이해는 마치 하나님이 우리의 미래를 정확히 계획하고 계시며, 개인의 은밀한 사생활이나 마음의 움직임까지도 속속들이 포착하시는 분으로 믿게 한다. 그래서 한편으로는 이 생각이 미래에 관한 한 신앙인의 자유로운 결단에 따른 적극적이고 책임 있는 삶을 저해하는 요소로 작용하기도 한다. 현재를 낱낱이 아시는 하나님이라는 생각은 다른 한편으로는 신앙인의 윤리적 삶을 각성시키는 가르침으로 작용한다. 물론 언제나 그렇지는 않은 것이 현실이다. '무한대의 권능을 지닌 하나님' 이라는 생각은 그리스도인에게 하나님이 언제나 축복을 주시는 '내 편' 으로 생각하지만, 반대로 그 하나님이 '내 편' 이 아닌 '적' 으로 나타나 나를 난처하게 하고 괴롭힐 수 있다는 생각은 좀처럼 하지 않는 버릇을 조장한다. '무소부재의 하나님' 이라는 생각은 하나님을 어디서든 램프를 문지르면 연기처럼 뭉게뭉게 피어오르며 등장하는 아라비안나이트의 지니genie처럼 생각하게 만드는 경향이 있다. 우리의 요청대로 우리의 필요를 채워주고는 흔적도 없이 사라지는 그런 존재 말이다.

오경에서 증언하는 '자비롭고 은혜롭고 노하기를 더디하고 인자와 진실이 많은 하나님' 이라는 생각은 그리스도인의 마음에 의외로 아주 간단명료하게 다음과 같이 정리된다. 아무리 악행을 많이 저지르더라도 죽기 직전에 회개한 강도가 구원 받듯이 그런 최후의 순간까지 포함하여 언제까지나 우리의 회심을 기다리고 또 기다리는, 무한대로 사랑을 베푸시는 하나님. 하긴 '자비와 은혜와 더디게 노하심'은 우리 그리스도인에게는 여지없이 은혜로운 하나님을 가르치는 것이 사실이다. 하지만, 이 성서 구절의 마지막에 언급된 '인자와 진실'히, 헤세드 베에메트은 결코 하나님이 인간을 향해 베푸시는 일방적 가르침만을 담고 있지 않다. '인자와 진실'은 하나님과 신앙인 사이에 이루어진 언약히, 베리트이나 약속히, 다바르을 전제해서 쌍방향 의무와 책임을 내포하는 용어들이다. 그것은 한편으로 언제나 어떤 상황에 처해도 결코 변함없이 약속을 지키시는 참된 하나님에 대한 생각을 담고 있다. 아울러 이것은 하나님이 그리스도인에게 요청하는 삶도 동시에 담고 있다. 하나님의 의무와 책임과 동시에 신앙인 측의 의무와 책임도 함께 포함하여 표현하는 하나님 이해란 뜻이다. 그러므로 이를 두고 그저 하나님의 사랑만을 가르치는 말씀으로 생각하는 것은 동전의 한 면을 전부라고 가르치는 편파적 자세이다.

그런 맥락에서 이상의 두 가지 가르침에 입각한 하나님 이해는 그 지평을 좀 더 확대하고 심화시킬 필요가 있다. 무엇보다도 교리적 가르침은 성서의 진술 전체를 포용하기에는 너무 협소하고 요약적이며 피상적이기에 그렇다. 또한 구체적 삶의 정황 이해를 배제하기 때문에도 그렇다.

오경과 예언서의 관계

우리의 하나님 이해를 돕고 지도하는 성서의 가르침은 앞서 인용한 오경의 것을 가장 근본으로 삼으면서도 그것을 뛰어 넘어 훨씬 다양하고 풍부한 가르침을 제공한다. 그것들 가운데 위의 두 가지 하나님 이해를 교정하고 보충해 줄만한 성서의 가르침이 있는데, 그것이 예언서에 기록된 예언자들의 하나님 이해이다. 예언자들의 하나님 이해 전부를 한 두 마디 말로 압축하기는 어렵다. 우리네 삶이 다양한 것처럼 그들의 것 역시 다양했기 때문이다. 그러나 놓쳐서는 안 되는 한 가지가 있다. 예언자들의 삶과 선포는 언제나 그 기저에 오경이 표현하는 핵심적 하나님 이해를 잊은 적이 없다는 사실이다.

곡해되는 예언자

예언자의 하나님 이해를 살펴보기에 앞서 예언자의 정체에 대한 우리의 생각을 근본적으로 점검할 필요가 있다. 예언자에 대한 오해와 왜곡 현상이 우리 가운데 심각한 상태로 만연한 탓이다. 먼저, 우리의 오해는 예언자의 사명과 기능 부분에 집중된다. 그중에 가장 두드러진 오해는 예언자를 신자들혹은 교회의 가까운 장래를 예고해주는 기능은사?을 지닌 사람으로만 생각한다는 점이다. 그것도 개인이나 집단에게 유리하거나 이익이 되는 방향으로만 말이다. 우리는 예언 은사를 지닌 사람들이 결혼, 사업번창, 승진, 합격, 영예, 투자증대 등등 만사형통의 소원이 성취될 것인지 아닌지를 말해 주기 바란다. 교회의 사역도 신자들의 이런 일반적 기대에서 크게 벗어나 있지 않다는 현실은 심각한 병폐에 해당한다.

물론 구약성서의 예언자가 보여준 기능 가운데 신앙공동체나 특정 구성원의 미래를 예고하는 기능이나 개인의 현실적 필요를 채워주는 이적을 베푸는 일이 전혀 없지는 않다. 엘리야가 가난한 사르밧 과부의 식량을 공급해주거나 죽은 아이를 살렸다는 이적 기사를 보자. 그러나 문제는 예언자들의 이적 기사가 독자들에게 전달하는 본래 취지가 무엇인지는 묻지 않은 채 이런 성서기록을 읽고 문자 그대로 답습하려고만 하는 교회와 은사자들의 일방적 행습에 있다.

엘리야의 이적 기사는 당시 오므리 왕가의 아들 아합 왕의 통치 현실을 하나님의 권능을 빌어 공개적으로 비판하는데 주목적이 있다. 그것은 대다수 백성의 고단한 삶을 외면한 채 전쟁준비에 광분한 왕의 통치를 정면으로 반박하고, 그 왕조의 종식이 하늘의 뜻임을 천명하려고 일으킨 이적들이었다. 다시 말해서 엘리야나 엘리사와 같은 예언자들의 기록은 당대의 왕조비판 이념이 전제된 문서였다. 그 예언자들의 이적 행위에 대한 보도는 곧 오므리 왕조의 추락은 당연한 하늘의 정의로운 심판이며, 새로이 들어설 예후 왕조는 하늘의 뜻을 대행한 정당한 왕조라는 것을 가르친다. 이후에 등장하는 문서 예언자들도 이와 같은 범주에서 이해할 수 있다.

예언자가 등장하는 이유

예언자란 하나님께 부름을 입고 하나님이 전하라고 위탁하신 말씀을 전하는 자를 일컫는다. 그 말씀이 신앙공동체가 과거에 영위한 삶의 자취에 대한 회상을 기초로 현재 상황의 상당한 변화를 촉구하며 미래를 희망하게 만든다는 것은 두말할 필요가 없다. 이 예언자들의 선포에 가장 근본적 사상은 오경에서 강조하는 '하나님의 정의로운 통치' 이다. 오늘날 교회의 존립근거도 바로 여기에 있어야 한다.

그러므로 앞서 말한 대로 오늘날 우리가 듣기 기대하는 그런 종류의 좋은 소식(!)을 예언자에게서 듣기란 참으로 어려운 일이다. 오히려 왕조가 존속하는 동안 예언자들은 거의 대부분 당대 사회의 지도층과 통치가문에 대한 심판의 메시지를 선포하는 것을 볼 수 있다. 그렇게 고대

했던 축복 대신에 지도층의 몰락과 재앙 그리고 심판을 예언자들이 선포했다는 것은 무슨 의미일까? 반드시 그럴 만한 이유가 있었을 것이다. 그것은 당시 사회가 '하나님의 통치' 라는 대전제에서 벗어난 리더십이 이끌어가는 불의한 사회라는 판단이 자리했기 때문이다. 그들이 등장한 궁극적 과제가 하나님의 통치 회복을 지향한다는 사실은 아무리 강조해도 지나치지 않다. 여기서 하나님의 심판은 대다수의 순진무구한 농민을 대상으로 삼지 않는다. 왕권이나 리더십에 대한 하늘의 정의로운 심판은 상대적으로 대다수 농민이 지도자들에게 착취당해온 삶에 대한 하나님의 무한한 긍휼에서 비롯된 것이기 때문이다.

심판과 회복의 역학

아모스든 호세아든 이사야든 예레미야든 모두 예언자는 현재 벌어지거나 곧 벌어지게 될 일, 그리고 장차 벌어지게 될 현실을 두고 공공연히 선포하였다. 그들에게 좋은 말을 듣기를 바란다면 큰 오산이다. 그들에게서 조건 없이 오직 하늘의 거룩한 음성을 듣고 그대로 따라 살기를 바란다면 괜찮다. 그들이 하늘의 심판을 주로 선포한 까닭은 지금 운영되는 세상이 하늘의 질서와 원칙에 명백히 위배되었기 때문이다. 그런 신앙적 원칙에 대한 위배와 배반 행위가 자행된 지도 꽤 오래되었다는 신호이기도 하다. 하나님은 이미 몇 차례나 경고를 했을 것이다. 그럼에도, 리더십을 지닌 그리스도인의 삶에 아무런 깨달음도, 변화도 없다고 판단되었을 때 최후로 진행되는 일이 해당 권력사회의 몰락이다. 하나님의 심판은 정의와 공평으로 운영되는 새 사회를 일으키기 위한 일차적 조치에 불과하다. 왕조를 몰락시키는 것이 끝이 아니다. 깨달을 만큼 충분히 깨달았다 싶으면 다시 회복시켜 주신다. 이것을 예언자가 전할 때 우리는 그것을 희망의 메시지로 읽는다.

세상이 패역하고 폭력이 난무하며 마음의 계획이 악하면 하늘은 반드시 심판하신다.참고. 창6:5 그 대상이 언약백성 이스라엘이라도 상관없다. 우리 민족이라고 다르지 않다. 하늘의 원칙을 어긴다면 우리라고 해서 다른 민족과 구별되게 특별한 배려를 받는다고 착각하지 말자. 하나님의 징벌은 마냥 연기되지 않을 것이다.

예언자를 싫어하는 교회

덕담은 좋아하지만, 비판을 유난히 싫어하는 우리네 정서는 신앙생활에서도 예외 없이 적용된다. 심지어 신학자들 사이에도 학문적 토론임에도, 상대주장에 대한 비판은 될 수 있는 대로 피하라는 충고가 주어진다. 서로 등지고 원수가 되기 때문이란다. 웃지 못 할 상황이다. 정서가 이러니 교회에서 예언자의 정의로운 선포를 설교하기란 참 어렵다. 아모스의 정의를 설교하면 교인 중 편안하고 환한 얼굴로 듣는 사람이 아주 적다. 거의 모두 불편해한다. 설교에 초대한 목사님들은 심정적으로 동의하고 옳지만, 목회 현실적으로는 적용불가능하며 실행불가하다는 점잖은 조언을 남기시기도 한다. 그러나 이와 반대로 사랑과 축복을 선포하면 무슨 소리라도 좋아한다. 우리 그리스도인에게는 성서가 증언하는 핵심적 진리인 '하나님의 통치'는 안중에도 없고 기본 개념조차 없다. 그러니까 예언자를 싫어한다. 예언자를 꺼린다. 예언서를 읽어도 이해하지 못한다. 예언서를 제대로 가르치는 교회도 거의 없다. 그러니까 예언자적 사명을 수행하는 교회가 우리 사회에 거의 없는 것이 당연한 일이 아닐까? 그냥 부자들이 모이는 교회, 박사들이 모이는 교회는 있어도 하나님나라를 위해 일하고 우리 사회 앞에 목소리를 높이는 교회를 찾아보는 것은 가뭄에 콩 나듯 하는 연유가 여기에 있다. 신학교의 교수들도 이런 현상에서 예외가 아니다. 몸 사리기에 급급하고 학문적 주장을 감춘 채 교단의 목회자들에게 좋은 인상을 심어주려고 애쓰는 모습이 참으로 딱할 정도이다. 기독교 공동체의 지성인들이 그 모양이니 그들의 교육을 받고 목회에 뛰어든 목회지원자들의 미래와 그들이 이끌어갈 한국교회의 미래는 보지 않아도 뻔하다.

차라리 예언서를 성서에서 떼어 놓고 믿든지 할 일이지 왜 성서를 가르치고 배우고 읽는다면서 오경이나 예언서가 가르치는 '하나님의 통치'를 무시하고 외면하는가? 돈이면 최고인 세상이 되어 버린 것 같아 마음이 무겁다. 이래놓고 우리가 하나님의 은혜를 구할 수 있겠는가? 지금 누리는 하나님의 은혜가 혹시 하나님의 심판을 초래하지는 않는가 살펴볼 일이다. 아니 그보다 더 큰 재앙이나 심판이 우리 교회에 기다리고 있지 않다고 누가 장담할 수 있겠는가? 살아계신 하나님을 잘 믿는다고 자부한다면, 우리는 성서를 다시 한 번 더 분별력 있게 읽어보아야 한다. 우리가 왜 부르심을 받았는지. 우리 교회가 왜 이만큼 유지되는지. 우리교회가 우리 사회에서 진정으로 할 일은 무엇인지. 우리 교회가 정말 하나님의 말씀을 정확하게 전달하고 가르치는지. 우리의 하나님을 정확히 이해하고 믿기는 하는지. 하나님 통치의 지상적 증거는 정의와 공평, 생명과 평화이다. 이것을 교회가 보여주어야 한다. 이것을 이 사회가 가시적으로 깨달아 알도록 말이다. 지금 우리의 하나님 이해는 유아상태이다.

새삼스러운 '하나님의 통치', 상식이 통하는 세상

예언자의 하나님은 삶의 무게에 짓눌려 사는 다수 농민을 긍휼히 여기시는 하나님이다. 밤마다 악랄한 계획을 탐구하고 대낮에 포악한 만행을 합법적으로 저지르는 권력집단에 대해서는 눈 하나 깜짝 않고 무서운 힘으로 징벌하시는 정의로운 하나님이다.미2:1~5

예언자들은 이 세상이 상식적으로 움직이기를 바란다. 가진 자나 못 가진 자가 함께 더불어 행복하게 사는 세상을 상식으로 믿고 선포한다. 이것이 그들이 믿는 하나님의 통치현실이다. 그렇지 않다면, 즉 부자와 권력자가 가난하고 힘없는 자를 착취하고 뺏고 짓밟는다면, 그곳에는 하나님의 다스림이 없다고 믿었다. 그래서 하나님의 심판은 반드시 임해야 한다. 겉으로는 하나님을 믿는다면서 내심 상대방을 넘어뜨리려고 온갖 모략을 서슴지 않는 사람이 신자라면 그에게 필요한 것은 오직 철저한 회개이다. 아니라면 그에게 하나님은 무자비한 진노의 하나님으로 변하실 수밖에 없다. 그러나 마음 바꾸는 일이 어디 그리 쉬운가? 놓치고 싶지 않고 간직하고픈 지위와 체면과 권력과 돈은 여전히 우리를 신앙의 원칙에서 떠나 살게 만든다. 때문에 우리가 경험하는 현실은 예언자들의 존재자체를 부정하고 배척하고 매장시킨다. '그놈들 목소리' 가 들리지 않기를 바라서이다. 그러나 잊지 말라. 하나님은 상식이 통하는 정의로운 세상을 만들고자 어긋난 우리에게 반드시 다가올 것이란 사실을.

「기독교사상」 2011년 2월호.

09 | 구약성경에서 바라본 종교분쟁과 야훼 신앙

들어가는 말

오늘날 세계 도처에서 종교 간의 갈등과 분쟁이 일어난다. 지나온 세계의 역사를 살펴보면 기독교가 바로 종교분쟁의 불씨였던 적이 대부분이었다. 기독교는 타종교를 적대시하는 것은 물론이고, 심지어 기독교 내부에서도 분파들 간에 끊임없는 분쟁을 일으켰다. 그런 맥락에서 기독교의 경전인 성경이 제시하는 종교분쟁에 대한 이해가 어떤 것인지를 질문하지 않을 수 없다. 특히 종교분쟁에 대한 구약성경적 관점은 어떤 것일까? 여기서는 '종교'와 '신앙'이란 용어를 혼용할 것이다.

종교분쟁은 크게 서로 다른 종교 간의 마찰과 분쟁, 그리고 같은 종교 안에서 상이한 종파간의 마찰과 분쟁으로 나눌 수 있다. 예를 들어, 기독교와 이슬람교의 대립은 전자에 속하고, 기독교의 갈래인 개신교와 가톨릭의 대립, 혹은 가톨릭이나 개신교 내의 상이한 교파들 간에 벌어지는 분쟁은 후자에 속한다. 이러한 분쟁의 이유는 알고 보면 대개 단순히 종교 간의 주장과 이해의 차이점에서 생기는 것만이 아니다. 실제로 종교 간의 차이는 표면상의 이유일 뿐, 이면에는 민족적 정체성의 문제와 정치 경제, 사회, 모든 측면과 결부된 이권 다툼이 개입되어 있다. 그럴 수밖에 없는 까닭이 종교와 사회를 구성하는 제반 요소는 서로 긴밀하게 결부되어 있기 때문이다. 종교분쟁에 대한 구약적 이해도 이런 관점을 활용할 때 사태를 더욱 분명하게 바라볼 수 있다. 이 논의에서 가장 중요하게 고려할 사항은 구약성경의 야훼 종교가 제시하는 신앙의 본질과 지향점이 무엇인지를 올바로 파악해야 한다는 점이다.

구약성경에 나타난 신앙들

이스라엘 백성은 원래 가나안을 유랑하던 부족의 후손이었다.창12~50장 기근 때문에 이집트에 정착한 이들은 정치적 상황이 바뀌면서 노예생활을 해야 했다. 이들은 모세의 지도를 받아 출애굽을 하고 시내산에서 하나의 신앙공동체를 이루게 되었다. 그들은 가나안 땅에 정착하여 나라를 이루고 살다가 강대국에게 멸망당하였고, 지도자들은 전부 포로로 잡혀갔다. 역사적 전기를 맞이하여 이들은 고국 팔레스타인으로 귀환하여 성전을 재건하고 정치적 주권이 없는 식민지 상태에서 신앙을 영위하였다. 결과적으로 시내산에서 야훼 신앙출19~24장을 고백한 이스라엘 백성은 여러 민족을 접했고, 다양한 형태의 종교와 접했다.

족장시대에 아브라함, 이삭, 야곱은 엘로힘, 엘 샤다이창17:1, 엘엘리온창14:19으로 불리는 엘El 신을 섬겼다. 출애굽한 후 시내산에서 신앙공동체를 구성한 집단은 모세를 통하여 그들을 구원해준 신을 야훼Yahweh로 불렀다.출3:14 가나안에 정착한 초기 이스라엘은 가나안의 토착민들이 가진 바알 신앙과 접하였고, 이때부터 바알, 아세라, 아스다롯 등으로 불리는 신들을 접하게 되었다.삿2:12, 3:7 이스라엘은 사사들이 다스리던 시대 이후로 점차 나라를 일구어 가면서 주변의 민족들과 접하였고, "아람의 신들과 시돈의 신들과 모압의 신들과 암몬 자손의 신들과 블레셋 사람의 신들"을 알게 되었다.삿10:6 블레셋은 다곤,삼상5:2 아람은 림몬,왕하5:16 시돈은 바알왕상16:31과 아스다롯왕상10:5, 모압은 그모스왕상10:7, 암몬은 밀곰과 몰록왕상10:5을 각각 섬겼다. 북 이스라엘을 멸망시키고 남 유다를 위협하던 앗수르 제국은 하늘의 일월성신왕하21:3과 하늘황후렘7:18를 섬긴 것으로 보도되며, 그리고 남 유다를 멸망시킨 신바벨론 제국이 섬기는 신들은 벨과 느보사46:1라고 불렸다.

이스라엘 백성은 이런 종교들에 호감을 가졌고, 이런 신앙들이 공동체 안에 유입되는 것을 여러 가지 이유로 용인하였다. 이로 말미암아 일부 구성원, 특히 초기 예언자와 문서 예언자들은 이런 현상을 두고 강하게 반발하며 질타했다. 외국과의 무역이나 정치 군사적 협정은 곧 상대국의 종교를 인정하고 교류해야 하는 절차를 포함했기 때문에 이스라엘 백성은 외국 종교와의 교류나 영향권에서 벗어날 수 없었다. 강대국들이 일으키는 영토 침략전쟁에 휘말리면, 약소한 이스라엘 백성은 야훼 신앙의 힘과 능력에 호소하지만, 군사력에 뒤진 이스라엘이 독자적으로 생존하기란 쉽지 않았다. 구약성경의 이스라엘 백성은 다른 민족들과 여러 가지 정치적 분쟁에 휘말리면서 동시에 불가피하게 야훼 종교와 다른 종교들의 매력 때문에 숱한 갈등과 마찰을 겪지 않을 수 없었다.

구약성경에 나타난 야훼 신앙의 변천

구약성경에 나타난 이스라엘 민족의 야훼 신앙은 시작부터 야훼 하나님 한 분만을 섬기는 유일신 신앙으로 출발하지 않았던 것으로 보인다. 학자들은 야훼 신앙이 이스라엘의 공인종교로 확립되기까지 긴 역사적 우여곡절을 겪었다고 본다. 그들은 이스라엘의 신앙이 족장시대에는 엘로힘Elohim 신앙이었다가 출애굽 시절의 야훼 신앙과 통합되었다고 주장한다. "내가 아브라함과 이삭과 야곱에게 전능의 하나님El Shadday으로 나타났으나 나의 이름을 야훼Yahweh로는 그들에게 알리지 아니하였고" 라고 기록하는 출애굽기 6장 3절이 이런 주장을 뒷받침해준다. 이스라엘은 아마 이때부터 엘로힘을 야훼란 이름과 함께 부르기 시작한 것으로 보인다. 또한 십계명 중 제 일 계명은 "너는 나 외에는 다른 신들을 네게 두지 말라."출20:3; 신5:7고 명령하는데, 이것은 야훼 엘로힘 신앙이 야훼 아닌 다른 신을 믿는 신앙들 중의 하나임을 암시한다. 따라서 시내산에서 하나님과 언약을 맺어 하나님의 백성이 된 이스라엘은 그 신앙 양태가 유일신 신앙monotheism이 아니라 일신론 신앙monolatry으로 출발한 것을 알 수 있다.

이후, 가나안에 정착한 이스라엘의 삶을 기록한 신명기역사서여호수아–열왕기는 야훼 엘로힘 신앙을 신실하게 유지하지 못한 이스라엘 신앙공동체를 끊임없이 책망한다. 하나님에게 선택받은 이스라엘은 왕국을 이룬 뒤 우여곡절 끝에 주전 921년에 북 왕국 이스라엘과 남 왕국 유다로 분열하였고, 두 왕조는 각각 721년과 587년에 앗수르 제국과 신바벨론 제국에게 멸망당했다. 신명기역사가는 두 왕조가 멸망한 이유를 야훼 엘로힘 신앙을 신실하게 지켜내지 못하고 주변 민족의 신앙에 마음을 빼겨 신앙의 순수성을 지키지 못했기 때문이라고 설명한다.왕하17:7~23, 21:2~15 이로 미루어보건대, 야훼 엘로힘 신앙은 백성 다수에게 확고부동한 위치를 점하지 못한 상태로 내내 존속해왔음을 알 수 있다.

역사에서 야훼 엘로힘 신앙은 주변 민족의 신앙과 경쟁하지 않으면 안 되었다. 그 과정에서 백성은 야훼 신앙보다 주변 민족의 신앙에 탐닉하는 경향이 강했다. 그러나 포로로 잡혀간 유다 왕조의 엘리트들은 바벨론 땅에서 야훼 엘로힘만이 유일한 신앙의 대상이요 다른 신은 존재조차 하지 않는다는 유일신 신앙을 천명하기에 이른다.사43:10~11, 44:6,8, 45:5~7,14,18,21, 46:9 "나 외에는 다른 이가 없느니라." 이것은 역설적으로 야훼 신앙이 얼마나 취약했는지를 반증해주는 진술들로 이해된다.

이와 같은 야훼 엘로힘 신앙 양태의 변천과정이 보여주는 의미는 무엇인가? 이에 앞서 종교의 사회적 기능을 살펴보자. 사회학자들은 종교를 집단이 가진 세계관의 이념적 투사라고 정의하며, 종교는 그 세계관을 유지하고 이해하도록 기능한다고 본다. 이에 따르면 종교는 집단이 처한 현실의 반영이며, 집단이 추구하는 사회적 위상과 정체성, 그리고 정치적, 경제적 목적에 기여한다.

이스라엘의 신앙이 초기에 일신론에서 후기에 유일신론으로 변천하는 이유는 다음과 같다. 후기 청동기 시대에서 철기 시대로 변천하는 어간에 팔레스타인의 중앙 산간지대에 등장한 이스라엘은 여러 민족 중의 하나였다. 그 당시에는 아직 누구도 팔레스타인 지역의 패권을 장악하지 못한 상태였다. 다양한 민족을 접촉한 이스라엘 백성에게 필요한 신앙적 정체성은 다른 민족 집단과 경쟁하여 스스로를 보존할 정도의 종교이면 충분했다. 그래서 일신론을 고백했을 것이다. 이런 맥락에서 "너희 조상들이 강 저쪽에서 섬기던 신들이든지 또는 너희가 거주하는 땅에 있는 아모리 족속의 신들이든지 너희가 섬길 자를 오늘 택하라 오직 나와 내 집은 여호와를 섬기겠노라"고 연설한 여호수아의 진술수24:15은 의미가 깊다.

왕조 시대의 야훼 엘로힘 신앙은 다른 민족의 신들과 싸워서 이기는 전쟁 용사로서의 하나님이면 족했다. 다른 민족과 그들의 신앙이 이스라엘 민족의 생존을 위협할 정도가 아니었기 때문이다. 그러나 거대한 제국에게 함락 당한 이스라엘에게 소규모 민족신의 모습은 더 이상 쓸모가 없었다. 패배의 경험은 그들의 세계관을 변모시켰고, 신에 대한 이해도 지역과 민족적 구별을 초월하며, 모든 신의 총화라고 할 수 있는 초월적 신이 필요했다. 포로의 경험은 자기들의 신이 더 이상 특정 지역에 국한된 신으로서 다른 신들과 우열을 다투는 신이 아니라 이제는 온 세계의 주권자요 한 분밖에 없는 분이며, 그 분밖에 다른 신은 없다는 신앙고백을 가져오게 한 촉진제가 되었던 것이다. 이상의 설명은 야훼 엘로힘 신앙의 실체가 점점 변모했다고 주장하는 것이 아니라, 그 하나님을 이해하는 신앙공동체의 의식이 변화했음을 지적한 것이다. 야훼 신앙의 이해는 이스라엘이 처한 정치사회적 현실과 밀접한 관련을 맺고 있다.

야훼 신앙의 특성과 종교분쟁에 대한 구약성경적 관점

야훼 엘로힘에 대한 이해와 고백이 역사적 지평이 열리고 세계 이해가 확장되면서 변천했다고 해서 야훼 신앙의 본질이 달라지는 것은 아니다. 구약성경에서 명시하는 야훼 신앙의 내용은 처음부터 끝까지 일관성을 지닌다. 이 야훼 신앙의 핵심은 출애굽이란 역사적 구원경험 속에, 그리고 시내산에서 모세를 통하여 전달된 율법에 잘 나타난다. 한마디로 말하자면 구약성경의 야훼 신앙은 신앙공동체에게 이 세계의 역사와 인류사회의 현실 속에서 정의와 평화를 뿌리내리는 삶을 살라고 가르친다. 이러한 특성과 지향점을 명시적으로 보여주는 곳은 시내산에서 받은 십계명이다. 물론 뒤따르는 율법 모음인 계약법전출20:22~23:33, 제사법전레1~16장, 성결법전레17~26장, 신명기법전신12~27장에도 이런 성향이 충분히 드러난다. 그리고 그 속에 담긴 모든 규제와 금기사항은 출애굽한 이스라엘이 시내산에서 야훼 엘로힘과 계약을 체결하고 지키기로 약속한 사건을 바탕으로 전개된다. 다시 말해서, 시내산 율법이란 구원을 얻은 신앙공동체가 야훼를 신앙하는 동안 이 땅에서 반드시 준수해야 할 책임과 의무조항인 셈이다. 그리고 그 조항의 사상적 핵심은 정의와 공평, 그리고 평화의 구축이다.

반면에 또 한 가지 주목할 점은 어느 곳에도 야훼가 신앙공동체로 하여금 다른 종교를 갖고 살아가는 민족을 물리적으로 억압하거나 야훼에게 개종을 강요한 적이 없다는 것이다. 즉 야훼 신앙이 먼저 종교분쟁을 일으킬 만한 소지의 이야기를 한 적이 없음을 주목할 필요가 있다. 야훼는 자신을 믿는 신앙을 온 세상에 퍼뜨리라고 지시한 적도 없다. 시내산 계시의 목표는 처음부터 신앙공동체가 하나님의 계약 백성으로서 마땅히 지켜야 할 도리를 가르치는데 역점을 둔다. 이 공동체 안의 구성원이 다른 구성원에게 다른 신앙을 가지자고 유혹한다면 문제는 달라진다.신 13:1~5, 18:20~22 그런 사람들은 공동체 내에서 제거되거나 축출되어야 했다. 이런 내부규정을 종교분쟁의 불씨로 이해해서는 곤란하다.

아브라함을 부르시고 약속하신 축복의 말씀"내가 너로 큰 민족을 이루고 네게 복을 주어 네 이름을 창대하게 하리니 너는 복이 될지라 너를 축복하는 자에게는 내가 복을 내리고 너를 저주하는 자에게는 내가 저주하리니 땅의 모든 족속이 너로 말미암아 복을 얻을 것이라 하신지라" 창12:2~3이 야훼를 믿지 않는 다른 민족에게 강제로 개종을 요구하고 그것을 수용하지 않을 때에는 무력행사도 무방하다는 내용을 포함하는지 지극히 의심스럽다. 출애굽 한 이스라엘이 광야를 통과하던 중에 에돔, 모압, 암몬과 조우할 때도 언제든지 먼저 평화적 통과를 제의했다.민 21:21~35; 참조:신20:10~18 그러나 상대민족이 무력으로 대응했을 때에는 어쩔 수 없이 전쟁을 수행했다. 그러나 그런 싸움은 종교적 마찰 때문에 일어난 전쟁이 아니었다. 가나안 정복전쟁 역시 종교적 마찰이나 갈등 때문에 일어난 전쟁으로 보이지 않는다. 블레셋과의 전투도 마찬가지

다. 구약성경의 야훼 신앙은 항상 평화지상주의라고 보아야 한다.

오히려 종교적 마찰과 갈등이 벌어진 것은 이스라엘과 주변 민족들 사이에서보다 이스라엘 공동체 내부에서 생겼다. 즉, 신앙공동체의 구성원이 야훼 신앙에 전념하지 못하고 다른 종교를 탐닉할 때, 이스라엘은 그것을 묵인하지 않고 냉혹하게 대응했다. 싯딤에서 모압여인들의 유혹으로 야훼가 아닌 다른 신 바알브올을 숭배하던 이스라엘 사람들이 하나님의 심판을 받아 염병으로 죽은 자는 이만 사천 명에 달했다.민25:1~9 대표적인 종교분쟁으로 기억될만한 사건은 주전 9세기경 북 이스라엘의 아합 왕 시절에 일어난 바알 선지자들과 엘리야의 대립이다.왕상18장 이 사건은 이스라엘의 구성원들 중 야훼 신앙을 가진 자와 바알 신앙을 가진 자 사이에 일어난 갈등의 폭발이었다. 결국 엘리야는 바알 선지자 450명과 아세라 선지자 400명을 갈멜산에서 도륙했다.왕상18:40 이런 처참한 살상이 정당한 승리로 기록되고 추앙받는 이유는 이스라엘 공동체의 신앙적 기원 및 정체성 때문이다. 이스라엘은 야훼와 계약을 맺은 하나님의 백성이요, 여하한 상황에서도 다른 종교에 눈을 돌려서는 안 된다는 사실을 재확인해주기 때문이다.

신명기역사가가 기록한 문헌에 남아 있는 이스라엘 백성의 역사는 한결같이 이런 시각을 토대로 하여 보도된다. 야훼 아닌 다른 신을 섬기는 행위는 이스라엘이란 존재의 기반과 정체성을 무너뜨리는 행위로 간주되어서 엄중하게 규제되어야 했다. 비록 포로기 중에 야훼 신앙은 아주 배타적 형태로 바뀌었지만, 그럼에도, 다른 민족과 다른 종교가 야훼 신앙에 해를 끼치지 않는 한 야훼 신앙 공동체가 먼저 상대방을 물리적으로 규제하거나 제재하는 일은 없었다. 훗날 주전 167년에 발생한 마카비 전쟁도 이와 다르지 않다. 이 전쟁은 첨예한 종교적 분쟁으로 말미암은 것이 사실이다. 그러나 예루살렘을 중심으로 하는 유대교는 시리아의 안티오쿠스 에피파네스의 헬라종교 보급정책에 따라 먼저 핍박을 당했기 때문에 전쟁이 불가피했던 것이다. 그러나 야훼 신앙을 가르치는 구약성경은 여하한 때에도 타종교나 타민족을 향하여 종교적 핍박과 물리적 공격을 종용하거나 묵인하는 수사법을 사용하지 않는다. 구약성경은 오직 야훼 신앙을 공고히 할 목적으로 신앙공동체를 위해 기록된 것이다.

구약성경의 초기 문헌은 이스라엘 민족 외의 다른 민족의 종교를 부인하지 않았다는 증거를 가진다. 창세기 10장은 노아의 후손들에 의해 각 족속과 방언과 지방과 나라가 퍼졌음을 인정한다. 또, 신명기 32장 8~9절은 각 민족에게 저마다 자기들의 후원신이 있음을 인정하는 표현을 한다.

> 지극히 높으신 자가 민족들에게 기업을 주실 때에, 인종을 나누실 때에 이스라엘의 자손MT, bene Israel; LXX와 Q, "신의 아들들" bene elohim의 수효대로 백성들의 경계를 정하셨도다
> 여호와의 분깃은 자기 백성이라 야곱은 그가 택하신 기업이로다.

히브리 본문MT의 필사자들이 "이스라엘의 자손"으로 읽은 본문을 칠십인역LXX과 사해사본Q은 "엘로힘의 아들들"로 읽는다. 이런 차이는 어느 읽기가 더 본래적인지의 문제를 떠나서 고대의 서기관들이 야훼 신앙 안에 다신교적 신학을 담은 본문의 증거를 두고 씨름을 했다는 증거이다. 야훼 신앙 안의 다신교적 신앙 양태는 포로기 이전까지 존속하였다. 포로기에는 이런 신학적 관용성이 모든 문헌에서 철저히 배제되고 오직 야훼만이 한 분, 참 신이라고 고백하기에 이른다.사40~55장

끝으로 고대 세계에서 민족 간의 전쟁은 신들 사이에 벌어지는 전쟁

theomachia으로 이해되었다는 사실을 숙고할 필요가 있다. 초기 이스라엘이 전쟁을 수행할 때 법궤를 앞세우고 나간 이유가 여기에 있다. 여호수아는 법궤를 앞세우고 요단강을 건넜고수3장, 블레셋과 전쟁할 때도 마찬가지로 그랬다.삼상4장 이스라엘이 다른 민족과의 싸움에서 패할 때, 그것은 곧 이스라엘의 신야훼 엘로힘이 상대국의 신에게 패한 것을 의미했다. 아람 나라가 북 이스라엘과 전쟁할 때마다 패하는 원인을 "산의 신"왕상20:28인 이스라엘의 야훼 때문이라고 말한 것도 이런 연유에서다.

구약성경은 종교분쟁 사건을 문제 삼지 않는다고 말해야 한다. 종교간 분쟁이 발생하였다면 그것은 사실 정치적 차원에서 일어난 영토싸움이나 이권싸움을 종교의 언어로 표현하고, 그 싸움의 정당성을 내부 구성원에게 선전하여 나아가 구성원의 협조와 단결을 구하려는 목적에서 사용한 것에 불과하다.

나가는 말

구약성경의 신앙인 야훼 종교는 처음부터 끝까지 신앙공동체가 주어진 장소땅에서 정의와 평화를 구현하는 일에 관심을 기울인다. 그것을 완성하는 과정으로서 야훼는 처음에는 족장을 그 다음에는 이스라엘 공동체를 선택했다. 나라를 이룬 이스라엘 왕국의 왕조 지도자들은 이런 야훼 엘로힘이 시내산에서 분부한 의도와 목적을 외면한 채 주변 민족과 어울려서 그들의 종교를 적당하게 용인하는 정치적, 경제적 협약을 체결하고 현상유지를 도모했다. 결과적으로 야훼 엘로힘 신앙은 최초의 순수한 의도에서 벗어나 권력을 옹호하는 종교 이데올로기로 전락하였고, 계약 백성 다수의 행복을 추구하던 본래의 기능을 수행하지 못하게 되었다. 유다 왕국의 지도자들은 강대국에게 패망한 후에야 비로소 야훼만이 유일한 신임을 고백하고, 오경에 나타난 대로 정의와 평등 사회를 향한 발걸음을 내딛기 시작한다. 구약성경에 종교분쟁이 기록되어 있다면 그것은 공동체 구성원 사이에서 벌어지는 사건이지, 다른 민족의 다른 종교와 일어난 분쟁이나 갈등은 아니었다. 시내산 계시와 그 정신에 따르면, 야훼를 신앙하는 이스라엘 백성은 야훼를 믿고 그의 분부에 순종하여 최선을 다하여 살아야 한다. 이 과정에서 이방인이 개종하길 원한다면 이를 반대하지는 않는다. 아람의 군대장군 나아만은 림몬의 사당에서 야훼에게만 제사를 드리겠다고 고백하였고왕하5:17, 요나서에 등장한 이방 선원들도 개종한 것으로 보인다.욘1:16 그러나 야훼 신앙은 그 누구에게도 강제성을 띠지 않는다. 종종 예언자들의 종말론적 소망을 담은 구절들이 예루살렘 중심의 세계관을 담고 있음을 읽는다.사11:6~9; 미4:1~4 그런 구절들 역시 그 시절이 결코 강제성을 띠거나 무력 분쟁을 통하여 이루어질 것이라고 주장하지 않는다.

구약성경에 나타난 고대 이스라엘은 그 역사를 통틀어 타민족이나 타종교를 향하여 야훼 신앙을 포교할 목적으로 분쟁을 일으키거나 무력을 행사한 적이 없다. 오히려 구약의 신앙은 야훼 하나님에 의해 이 땅 위에 하나님을 섬기며 이룩할 정의와 공평, 그리고 평화의 세계를 꿈꾼다. 구약성경적 관점으로 살펴본 바에 의하면 모든 종교분쟁의 원인이 순수한 종교적 이유 때문에 발생한 것이 아님을 깨닫는다. 종교적 이유라는 것은 단순히 명분에 불과하다. 그 명분의 배후에는 민족적 감정, 정치적 주도권, 경제적 이해관계 등이 감추어져 있다. 종교의 정치화와 정치의 종교화가 분쟁의 씨앗이요 방편이었다.

구약성경은 모든 민족이 야훼 엘로힘 한 분에 의해 지음을 받았다고 고백한다. 그리고 세계 민족들 가운데 이스라엘은 야훼 엘로힘에게 신앙의 모델로 선택되었다. 그들이 먼저 야훼 엘로힘의 계명과 율례를 똑

바로 지키고 삶을 살았다면 그들은 분명히 “제사장의 나라요 거룩한 백성”출19:6. 참조:레19:2으로서의 사명을 감당했을 것이고, 종교분쟁이나 마찰도 피할 수 있었을 것이다.

초대 교회도 구약성경에 나타난 신앙과 같은 목적과 지향점을 지닌다. 그러나 초기 기독교가 제국의 종교로 격상되면서 종교의 정치화, 정치의 종교화가 급속도로 진행되었다. 이것이 바로 역사 속에서 기독교가 야기한 모든 종교분쟁의 씨앗이라고 하겠다. 종교분쟁이 발생하면, 해법은 누가 옳고 그르냐는 판단을 하기보다 종교 본래의 목적이 무엇인지를 바로 알고 그것에 충실하려는 자세에 있다. 진정한 종교, 참된 신앙은 인간을 이롭게 할지언정, 절대로 해롭게 하지 않는다.

「성서마당」 2004년 10월호.

10 | 죽음, 또 다른 생명을 위한 비움

세 가지 의미의 죽음

구약성서는 죽음이란 말을 적어도 세 가지 의미로 사용한다. 첫째, 죽음은 야훼 하나님이 의도한 삶을 손상시키는 것들을 은유한다. 이를 테면 질병, 핍박, 절망, 의심, 또는 공동체 생활에서 배척당하는 일 등을 죽음이라고 표현한다. 그것은 삶의 질에 대한 가치판단에 사용된다. 한나가 “여호와는 죽이기도 하시고 살리기도 하시며 스올에 내리게도 하시고 거기에서 올리기도 하시는도다.”삼상2:6라고 기도할 때 죽음은 인생살이에서 체험하는 각종 불행을 뜻한다. 둘째, 죽음은 하나님의 창조 질서를 거스르는 “힘”을 의미한다. 빌닷이 욥의 피부병을 두고 “질병이 그의 피부를 삼키리니 곧 사망의 장자가 그의 지체를 먹을 것이며”욥18:13라고 말할 때 사망의 장자란 죽음의 힘을 말한다. 그러나 창조주에 맞선 또 다른 신적 존재나 힘으로 사용된 실례를 구약성서에서 찾아보기 어려운 까닭은 구약성서가 유일신론에 근거한 언약신학을 표방하기 때문이다. 그래도 고대 이스라엘 주변에 만연했던 다신론적 흔적들은 성서 본문 속에 남아있다. 대개 그런 신명들은 보통명사로 전환되어 사용되었다.레17:17, "숫염소"; 합3:3~5, "역병[데베르]"과 "불덩이"[레쉐프] 셋째, 생물학적 끝을 뜻한다. 인간은 하나님이 흙으로 지은 다음에 그 코에 생명력네샤마을 불어넣음으로 활동하기 시작한 생명체네페쉬 하야이다.창2:7 이 견해에 따르면 사람은 몸을 하나의 구성 요소로 소유하는 것이 아니다. 사람은 바로 움직이는 몸 자체를 말한다. 그리고 몸 안을 흐르는 혈액이나 호흡으로 나타나는 생명력은 그 기원이 하나님에게 있다는 사실을 가르쳐 준다. 따라서 인간을 영과 혼과 육 혹은 영혼과 육체로 나누는 조직신학적 구분법은 구약적 사고방식에 적합지 않은 해설이다.

죽음을 맞이하는 자세에 대한 구약시대 사람들의 반응은 다양하다. 대체로 죽기를 두려워하거나 싫어한다. 다윗의 왕권 계승을 두고 쟁탈전을 벌인 왕자들의 파벌 중에 아도니야를 지지했던 요압 장군은 솔로몬의 왕권 장악 소식을 듣고 야훼의 장막으로 도피하여 제단의 뿔을 잡고 목숨을 보존하려고 한다.왕상2:28 때로 지극히 절망스런 상황에서 일종의 탈출구로 죽음을 갈망하기도 한다. 예레미야, 욥, 그리고 요나가 그렇다.렘20:14~18; 욥3:11~19, 6:8~13, 7:15~16, 10:18~22, 14:13~15, 17:11~16; 욘1:12, 4:3,8 한편 자연스럽게 죽음을 맞이하는 때도 적지 않다. 모세는 하나님이 예고한 죽음을 건강한 상태로 순순히 맞이했다.신34:5~7

이런 성서의 보도들을 보면서 우리는 죽음을 어떻게 이해해야 하는가? 구약성서가 가르치는 올바른 죽음 이해는 무엇인가? 구약성서는 적어도 두 가지의 해법을 제시한다. 하나는 구원신학적 해법이고 다른 하나는 창조신학적 해법이다.

죽음 이해를 둘러싼 신학들의 충돌

성서의 지배적인 신학 주제 중 하나가 구원임은 두말할 필요가 없다.

하나님은 구원자이시다. 교회는 이 성서적 진리에 입각하여 인류에게 죽음의 길에서 돌이켜 예수 그리스도를 믿음으로 구원을 받으라고 가르친다. 사도 바울은 고린도 교회에 올바른 부활 신앙을 설명하는 자리에서 "사망아 너의 승리가 어디 있느냐 사망아 네가 쏘는 것이 어디 있느냐"고전15:55고 반문하면서 죽음의 권세에 맞선다. 구원은 인간의 생명을 위협하는 죽음의 파괴력을 극복하고 희망찬 삶을 영위하게 하신 하나님의 선물이다. 이 구원신학의 가르침에서 "죄의 삯은 사망"롬6:23이므로 죽음은 인류가 반드시 극복하여 벗어나길 바라는 부정적 현실이다.

성서의 또 다른 지배적인 신학 주제는 바로 창조이다. 하나님은 창조자이시다. 교회는 이 성서적 가르침에 따라 하나님이 온 세상을 창조하였다고 가르친다. 하나님은 빛과 어둠, 하늘과 바다, 땅과 식물, 시간과 짐승, 그리고 인간을 신성하고 아름다운 특별한 목적과 의미를 지니도록 창조하셨다. 여기에 삶과 죽음도 예외가 아니다. 창조신학에서는 생명을 "주신 이도 여호와시요 거두신 이도 여호와시오니"욥1:21이므로 생명도 죽음도 하나님 신앙 안에서 똑같이 긍정한다.

구원신학이 죽음을 부정적으로 바라보는 반면, 창조신학은 그것을 긍정적으로 바라보는 모순되는 주장을 한다. 이러한 불일치를 어떻게 설명해야 하는가? 무엇보다도 먼저 교회와 신학의 역사는 이 두 신학을 서로 잘 조화시키지 못했음을 보여준다. 그 이유는 창조신학이 역사 이해를 결여하고 있기 때문이다. 창세기 1~2장 이외에 창조신학을 표현하는 곳은 주로 지혜문학이라 불리는 잠언과 전도서 그리고 욥기이다. 이 책들은 격변하는 이스라엘 역사의 현장 속에서 이루어지는 하나님의 구원을 전혀 언급하지 않는다. 역사와 상관없이, 잠언은 일상의 지혜로운 삶이 어떤 것인지를 가르치면서 지혜가 하나님이 세상을 창조할 때에 하나님 옆에 존재하였다고 말한다.잠8:22~31 전도서는 "헛되고 헛되다"는 부정어투를 필두로 탄생과 죽음이라는 두 한계 시점 가운데 사는 인간이 창조주 하나님 앞에서 가져야 할 삶의 자세를 역설한다. 욥기는 인과응보의 구원신학이 까닭 없이 겪게 되는 고난의 신비를 설명해 줄 수 없다고 주장한다. 한편, 창조신학은 기독교로 하여금 타종교와의 대화의 자리에 나아가게끔 하는 신학적 발판을 제공해주기도 하였다. 그러나 그리스도만을 통한 구원의 도리를 앞세우는 기독론 중심의 구원신학은 다른 종교의 진리체계를 근본부터 부인하게 만든다. 그래서 대다수 교회는 타종교와의 대화를 거부하거나 미온적 태도를 취한다. 이렇게 볼 때, 어떤 방식으로든 창조신학과 구원신학의 불일치와 충돌을 해소하고 올바른 관계를 설정하는 일이 필수적으로 중요하다. 그래야만 생명과 죽음의 문제에 관한 성서적 가르침을 혼동되지 않게 전하고 배울 수 있다.

해법은 욥기에 있다!

구약성서의 욥기는 창조신학과 구원신학 사이에 존재하는 사상적 간격과 불일치를 극복하는 실례를 보여준다. 무엇보다도 욥기는 구원신학이 인간의 경험을 해석하는데 불완전하다는 것을 지적한다.

하나님을 경외하며 의롭고 경건하게 살아온 욥이 느닷없이 겪게 되는 고통의 원인이 쉽게 해명되지 않는 이유가 여기에 있다. 욥을 위로하려고 세 친구엘리바스, 빌닷, 소발가 찾아왔다. 그들은 나름대로의 해법을 늘어놓는다. 그들의 연설은 전통적 이론에 근거한 것으로 한 마디로 경험의 신학이라고 할 수 있다. 그것은 너도 알고 나도 아는 신학이다. 친구들의 우격다짐은 고통당하는 욥을 더욱 괴롭힐 뿐이다. 그들은 욥에게 그가 남 몰래 지은 죄 때문에 하나님에게 징벌을 받는 것이므로 회개하고 고통에서 벗어나라고 충고한다.3~27장 친구들에게 항변하느라 지친 욥은 끝내 하나님보다 자기가 더 의롭다고 주장하기에 이른다.29~31장 마지막으로 엘리후가 등장한다. 그는 다른 친구들의 견해와 욥의 태도에 화를 내면서 확신에 찬 어조로 말한다. 그의 연설은 새로운 사실을 말하는 것 같지만, 이전 친구들의 주장과 크게 다르지 않다.32~37장

이 때 야훼 하나님이 폭풍 속에서 나타나서 응변한다.욥38~41장 그것은 창조세계의 질서와 신비에 관한 긴 연설이다. 창조세계의 신비로운 측면들은 인간의 경험 영역을 벗어난 것들로 가득하다. 이 연설의 첫 마디는 이렇다. "내가 땅의 기초를 놓을 때에 네가 어디에 있었느냐 네가 깨달아 알았거든 말할지니라."38:4 모든 피조세계는 하나님의 창조 질서에 전적으로 순응함으로 아름답다. 이 세계 속에서 사람이란 존재는 지극히 작은 일부에 지나지 않는다. 경험의 세계가 제한적인 인간은 자신들이 만들어 놓은 편협한 구원 신학의 진술들로 무한한 우주의 창조자 하나님의 행위를 예측하거나 그 의도를 판단하려고 덤빈다. 유한한 인간이 무한한 지혜의 창조주 하나님의 행동을 전부 안다고 말하거나 하나님의 행위보다 자신이 더 의롭다고 주장하는 것은 얼마나 무모하고 어리석은 짓인가? 창조주 하나님은 인간이 수립해 놓은 구원 신학의 취약한 이론 속에만 머물러 있지 않다. 폭풍 속에 전해진 야훼 하나님의 연설은 한 마디로 구원신학을 전적으로 배제한 상태에서 이루어진다. 그것은 창조의 신비에 대한 장엄한 웅변이다. 그 연설은 욥과 우리에게 인생의 신비를 창조세계의 한 가운데 두고 깊이 생각하고 넓게 통찰할 것을 기대한다. 그리고 그 속에서 생의 신비에 대한 올바른 자세 "땀 흘리며 열심히 사는 일과 때가 되어 임종을 맞이하는 일"를 발견하라고 말한다. 이렇게 해서 욥기는 하나님의 연설을 통해 구원신앙의 한계와 문제점을 지적하고, 그것을 창조신앙으로 완성시킨다.

죽음은 또 다른 생명을 위한 비움이다

구원신앙의 틀에서 인간의 죽음은 죄의 결과이며, 극복하고 싶은 궁극적 현실이다. 하지만, 욥기의 창조신학에 따르면 이러한 죽음 이해는 불완전하고 미흡하다. 그렇다면 창조신학에 비춰본 죽음은 어떤 실재인가?

하나님은 세상을 창조하실 때 흑암 속에서 빛을 창조하였다. 빛이 어둠을 가르고 나타나면서 빛과 어둠은 분명히 구별되었다. 창조의 세계에서는 빛은 좋고 어둠은 나쁘다는 식의 이분법적 가치판단이 존재하지 않는다. 하나님이 지으신 "빛"을 보고 좋아했다는 말씀창1:4이 있긴 하지만, 그것이 어둠을 나쁘게 여겼다는 말씀은 아니다. 창조 질서에는 빛과 어둠이 공존한다. 양자는 서로를 필요로 하여 그 가치와 기능을 발휘한다. 하늘과 땅이 그렇고 육지와 바다가 그러하며 남자와 여자가 그러하며 생명과 죽음이 그러하다. 창조 세계는 이 두 가지 부류의 피조 환경과 실체를 동시에 긍정한다. 창조 신앙 속에는 생명만 좋고 죽음은 나쁘다는 판단이 없다. 인간에 대해서는 잠시 유보한 채 나머지 생명을 가진 피조물들을 잠시 고찰해보자. 이를테면 식물은 어떻고 짐승은 어떠한가? 창세기 1장에서 거론된 식물은 풀, 채소 그리고 나무이다. 이 중 어떤 식물도 영원히 변치 않고 존재하지 않는다. 모두가 성장과 쇠퇴 그리고 소멸의 주기 속에 머문다. 씨앗이나 종자가 뿌려진 뒤 자라나 열매를 맺고 그리고 나서 시들어 사라지는 주기를 반복한다. 짐승도 이 식물계와 크게 다르지 않다. 식물이든 짐승이든 똑같이 성장과 쇠퇴 그리고 소멸을 반복한다. 그러나 종자나 종류가 같은 하나의 개체가 시간의 흐름 속에서 항상 똑같이 존속하는 것은 없다. 다시 말해서 아무리 오랫동안 생명력을 유지한다고 해도 일정 기간이 지나면 결국에는 소멸하거나 다른 개체에게 생명의 자리를 내어준다는 사실이다. 이 질서는 인간에게도 똑같이 적용된다. 인간 역시 태어나서 살다가 죽기 마련이다. 이 창조 질서 안에서는 탄생만 아름답고 소중한 것이 아니다. 탄생만 있고 죽음이 없다면 창조 질서는 조만간 무너지고 혼란에 처할 것이 분명하다.

그래서인가? 고대 바벨론 문명권은 신들이 이 세상을 창조하는 과정을 설명하는 흥미로운 신화인 아트라하시스 서사시Atrahasis epic에서 인류가 창조된 이래 폭발적 인구 증가로 신들의 거처가 소란스러워지자 그 수효를 감소시킬 극단적 방안들을 주기적으로 강구했다고 이야기한다. 신들이 선택한 최종 방안은 대홍수였다. 창세기에서도 죄악이 차고 넘치는 세계를 깨끗하게 정화하려고 대홍수가 임한다.창6~9장 사람들이 태어나기만 하고 잘 죽지 않으며, 그래서 죄악이 차고 넘치는 인간사회의 환경은 결국 이 아름다운 창조 세계를 추하게 만든다는 관점은 구약성서나 아트라하시스 서사시가 동일하다. 이들의 이야기에는 죽음을 통해 창조 질서를 보존하려 한 고대인들의 관점이 담겨 있다. 그리고 그것은 창조 세계에서 죽음은 결코 부정적이거나 나쁜 가치를 지닌 것이 아니라는 점을 시사해준다. 거꾸로 인간이 태어나기만 하고 죽지 않는다면 이 세계가 어떻게 될까? 과거나 현재나 벌어지는 사태는 마찬가지일 것이다. 죽음은 창조 질서의 보존을 위해 반드시 이루어져야 할 아름다운 경험이다.

아름다운 노화, 아름다운 죽음

생물학적으로 인간은 태어난 뒤 특별한 질병이 없는 한 자연스럽게 성장하고 발육한다. 그리고 그 발육의 힘은 일정 기간이 지나면 다시 약화되어서 노쇠한 인간으로 만든다. 그리고 그 생명력이 사라지면서 인간은 호흡을 멈추고 죽는다. 죽음을 맞이해야하는 숙명을 가진 인간이 아무리 수명을 연장하려고 애를 써도 연장기간에는 한계가 있다. 더욱이 그런 염원과 노력은 결코 아이나 청년 상태로 성장을 멈춘 채 영원히 살기를 추구하는 것이 아닐 것이다. 노년으로 영원히 사는 것 또한 결코 바람직하지 않다. 노쇠한 상태로 영원히 사는 일은 또 얼마나 힘겨운가? 적당한 시간이 흘러 자연스럽게 죽음을 맞이하는 것이 차라리 아름답다.

창조신학의 관점에서 보면 인간의 삶은 탄생이 아름답듯이 죽음도 아름답다. 그래야 창조 질서가 아름답게 보존된다. 성장이 생명의 아름다움이라면 그것이 약화되어 죽음에 이르는 과정 역시 신비한 아름다움이다. 아니, 살다가 죽음을 맞이하여 사라지는 인간의 실존은 창조세계의 순환적 질서 안에서 그가 죽은 뒤에 다시 새롭게 태어날 생명에게 삶의 자리를 내어주는 행위이다. 그런 의미에서 죽음은 창조 세계에서 새로운 채움을 위한 비움이다. 그래서 이 세계는 언제나 아름다움을 유지할 수 있다. 이 질서에 역행하는 것은 추하다. 그러한 추함은 고대의 신화와 성서의 대홍수 이야기가 가르쳐주듯이 이 세계에 혼란과 파괴를 가져올 뿐이다.

그러므로, 인간이 겪는 삶과 죽음은 창조 질서 안에서 반드시 공존해야하는 두 가지 현실이다. 어느 한 쪽은 미화하고 다른 한 쪽은 추한 것으로 여기는 것은 창조 신앙의 구조에 합당치 않다. 엘리야와 엘리사가 신비한 권능으로 한번 숨이 끊어졌던 과부들의 아들을 다시 살렸으나 그들 역시 한 동안은 건강하게 살았지만, 결국에는 노쇠하여 죽었다는 사실을 잊지 말자.[왕상17:17~24; 왕하4:17~37] 엘리사의 무덤에 던져져 예언자의 뼈에 닿자마자 회생하였던 사람 역시 결국은 임종을 맞이했음이 틀림없다.[왕하13:20~21] 예수님의 능력으로 다시 살아난 나사로도 마찬가지

다.요11:38~44 육체가 죽지 않고 사는 일이 있다면, 그것은 창조신학의 관점에서 볼 때 거대한 스캔들이 될 것이다. 부활한 삶이 아니라면 그 어떤 생명의 연장과 보존조차도 궁극적으로는 역효과를 일으켜 결국 이 아름다운 세상을 망쳐놓을 것이다.

그런 의미에서 창조신앙은 생명을 누리며 사는 것을 축복으로 여기듯이 죽음도 하나의 축복으로 여길 것을 가르친다. 생명의 탄생이 기쁨이듯이 그것의 소멸 또한–비록 우리가 전부 이해할 수 없지만—창조 질서의 아름다움을 구축한다. 창조의 하나님을 믿는 신앙인은 삶이 소중한 것처럼 죽음도 소중한 과정으로 이해하고 받아들일 필요가 있다. 죽음은 하나님이 이 세계를 유지하는 중요한 한 방식이기 때문이다. 우리의 죽음은 결국 죽음 이후 이루어질 세계 질서에 결정적으로 기여하는 과정이다. 따라서 사는 목적이 하나님의 영광인 그리스도인은 죽음마저 하나님의 영광을 위한 것이란 믿음을 가질 필요가 있다.

죽음과 노화의 축복

창조 신앙을 바탕으로 죽음을 생명처럼 똑같이 소중한 인간 실존의 일부요 이 세계의 축복으로 받아들인다면, 노화의 과정을 아름다운 변화로 받아들여야 한다는 것은 자명한 귀결이다. 구원신학이 오로지 사는 것만이 최고의 가치요 미덕이며, 죽음은 심판의 결과요 피해야 하는 현실이라고 가르쳐온 것과 달리 창조신학은 때가 되어 노쇠하여 죽는 일을 세계 질서의 유지라는 측면에서 아름다운 것이라고 가르친다. 따라서 그리스도인은 죽음과 노화의 과정조차 겸허한 자세로 아름다운 인간 실존의 일부라고 믿어야 한다. 창조 신앙 속에서 노화는 추한 것이 아니다. 그것은 죽음이라는 현실의 완성을 위해 달려가면서 얻는 숭고

한 흔적들이요 면류관이다. 그런 의미에서 "늙은 자의 아름다움은 백발이니라."20:29라고 말하는 잠언을 되새겨 볼 필요가 있다. 이것은 단순히 노인 공경의 미덕을 강조하려는 말씀이 아니다. 그것은 노화의 과정을 생명에서 시작하여 죽음의 종착지까지 달려가면서 얻은 아름다운 자취와 흔적으로 규정하며, 그것을 창조주 하나님의 은혜로운 손길로 이해하기를 가르친다.

누구나 나이를 먹으며 그 흔적은 여러 가지로 나타난다. 머리가 빠지고, 시력이 나빠지고, 허리가 굽고, 주름이 생기고, 그리고 체력이 점점 저하된다. 그러나 창조신앙은 이 모든 현상을 하나님의 영광의 자취로 이해하라고 가르친다. 이 신앙은 늙음의 흔적을 감추어야 할 것으로 말하지 않고, 그것을 자랑하고 사랑하라고 가르친다. 그리고 아름다운 죽음을 준비하라고 가르친다. 노년기는 그동안 유지시켜준 생명으로 말미암아, 또 앞으로 얼마 남지 않은 기간 동안 영원한 안식을 주시려고 죽음을 준비시키는 하나님의 깊은 배려와 사랑 때문에, 그리고 우리의 죽음이 가져올 아름다운 창조질서의 유지를 위해 감사하는 마음으로 살아야 할 소중한 기간으로 받아들여야 한다.

창조신학의 빛에서 죽음과 노화는 새로운 의미를 지닌다. 물론 우리의 실존은 지금껏 묘사한 것보다 훨씬 심각하고 복잡한 것이 사실이다. 질병으로 말미암은 때 이른 노화도 있고, 낫기 어려운 질병으로 극심한 고통을 당하기도 하며, 또 그것을 바라보는 가족들의 아픔 또한 모르는 바가 아니다. 죽어서는 안 된다고 여기는 애석한 죽음도 있다. 죽음보다 더 깊은 상처를 주는 장애를 안고 살아가는 사람들의 건강과 정상인을 향한 염원도 이해할 수 있다. 이런 태도는 순수한 생명의 희구심 외에 구원신학이 우리의 신앙구조와 세계관을 편협하게 고착시켰기 때문일 수도 있다. 그것은 생명은 아름답고, 죽음은 항상 추하다는 이분법으로 세상을 바라보게 만든다. 하지만, 성서의 창조 신앙은 이 모든 아픔과 고통과 어긋난 현실조차 궁극적으로는 모두 아름다운 창조 질서의 일부로 받아들이라고 가르친다. 죽음 앞에 서 있는 우리를 다시 한 번 헤아려 보자. 우리가 창조 질서 안에서 겪는 현실을 특정한 가르침에 따라 편견을 갖고 바라보지는 않았는지 말이다. 그래서 우리의 생명에 상처를 입히면서 살아오지는 않았는지. 창조신앙은 구원신학의 편견과 한계를 극복하게 해준다. 창조신앙은 노화의 상실감을 치유하는 것은 물론 죽음마저 세계에 기여하는 아름다움으로 승화시킨다.

구원신학과 창조신학은 삶과 죽음의 관계에 대한 두 가지의 성서적 해명 방식이다. 구원신학은 죽음을 벗어난 삶의 길을 가르친다. 창조신학은 삶과 죽음이란 피조 세계의 질서와 구조 속에서 창조주 하나님이 고안한 아름다운 두 가지 현실이라고 가르친다. 어느 신학이 우월한 것인가라고 묻는다거나, 또 어느 쪽을 선택할 것인가라고 묻는 것은 올바른 성서이해가 아니다. 두 가지 성서 신학은 상호 보완적으로 우리 신앙을 살찌울 하나님의 선물이다. 창조신학의 빛에서 죽음을 하나님의 선물로 이해한다면, 아마 그것이 우리의 남은 생을 더욱 새로운 관점으로 살게 해 줄 원천이 되지 않을까?

예수님은 "한 알의 밀알이 떨어져 죽지 아니하면 한 알 그대로 있고 죽으면 많은 열매를 맺느니라" 요12:24 고 말씀하셨다. 예수 신앙 안에서 죽음의 의미를 새롭게 생각하라는 말씀이다. 삶과 죽음의 의미를 새롭게 정립하고 죽음마저 하나님의 축복으로 이해하는 창조신앙으로 이 세상을 아름답게 만드는 우리 그리스도인이 되어보자.

「기독교사상」 2005년 12월호.

11 | 최근의 경제 위기와 신앙인의 자세

최근에 일어나는 경제 위기의 원인이나 그 파장을 놓고 재앙 운운하는 구구한 설명은 생략하겠다. 그러나 우리 모두 겪는 이 경제 위기 속에 담겨진 하나님의 메시지를 신앙적 해석을 통해 고찰해보는 것은 꼭 필요한 일이다.

경제란 재화돈를 중심으로 벌이는 사람들의 총체적 활동을 일컫는다. 경제 위기란 이 활동을 벌이면서 가졌던 기대와 결과가 현실적으로 물거품이 되거나 무너진다는 각성을 일컫는다.

신앙과 경제의 관계에 대해서 한국 교회가 전해왔던 가르침은 성서적 가르침에서 약간 일탈해 있는 듯하다. 예수 잘 믿으면 축복, 잘못 믿으면 저주. 즉 예수 잘 믿으면 잘 먹고 잘 살고, 그렇지 못하면 못산다는 것이다. 정말 그런가? 현재의 부자들은 예수를 잘 믿어서 부자가 된 것인가? 지금 가난에 시달리는 사람들은 예수를 잘못 믿어서 그렇게 되었는가? 예수 잘 믿어도 가난할 수 있고, 예수 안 믿어도 부자로 잘 사는 사람들 또한 많다.

성서가 언제 어디서 이런 가르침을 준다는 것일까? 신명기 28~30장인가? 이곳에서는 언약의 말씀을 잘 준행하면 받는 복과 그렇지 못한 때에 임하게 될 저주를 기록한다. 그러나 마태복음 5장의 산상수훈에서 전하는 팔복은 결코 그런 복을 말하지 않는다. 예수를 위해 핍박받고 고난을 당하는 일이 오히려 복되다고 말한다. 자기 재산을 다 팔아 가난한 사람을 구제해야 비로소 천국을 소유할 수 있다고 가르친다. 이렇게 신구약성서의 가르침이 명백히 부조화를 보여준다. 그런데 이 부조화의 문제를 어떻게 극복하고 위와 같은 가르침을 전하는지 도대체 알 길이 없다.

잘 따져 보면 돈 많이 벌고 잘 사는 길을 가르치는 가르침은 구약적 관점에서 볼 때 바알 신앙에 속하고, 하나님을 진실하게 믿고 올바로 사는 길을 가르치는 가르침은 야훼 신앙에 속한다. 구약성서는 이 바알신앙을 철저히 배격한다. 바알신앙은 사람을 사람답게 만들지 못하고 단순한 물질적 가치로 전락시켜 궁극적으로 삶을 피폐하게 만들기 때문이다. 여기서는 많은 돈과 그로 말미암아 누릴 수 있는 외형적 상황만을 최고 가치로 간주한다. 야훼 하나님 신앙은 사람을 사람답게 만들어주며 무한한 가치를 지닌 존재로 상승시켜 준다. 이 안에서는 사람을 최고 가치로 놓고 생명과 소박한 삶을 가장 소중한 가치로 여긴다. 현재의 경제위기는 어떤 의미에서 볼 때 그동안 사람답지 못하게 살아왔던 우리의 과거를 되돌아보며, 동시에 무엇이 사람다운 삶인지 깨달을 수 있는 절호의 기회이다. 그동안 그저 돈을 많이 버는 삶을 위해 수많은 가치를 희생시키며 살아왔던 우리에게 현재의 경제위기는 성서가 진정으로 가치 있는 삶을 회복할 수 있게 될 수 있는 시절이라는 뜻이다.

사실, 돈이나 재화는 가치중립적이다. 경제 행위, 즉 돈 관리를 지혜롭게이 말도 잠시 가치중립적으로 보자 해서 그것을 증가시키는 일은 결코 비난받을 일이 아니다. 문제는 돈을 중심으로 신앙인이 흔히 갖기 쉬운 태도에 있다. 우리 개개인의 경제 행위가 탐욕으로 치달아서 가족과 이웃의 안녕과 행복을 무시하고 짓밟는 데까지 나아갈 때가 문제이다. 그것은 자신도 모르는 사이에 하나님 신앙을 정면으로 부인하는 행위가 될 수 있다. 그러고 싶은가? 아니, 계속 그런 상태에 머물 것인가?

지금의 경제 위기는 소박한 삶을 꾸려가면서 하나님 신앙의 대의를 새롭게 구축할 기회이다. 한국 교회가 경제 위기로 변장한 이 기회를 놓치지 않고 위의 왜곡된 성서적 가르침을 정정하여 올바른 성서적 가르침을 전한다면, 교회는 반드시 새로워지고 한국 사회의 정서를 주도적으로 이끌어 가는 사명을 감당하는 절호의 기회를 갖게 될 것이다.

12 | 정치와 신앙에 관한 구약성서의 가르침

들어가는 말

2011년에 우리 사회는 정치적으로 어려운 이슈들을 경험했다. 제주 강정마을에 해군기지 건설을 둘러싼 군경의 민간인 강경진압, 부산 한진 중공업의 불법적 대량 정리해고 사태에 대한 부당함을 호소하려고 민주노총 지도위원 김진숙씨가 85호 크레인에 올라가 305일 동안 농성한 일, 또 국회가 말 많고 문제 많은 한미 FTA 협정을 최종적으로 비준한 일 등등이다. 이런 사태를 보고 들으며 여러 가지 관점에서 다양한 평가가 있을 것이다. 하지만, 이 문제들의 핵심은 국가가 생존의 위협을 당하는 소수 국민의 인권과 의견을 존중하지 않는다는 점과 기득권의 결정을 보호하려고 공권력을 무리하게 행사하여 소수의견을 묵살한 사실에 있다.

교회는 교회대로 부끄러운 한 해였다. 한국기독교총연맹이 회장선출을 둘러싼 금권선거, 타락선거, 불법선거로 개신교의 이미지를 실추시켰고 급기야 한기총 해체설이 확산되는 분위기이며, 세계 최대 단일교회로 잘 알려진 여의도순복음교회의 담임목사는 부부 간에 기득권 싸움을 벌였고, 수만 명의 교인을 자랑하는 어느 교회 목사는 교회재정을 횡령한 혐의로 피소되기도 했다. 목회자의 성 추문 소식도 심심찮게 들린다. 한 마디로 교회 지도자인 목회자들이 돈, 명예 그리고 성적 쾌락이라는 유혹 앞에 탈선하고 타락하는 일이 다반사인 처지이다.

사회가 혼란스러우면 교회의 사명이 더욱 막중해지는 법이다. 일찍이 복음주의 교회들은 1973년 스위스의 로잔에 모여 교회의 사회적 책임에 대해 천명하는 로잔언약을 체결한 바가 있다. 하지만, 우리 교회의 현실은 그 정신을 전혀 구현하지 못했다.

사회의 아픔 앞에 교회가 제 사명을 완수하지 못하는 이유는 무엇일까? 왜 하나님나라를 전하는 거룩한 사명을 띤 교회가 우리 사회에 벌어지는 갈등과 상처를 치유하는 사명에 이토록 무기력할까?

여러 가지 이유가 작용하는 것 같다. 몇 가지만 살펴보자. 우선은 교회의 전통 때문이다. 특별히 침례교는 "개인의 신앙문제에 대한 국가의 간섭 배제"라는 역사적 경험에 뿌리를 두고 성장해온 교회이기 때문에 교회가 정치적 이슈에 관여하는 행위를 삼가는 신학적 전통을 이어오고 있다. 하지만, 과거의 전통은 새 시대에 적합한 방식으로 계승하고 발전시켜야 한다. 과연 이 침례교 전통은 우리 시대에 적절하게 접목되고 있는가? 사실 오늘날은 여러 면에서 과거와 크게 다르다. 어떤 의미에서 정치와 무관한 삶이란 아예 존재하지 않는다고 말할 정도이다. 정치에 무관심한 태도조차 정치적인 것이라고 판단되는 시대이다. 그래서 침례교 역사가 물려준 신학과 교회의 비정치성 역시 일종의 정치적 결단에 속한 것으로 이해될 수밖에 없다. 교회가 더 적극적으로 현실정치에 대하여 성도들의 책임 있는 참여 의식 함양에 힘써야 할 시점이다.

또 다른 이유는 우리 교회가 세상의 정치권력에 길들여져 있기 때문이다. 일제 강점기 이후 1945년, 주권국가로 독립한 우리나라의 개신교는 파란 많은 현대 정치여정 속에서 폭압적인 정치권력에 항거한 적이 거의 없다. 소수의 목회자가 항거한 적이 있지만, 그 때마다 권력의 철퇴를 맞았고 기성교회조차 그들을 사상이 불온 세력으로 간주하여 폄하하기 일쑤였다. 결국 정치권력은 교회 길들이기에 성공했고, 지금 개신교회는 정치권력에 아부하는 종교인 집단 정도로 인식되는 것은 아닌지 의구심이 들 정도이다. 문제는 정치권력에 길들여진 교회가 겉으로는 거룩한 예수 사랑과 십자가의 포기를 내세우면서도 안으로는 매사에 돈과 권력의 힘에 기반을 둔 세속적 정치 행태를 활용하여 힘 기르기에 나선다는 사실이다. 지금 교회는 세속 권력의 맛과 돈 맛에 취한 것 같다.

그리고 마지막으로는 이 현상들의 배후에 궁극적으로 성서가 계시하는 하나님 신앙의 본질을 한쪽으로만 치우쳐 가르치며 믿는다는 것과 그래서 부지불식간에 성서 자체의 권위마저 실추시키고 왜곡시키는 삶을 살아간다는 불편한 진실이 자리한다. 따라서 이런 성서적 기준에 못 미치는 교회의 삶이 빚어내는 현상은 반드시 교정될 필요가 있다. 그래서 정치 및 정치참여를 위한 성서적 신앙의 근본적 가르침을 구약성서에서 찾아보려고 한다.

구약성서의 정치적 성격

가장 먼저 구약성서의 성격을 알아보자. 구약성서에서 가장 권위 있는 성서는 오경토라이다. 오경토라은 고대 이스라엘의 민족사의 면면을 토대로 심오한 신학적 메시지를 담고 있는 매우 복합적인 계시이다. 거기에는 세상의 기원과 이스라엘 백성의 조상들 이야기창세기로 시작해서 이스라엘 백성이 이집트에서 구원을 받아 시내산에서 하나님과 언약을 맺고 하나님의 백성이 된 이야기, 그리고 그들이 어떻게 하나님을 섬겨야 하는지에 대한 계명과 율법 그리고 각종 규례출애굽기와 레위기와 더불어 광야에서 겪은 삶의 이야기민수기와 모세가 임종 직전에 남긴 설교신명기가 기록되어 있다. 오경은 고대 이스라엘 민족의 역사적, 신앙적 기원을 다룬다는 측면을 고려할 때 국가를 전제하지 않는 한 이해하기 힘든 성서단락이다. 국가란 왕을 중심으로 하는 통치시스템을 말한다. 오경이 국가의 제도 안에서 기록된 성서라면 그 책들이 왕실의 필요를 충족시키기 위한 정치적 성격을 지녔음은 두말할 필요가 없다.

이어지는 역사서와 예언서도 이런 성격에서 크게 벗어나지 않는다. 이스라엘 백성이 땅을 차지하게 된 경위여호수아와 지파 사회의 불안정한 지도체제,사사기 왕조사회의 등장과 몰락사무엘서와 열왕기서을 다루는 전기예언서혹은, 역사서와 왕조사의 이모저모를 근거로 심판과 회복에 대한 하나님의 말씀을 기록한 열다섯 권의 후기 예언서는 알고 보면 다윗 왕조의 재건과 통치의 정당성을 역설하는 일에 초점을 맞춘다. 따라서 이 글들은 하나님 신앙을 내세우면서 고대 이스라엘 민족의 특정한 정치적 목적을 성취하기 위한 국가문서state literature라고 묘사해도 크게 잘못된 일이 아니다.

오경과 예언서와 함께 성문서가 완성된 시기는 제2성전시대Second Temple Period, B.C.538년부터 A.D.70년까지이다. 이 기간은 고대 팔레스타인 지역을 페르시아와 헬라 그리고 로마가 번갈아 가며 식민통치하던 시절이다. 그 긴 시기의 지도력은 대부분 소수의 제사장 계층이 장악하였다. 그래서 성서학자들은 이 시대에 완성된 구약성서를 제2성전문서the Second Temple Documents라고 부르며, 그리고 제사장 집단처럼 전체 주민의 소수에 불과한 사람들이 쓴 글이란 뜻에서 소수자의 보도Minority Report라고도 부른다.

이렇게 구약성서의 성격을 정치적이라고 설명하고 이것을 국가문서니, 제2성전문서니, 소수자의 보고라고 말할 때 이를 곡해하는 이가 많다. 그들은 이제껏 성서가 하나님의 거룩한 계시라는 신학적(!) 진술에 따라 교육을 받아왔기 때문이다. 그러나 구약성서의 성격이 정치적이라는 말은 하나님 신앙을 배제한 표현이 아니다. 하나님 신앙을 글로 옮기는데 직접적 영향을 행사한 구체적 삶의 영역이 주로 정치적이었다는 뜻이다. 사실, 신앙과 정치는 별개의 영역이 아니다. 달리 말해 둘은 동전의 양면과 같다. 나아가, 신앙은 정치, 경제, 문화, 사회, 교육, 언어 모든 삶의 측면을 포괄한다. 다만 그동안 교회 교육이 신앙을 초자연적, 영적, 그리고 개인적 영역으로만 제한하고 축소시켜왔을 뿐이다. 하지만, 신앙은 삶 전체의 모든 영역에 취해야 할 의미 있는 결단과 직결된다. 신앙은 정치와 별개의 것이 아니며, 오히려 깊은 관계가 있다는 점을 일깨워주는 구약성서의 이런 특성은 우리에게 많은 것을 시사한다.

약자를 편드시는 하나님

구약성서가 국가문서로서 정치권에서 글로 형성되었으며, 제2성전시대의 필요무너진 나라의 민족정체성 형성을 위한 신앙적 구심점, 즉 야훼 신앙 확립를 충족시켜주는 문서였다는 주장을 전제로 이제는 그 문서에 묘사된 하나님의 속성이나 활동을 통해 나타난 하나님 행위의 주요 특성을 살펴보자. 이 일은 성서를 읽고 삶을 결단해야 할 신앙인에게는 가장 원천적인 작업에 속한다.

하나님은 구약성서를 통해 무수한 구원행동과 계시를 전해주셨다. 여기에는 다양한 하나님의 모습이 기록되어 있다. 창조의 하나님, 언약을 지키시는 하나님, 구원과 사랑의 하나님, 보복의 하나님, 영광을 나타내시는 하나님 등등. 하지만, 하나님의 행동 중에 절대로 부인할 수 없는 것 한 가지는 하나님이 언제나 약자의 편을 드신다는 사실이다. 하나님은 땅 없고 자식 없이 유리하는 족장들과 언약을 맺고 끝까지 지키셨다. 하나님은 이집트 제국에게 까닭 없는 압제와 강제노동에 시달리는 수많은 백성을 해방하시고 자유로운 삶을 위한 구원사건을 행하셨다. 하나님은 무정한 군주와 배부른 권력층의 정치경제적 착취에서 가난하고 헐벗으며 채무에 시달리는 대다수 농민을 구원하려고 제도와 기구로서 운영되었던 이스라엘 왕조를 몰락시키기도 하셨고, 나라가 망해서 포로로 잡힌 약소국 유다의 후손들을 긍휼히 여겨 바벨론을 무너뜨리고 페르시아를 통해 본토로 귀환시키는 역사를 일으키기도 하셨다.

오경에 수록된 십계명출20장과 신5장과 언약법전출20:22~23:33, 성결법전레17~26장, 그리고 신명기법전신12~26장을 살펴보아도 하나님의 약자 편들기는 더욱 두드러지게 나타난다. 고아, 과부, 객, 조상에게 물려받은 땅 없이 사는 레위인을 배려하는 삶을 어느 법전에서든 공통되게 찾아볼 수 있고, 채무에 시달린 노예와 종들을 7년마다 자유를 주고 채무를 면제하는 법 또한 마찬가지다.언약법전, 성결법전, 신명기법전 더불어 정치경제적으로 힘없고 가난한 백성을 부유한 권력자가 합법을 가장해서 수탈하고 압제하는 어떤 행위도 하나님은 강력히 경고하고 계신다. 그 분은 정의로운 하나님이시고 약자에게 긍휼을 베푸시는 사랑의 하나님이시다.

우리가 믿는 하나님이 이런 성품을 지니셨음에도, 하나님을 믿는다는 수많은 교회와 신앙인은 서두에서 언급한 우리 사회의 현실에서 볼 수 있듯이 정의로운 일, 긍휼을 나누어주는 일, 함께 아파하고 함께 기뻐하는 일을 회피하고 외면하며 무관심한 실정이다. 과연 우리가 이와 같이 약자를 편드시는 하나님을 전하는 교회요, 그런 하나님을 신앙하는 사람이라고 자처할 수 있겠는가? 그렇다고 정치적인 데모에 참가하자는 말이 아니다. 약자에 대한 긍휼을 표현하는 방법은 여러 가지가 있다.

할 수만 있다면 긍휼히 여김을 행동으로 실천해야겠지만, 그렇지 못한다면 적어도 약자에 대해 최소한의 관심과 돌봄은 베풀어야 한다는 뜻이다. 그런 곳들이 우리 교회가 하나님을 대신해서 머물러야 하고 서 있어야 할 자리라는 의식이 요구된다.

실추된 성서의 권위

그러나 모든 일의 가장 궁극적 원인은 바로 우리 자신에게 있다. 다름 아닌 바로 우리 자신이 거룩한 성서의 권위에 대항하는 존재로 살아간다는 뜻이다. 물론 누구도 이런 획일적 평가를 선뜻 인정하지 않을 것이다. 그러나 앞서 말했듯이 2011년에 겪은 교회의 현실은 우리 교회와 신앙인들이 바로 성서의 권위를 실추시키고 하나님의 명예를 더럽힌 장본인이었음을 명백히 보여준다. 신앙은 개인의 내면세계에서 벌어지지만, 그것은 반드시 밖으로 드러나 보이기 마련이다. 겉으로는 경건한 모습이지만, 내면으로는 자신의 삶에 방해가 되는 이웃을 반드시 짓밟아 버리겠다는 사악한 생각을 버리지 않고 사는 신앙인과 성서의 하나님이 정의와 공평의 하나님이라고 고백하면서도 남몰래 자신의 정치적, 경제적 이익을 증진시키는 어두운 술수를 멈출 줄 모르는 신앙인이 있다.

하긴 육 년 동안 자기에게 큰 채무를 진 사람의 빚을 칠 년째에 완전히 탕감해줄 청렴하고 경건한 부자가 어디 있겠는가? 사십 구년 동안 내 땅처럼 갈아왔고 식구들의 생명이었던 땅을 희년인 오십 년째가 되었다고 원주인에게 아무런 대가 없이 선뜻 돌려주는 일이 어디 그리 쉬운 일이겠는가?

그래서 이런 행동을 가르치는 성서 구절들은 언제나 신앙인에게 실질적으로 중대한 도전으로 다가온다. 속박을 풀어줄 것인가? 빚을 탕감해

줄 것인가? 나의 손해를 감수하고 하나님의 말씀을 지킬 것인가? 말씀을 준수하는 지 여부를 제재할 교회 안팎의 공권력은 없다. 그러므로 당분간 종들을 붙들고 단기간이라도 이익을 챙기면서 또 다른 대책이라도 모색할 것인가? 온갖 궁리 끝에 신앙인들은 대체로 어떤 선택을 하는가? 포기할 수 없는 것이 바로 자신의 탐욕이다. 그것을 잠시 용납하면 큰 이익을 챙길 수 있는데 뭣 하러 아무도 알아주지 않는 공의와 정의를 행하느라 자기 살을 깎아 먹는 손해를 감수하겠는가? 이런 계산속에 성서의 하나님은 소리 없이 매장된다. 그래서 우리 자신의 욕망만이 살아있는 신으로 군림한다. 결국 성서는 종이호랑이로, 하나님 신앙은 한낱 장식물로 전락할 뿐이다. 우리의 모습을 보면 성서는 그저 살아가는 방편과 도구일 뿐, 살아계신 하나님 앞에 직면하게 되는 숙명적 과제도 책임도 의무도 대체로 외면한다. 그러므로 우리 사회에 불의가 판을 쳐도 그것을 잘못이라 외치고 저지하는 정의로운 신앙인은 찾아보기 어려운 것이 아닌가.

나가는 말

하나님이 얼마나 오랫동안 이렇게 소수의 약자를 무시하고 짓밟는 우리 사회와 뜨뜻미지근한 교회를 용납하실지 아무도 모른다. 시간이 흘러 지금의 역사를 회고할 때면 미주알고주알 해석을 하면서 지나온 나날들을 합리화할 뿐이다. 그동안 숱한 목숨이 다치고 사라졌음에도 불구하고 말이다. 그러나 우리 신앙인은 내일을 희망할 뿐, 내일이 있다고 오늘을 회피하고 외면해서는 안 되는 사람들이다. 구약성서가 정치적 성격을 지녔다는 가르침이 우리 신앙인들을 새로운 각성으로 이끌어주기를 기대해본다. 정치인이 되라는 뜻이 아니다. 기성 정치를 해체할 과

격한 집단행동을 하자는 선동도 아니다. 우리가 믿는 하나님이 약자를 위해 일하시는 분임을 믿는다면, 우리 역시 약자를 위해 살려면 삶의 영역을 정치니 경제니 교회니 구별하지 말아야 한다는 뜻이다. 아울러 우리 자신이 하나님의 말씀을 짓밟는 당사자가 되지 않도록 우리는 우리 자신과 끊임없이 싸워야 한다. 그동안 우리 교회가 힘을 길러왔다면 이제는 그 힘을 포기하는 힘이(!) 필요한 때이다. 그것이 신약성서의 예수께서 십자가 죽음을 통해 일깨워주신 의미이다. 나를 포기할 때 남을 세울 수 있고, 남을 세울 때 하나님께서 영광을 받으신다. 그렇게 사는 것이 천국으로 가는 길을 안내하는 교회와 신앙인의 진정한 모습이다.

「침신대학보」 247호(2012년 5월).

13 | 교회와 신학의 화해를 촉구한다

교회와 신학의 불편한 관계

교회와 신학의 관계가 어떠해야 함을 재론하는 것은 불필요한 일이다. 그럼에도, 이 문제를 재삼 언급해야 하는 이유는 오늘날 한국교회의 현장 경험 때문이다. "신학은 교회를 위해 존재한다." "위해"라는 목적을 좀 더 부연하자면 "섬기려고"이다. 다시 말하자면 "신학은 교회를 섬기려고 존재한다." 지난 교회사 이천 년이 그것을 입증한다. 예수 부활 이후 초대 교회는 주요한 신학적 명제들을 결정해왔다. 이방인에게 할례를 베풀고 선교하기로 결정한 사도행전 15장이 이에 대표적인 사례이다. 이와 같은 교회의 역사가 오늘의 주제에 던져주는 함의는 심오하다.

여기서 교회란 신앙공동체를 말하지만, 사실은 교회 지도자, 혹은 교권을 말한다. 그게 초대교회시절에는 제자들이었고, 이후 제도화된 교회에서는 주교 혹은 감독들의 모임인 공의회였으며, 중세교회 시대에는 교황인 때도 있었다. 오늘날 한국에서는 교회를 말할 때 그것이 교단 지도자 모임 혹은 영향력을 행사하는 대형 교회의 담임목회자를 지칭할 수 있다. 이런 모임을 빙자해서 말하는 때도 왕왕 있다. 여하간 교회를 말할 때 신앙공동체 구성원 각자의 소망과 그 총화를 뜻하지 않는다(!)는 사실은 주지할 필요가 있다. 공중 앞에서 "교회 나 신앙공동체"를 언급할 때 실제로 그 말 속의 주체는 곧 교계의 비중 있는 목회자들인 때가 다반사이다. 한편, 신학을 말할 때 그것은 크게 신학교육을 약칭하는 말이며, 혹은 몇몇 신학자의 개인적 소견을 지칭하기도 한다. 물론 한국의 신학은 근본주의 신학, 신정통주의 신학, 그리고 민중 신학을 빼놓는다면 특정한 신학적 물줄기를 지적하기가 거의 어렵다. 신학대학의 교수들은 주로 장래의 목회자를 양성해내는 중대한 책임과 과제를 수행하기 때문에 교회에서 이들의 생각과 사상을 언급하는 것은 불가피하다.

한국교회가 교회와 신학의 관계를 언급하는 때는 대개 두 가지 이유 때문이다. 하나는 신학이 교회의 목회 현실에 실질적인 도움(!)이 되지 않는다는 판단에서 나온 때이고, 다른 하나는 신학이 교회의 현실을 무시한 채 그것을 비평하거나 교정하려고 시도할 때이다. 우선, 도움이 되지 않는 신학이란 목회 현실에 적용되는 실용성이 뒤떨어진다는 이유에서 나온 말이다. 다시 말해서 목회자들은 신학교육이 목회에 절실하게 필요한 기도하는 일이나 설교하는 일, 심방, 성서 교육, 기타 갖가지 목회 현실에 적응력 뛰어나고 유능하게 준비된 예비목회자를 키워내지 못한 채 그저 현실과 동떨어진 이론 학습에 그친다고 여긴다. 그래서 소명받은 남녀 예비 목회자들을 신학교에 보내고 지원하면서도 공부보다는 기도를 많이 하라고 주문하거나 당장 급한 목회의 허드렛일을 시키느라 공부할 틈조차 주지 않는다. 심지어 교회를 비평하거나 교정하려는 신학에 대해서는 목회자들 대부분이 알레르기 반응을 보이기까지 한다. 그리고는 무엇이 그리 두려운지 그런 신학자들을 함구시키려고 각종 모의와 봉쇄 조치를 마다하지 않는다. 이럴 때면 1세기에 예수를 핍박했던 유대교 지도자들의 모습이 연상되곤 한다.

현실이 이러할진대 교회와 신학의 아름다운 관계 형성을 위해 어디서, 무엇이, 어떻게 잘못되었는지를 되짚어 볼 필요가 있다. 지난 2004년 10월호 「기독교사상」은 아주 중요한 작업을 했다. 한국의 유명한 설교가 16인을 선정하여 이들의 설교를 신학자들에게 철저히 분석케 한 것이다. 이것은 교회와 신학을 연결시켜주고 양자의 관계 화해를 적극적으로 모색하는데 대단히 효과적인 기획이었다. 이 결과물을 총체적으로 평가한 유경재 목사는 한국 강단의 문제가 "신학의 부재, 잘못된 교회론, 역사의식의 결여"로 명쾌하게 요약했다. 한 사람의 신학자로서 깊이 공감하면서도 뼈아픈 지적이었다. 특별히 문제의 첫 항목이 바로 "신학의 부재"이기에 더더욱 그렇다. 한국 강단의 오늘은 결국 신학의 부재 혹은 신학교육의 부실에서 나왔다는 뜻으로 받아들여진다. 신학자가 없었던 것도 아니었으며, 신학교육이 허술하게 이루어지지 않았을 텐데 도대체 무엇이 문제였던가.

신학의 부재

한국의 신학을 돌이켜보면 그다지 생산적이거나 창의적이지 못했다. 한국에는 해외의 갖가지 신학사조들이 거의 빠짐없이 소개되었다. 그러나 이런 신학들 거의가 잎사귀가 자라고 꽃이 피기도 전에 고사하거나 사라지기 일쑤였다. 과정신학도 소개되었지만, 그 유익성에 대해서는 심도 있는 연구가 제대로 이루어지지 않았다. 해방신학과 같은 맥락으로 한국에서 독자적으로 형성된 민중 신학이 약 20여년 꽃피운 것을 제외하고는 어느 신학도 교회에 뿌리내리지 못했다. 이것은 주로 한국교회에 만연하여 깊이 뿌리내린 근본주의 신학의 반발 때문이었다. 그리고 그 신학의 반발 요체는 언제나 성서 이해와 교리의 충돌이었다. 근본주의는 성서를 문자적으로 이해하는 사조이지만, 새로운 신학들이란 대개 성서나 교리에 대한 신선한 이해를 바탕으로 조성되는 때가 많다. 바로 여기에 근본주의 신학으로 길들여진 교회가 새로운 성서 이해나 깊은 성찰을 통한 신학적 이해에 반발하는 이유가 있다. 교회가 고민하지 않은 문제, 교회가 필요로 하지 않은 주장, 교회가 익숙하지 않은 새롭고 신선한 해석은 대체로 언제나 문전박대 당했고 배척받았다.

문제의 책임이 오로지 교회에만 있는 것은 아니다. 오히려 신학자들이 신학을 충분히 소화하지 못해서 발생하는 측면도 없지 않다. 즉, 정체 상태에 있는 교회를 약동시킬만한 신학에 대한 깊이 있는 성찰이 부족한 때도 있다는 말이다. 앞서 유경재 목사가 지적한 대로 강단의 "역사의식 결여"를 해소시켜 줄 수 있는 성서 해석방식은 역사비평이라고 여겨진다. 그런데 이 역사비평에 대한 신학자들의 이해가 충분하지 않다는 말이다. 역사비평하면 즉각 구약성서의 오경 해석 방식 가운데 벨하우젠의 문서가설Document Hypothesis을 떠올린다. 이 가설은 오경의 구성이 적어도 순차적인 역사적 순서로 작성된 J, E, D, P 네 가지 종류의 문서가 결합되어 이루어졌다는 내용을 담고 있다. 이 문서가설은 한국 성서신학계에서 성서의 영감설과 권위를 부정한다는 빨간 딱지가 붙은 채 아주 호된(!) 대접을 받았다. 장로교단은 이 가설로 대표되는 비평적 성서해석방식을 놓고 교단이 분열하는 아픔도 겪었다. 그런 경험 때문인지 모르겠지만, 웬만한 신학교에서 이 가설을 가르쳤다간 강단에서 쫓겨나기 십상이다. 그래서 유학시절에는 이 해석방식을 배운 성서학자라도 귀국해서 학교에서 가르칠 때는 이런 사실을 숨기거나 미온적으로 가르치는 때가 적지 않다. 혹은 그런 철퇴를 피하려고 아예 문학 비평적 성서해석방식을 익혀서 귀국하는 경우도 있다. 어쩌면 이런 분위기 때문에 한국의 성서학자나 목회자는 역사비평의 유용성을 깊이 있게 탐구하거나 배울 겨를이 없었는지도 모른다. 이것의 유용성을 제대로 알지도 못하면서 학계의 일반적 분위기에 편승하여 이를 금기시하는 모습도 보았다. 다시 말해서 이런 가설과 역사 비평적 해석방식들이 성서해석에 끼치는 풍부한 함의를 깨우치지 못하는 분위기가 한국 교회의 고질병이 된지 꽤 오래다. 신학이 신학 스스로 체계를 세우지도 못한 채 오로지 교권주의자들에게 호의적으로 비춰지는데 신경을 썼으니 제대로 된 신학을 수립할 리 만무하지 않겠는가. 그러니 신학이 없는 목회자와 불건전한 성서 해석에 따른 잘못된 교회론과 이를 강화하는 설교가 나올 수밖에 없다. 그러나 과연 역사비평이 성서의 권위를 해치고 성서의 영감을 부인하는가? 건강하고 올바른 성서관 정립을 위해서라면 이 문제부터 해결해야 한다.

교회와 성서해석의 대립

교회와 신학교에서 성서의 영감성과 권위를 일방적으로 가르치거나 주입시키기 전에 어떻게 성서가 기록되고 형성되었는지를 세심히 학습한 적이 있는가? 성서가 영감 받은 하나님의 말씀이며 신앙생활을 영위하는데 결정적 권위를 지닌다는 가르침은 성서 내부의 증언에 기초한 교리이며대표적으로, 딤후3:16, 신앙공동체의 경험적 고백이기도 하다. 하지만, 이 구절을 깊이 있는 성서 해석을 제한하기 위한 용도로 사용하는 것은 문제가 있다. 이에 대해 교회역사가 유용한 교훈을 제공한다. 우선 저 유명한 디모데 후서의 말씀을 읽은 기독교회가 성서의 영감론the doctrine of dictation을 중요한 교리로 확정짓고 발표한 때는 예수 생애 이후 1500년의 세월이 지나서였다는 사실을 알 필요가 있다. 그 동안 성서영감론에 대해 아무런 문제가 제기되지 않았던 까닭은 이러한 교리에 의

문이나 이의가 없을 정도로 교회가 당시의 세계관 전부를 지배하였고, 그래서 성서의 권위가 절대적으로 신성시되었기 때문이다. 어쨌든 교회가 이 가르침을 권위 있는 교리로 확정한 때는 역사적으로 주후 1580년이었다. 우리는 그 배경에 유념할 필요가 있다. 당시 루터의 종교개혁을 지지하던 일단의 개신교 스콜라 학자들은 로마 가톨릭 교회의 권위에 대항하였고, 이를 옹호할 목적으로 교회보다 성서의 권위가 더 우위에 있다는 성서영감론을 확정했다. 가톨릭은 뒤늦게나마 1870년에 교황무오설을 반포하여 개신교의 성서영감론에 맞섰다.

이 교리의 반포는 이후 개신교와 가톨릭의 성서 연구에 각각 긍정적이면서도 동시에 부정적인 영향력을 발휘하였다. 성서의 권위가 우선시되고 말씀의 의미가 소중한 개신교회는 열심히 성서를 탐구하여 성서 연구의 결과가 풍성한 반면, 교황의 권위가 소중한 가톨릭은 이에 상대적으로 소홀하여 결과가 빈약하였던 것이 1970년대 이전 성서학계의 분위기였다. 그러나 이후로는 그런 분위기가 사뭇 달라졌다. 이와 달리 오늘날의 한국 개신교는 오히려 이 교리에 입각하여 교회가 그 무소불휘의 권위로 신학자들의 자유로운 성서 해석을 제한하는 경향이 있어서 과거 교회사적 교훈과는 정반대의 상황이 조성되는 셈이다. 심지어 영향력 있는 목회자들은 자신의 교회 크기가 곧 자신의 설교에 나타난 성서해석의 권위와 대등한 것으로 착각하는 오류를 범하는 모습도 엿볼 수 있다. 목회자가 성서를 해석할 때 오류를 저지를 가능성이 있는 까닭은 목회자의 경험세계가 성서의 의미를 규정하거나 이끌어 내는 절대적 척도로 작용하기 때문이다. 그런 태도는 목회자가 곧 하나님의 위치에서서 말하는 것과 크게 다르지 않다. 경험이 신학을 구축하는데 일정 부분 기여하는 것은 사실이지만, 절대적이지는 않다. 성서에서 들려지는 음성은 무엇이 되었든 그 앞에서 목회자와 신학자 모두 겸허하게 낮은 자세로 경청해야 한다. 바로 그곳에 생명이 있기 때문이다.

성서 해석을 제한하지 말라

성서의 영감성이나 권위에 대해서는 교회가 그 권위로 신성한 보호막을 치는 것보다 성서가 그 권위를 입증하도록 자유롭게 풀어놓을 필요가 있다. 교회는 하나님의 말씀인 성서가 어떤 독자에게라도 결국에는 그 신성한 권위를 스스로 입증할 것이라고 믿는다면 반드시 해석의 자유를 보장해야 한다. 그렇지 않다면 교회가 고백하는 성서영감론은 가식으로 전락할 수밖에 없다. 더불어 교회는 각종 교리적 가르침이 어떤 때는 도리어 성서의 의미를 일정한 틀 속에 가두는 방해꾼이 될 수도 있다는 사실도 알아야 한다.

이와는 달리, 성서를 읽는 사람은 성서 앞에서 누구든 평등하다. 오늘날 교회는 신자들에게 수도 없이 성서를 읽으라고 요구한다. 그런데 중요한 것은 이것이다. 읽는다는 말은 해석한다는 말이요 이해한다는 말이며 의미를 파악한다는 말이다. 훈련받지 못한 평신도들도 해석한다. 다만 훈련받은 목회자와 성서학자들에 비해 성서의 의미 파악이 미흡할 뿐이다. 그런 의미에서 성서를 해석하는 일에는 전문가와 비전문가가 존재할 따름이다. 또 성서를 건전하게 읽어내는 사람과 그렇지 못한 사람이 있을 따름이다. 다시 말해서 좋은 해석과 나쁜 해석, 풍부한 해석과 빈약한 해석이 있을 뿐이라는 말이다. 그리고 그런 해석들을 가려내는 일은 오로지 역사의 몫이다. 오직 역사만이 무엇이 참된 해석이고 바른 성서적 의미인지를 가려준다. 따라서 교회는 성서신학자들의 성서해석에 교리적 제한을 가하기보다 그 결과를 경청할 귀를 가져야 한다.

사실 알고 보면 성서 자체는 해석의 결과로 형성된 것이다. 어느 학자는 심지어 "성서는 곧 해석이다"는 간명한 진술을 주장하기도 한다. 성서는 신앙인들이 살아온 여정 속에 드러나거나 깨달은 하나님의 섭리를 기록한 것이 대부분이다. 성서는 처음부터 성서라는 신성한 권위의 틀에서 기록된 것이 아니다. 이를테면 마태가 복음서를 기록할 때 그것이 신약성경의 첫 번째 책이 될 것을 염두에 두지 않았으며, 그것이 하나님의 말씀이라는 형식 속에서 읽혀질 것을 알고 기록하지도 않았다는 말이다. 마태는 그저 자신과 같은 처지에 놓인 유대인 신앙공동체에게 예수의 삶과 죽음 그리고 부활의 의미를 구약성서의 맥락에서 이해시킬 필요를 느꼈고, 그래서 구전과 문서자료를 수집하여 현재의 복음서를 기록한 것이다. 사도 바울이 로마서를 기록할 때도 마찬가지고, 신약성서의 다른 서신서도 마찬가지이다. 그 편지들은 서로 다른 신앙공동체의 문제와 필요에 따라 교훈과 감화를 통하여 신앙을 지도할 필요가 생겨서 쓴 글에 불과했다. 다만 그것들을 교회가 소중히 여겨 오랫동안 읽어오는 중에 신앙의 척도로 삼고 규범성을 지닌 것으로 고백하게 된 것이다. 물론 글을 쓴 이들의 권위는 일정부분 인정했지만, 글을 쓴 처음부터 오늘날 우리가 성서에 대해 갖는 것처럼 그렇게 하나님의 말씀으로서의 신성성을 확보한 것은 아니었다. 여하간 중요한 사실은 마태복음이든 로마서든 모두 예수 신앙에 대한 해석에서 비롯되었다는 점이다. 복음서 네 권이 크고 작은 부분에서 정확히 일치하지도 않으며, 일관된 예수 이야기를 구성할 수 없다는 것은 이미 학계의 자명한 지식이 되었다. 왜 그런가? 그것은 복음서의 기록이 모두 해석되고 적용된 내용이기 때문이다. 출애굽기의 십계명과 신명기의 십계명이 정확하게 일치하지 않는 까닭 역시 마찬가지이다. 성서의 기록들은 서로 다른 시기와 상황에서 해석되고 적용된 말씀이기 때문이다.

이런 맥락에서 역사비평의 잠재적 공헌은 막대하다. 어느 시기 어떤 정황에서 왜 그렇게 해석되고 적용되었는지를 알게 해주는 효과적 방편이기 때문이다. 그런 내용의 발견은 오늘의 정황에 대입하여 시기적절한 하나님의 가르침을 도출하게 해준다. 이런 해석 방식이 아니라면 어떻게 서로 상이한 성서적 진술들을 방치한 채로 정당한 의미를 이끌어낼 수 있겠는가? 물론 역사비평은 만능이 아니다. 그것은 어디까지나 관점이요 가설에 입각하기 때문이다. 이를 활용하는 학자들의 견해가 다르다고 그것을 전부 배척해서도 안 된다. 어떤 방식의 해석도 전문가들의 만장일치를 얻기 어렵기 때문이다. 역사비평을 보완하는 해석적 관점으로 문학적 비평방식과 사회적 비평방식이 있다. 성서는 어차피 글이기 때문에 문학적 비평방식이 불가피하다. 동시에 성서는 사회적 산물이다. 해당 사회의 구체적 정황을 고려하지 않는다면 성서는 적절한 의미의 옷을 입기 어렵다. 이 두 가지 관점을 보완한다면 성서 해석에서 역사비평은 이제까지와는 달리 더 효과적인 방식으로 성서의 의미 창출에 긍정적으로 기여할 것이다. 그리고 그것이 한국 교회로 하여금 역사의식을 고취시키고, 건전한 신학을 갖고, 바람직한 교회론을 정립하는데 효과적으로 기여할 것이다. 반대로 이 방식을 배격하고 부정적으로 매도하는 태도는 교회에도 신학에도 전혀 도움이 되지 않는다. 어떤 방식으로든 기존의 성서해석방식에 따라 성서를 읽어내는 일을 제한하는 것은 어느 모로 보나 교회의 건강한 발전을 위하여 바람직하지 않다. 그런 태도는 오히려 하나님에 대한 신뢰가 부족한 탓일 수도 있고, 또 하나님의 거룩한 임재와 활동을 인위적으로 제한하는 일일지도 모른다.

성서 자구의 방대한 의미

이 시점에서 교회가 성서에서 의미를 얻어내는 방식에 대해 잠시 숙고할 필요가 있다. 대체로 교회는 성서에서 자구의 중요성을 발견하고 강조하는데 그친다. 그러나 성서 자구의 의미는 그렇게 간단하거나 단편적이지도 않으며 자명하지도 않다. 의미를 얻어내는 작업은 망망한 대해의 파도를 헤치고 항해하는 항해사의 일생과 다를 바 없다. 중단 없이 부딪혀오는 파도와 씨름하며 도착한 항구도 최종 종착지가 아니라 겨우 하나의 의미 영역에 불과하다. 항해자는 또 다른 항구를 찾아 새로운 항해를 떠나야 할 뿐이다. 성서의 의미는 마치 커다란 칠판에 찍어놓은 점 하나와 같다. 그 점을 현미경으로 들여다보면 다시 무수한 점들이 연결된 집합체인 것을 알 수 있듯이 성서의 의미도 그렇다. 성서의 자구 하나하나는 어떤 방향으로 어떤 힘을 가하는가에 따라 의미의 방향을 결정짓는다. 성서신학자들은 이런 실험을 무한히 시도하는 사람들이라고 할 수 있다.

예를 들어보자. 신명기 15장에는 매 칠년 끝에 모든 채무를 면제해주고 남녀 히브리 종들을 방면하라는 법령이 기록되어 있다. 이런 구절을 읽고 무슨 의미를 발견하겠는가? 대체로 성서적 신앙의 인도주의적 정신을 재발견하는데 만족하고 말 것이다. 혹은 모세의 율법은 폐기되었고 새로운 언약인 예수의 법을 따라야 한다고 주장하면서 구약성서의 구절을 제쳐 두려할지 모르겠다. 역사비평 학자들은 이 단락을 주전 7세기말 100년 넘도록 지속된 앗수르의 정치적 멍에를 벗어던지려고 유다의 젊은 왕 요시야가 일으킨 개혁의 빛에서 읽으라고 가르친다. 사회학적 비평에 의하면 이런 종류의 법령이 실제 사회에 반포되고 실행을 권고 받는다면 실질적으로 손해를 보는 사람들은 지방 호족이나 왕권에 반대되는 태도를 지닌 엘리트 지배층일 것이며, 환호할 사람들은 채무를 지거나 종살이를 하는 민초라는 관찰을 내놓는다. 이 정도의 지식이라도 이 성구의 의미 파악에 상당한 진전을 제공하는 것이 사실이다. 그러나 이 성서의 의미와 그것의 적용은 여기에 그치지 않는다. 오늘날 이런 구절을 적용해서 실행에 옮길 당사자가 누군지 묻는다면 대답은 자명하다. 부자와 기득권자이다. 그러나 과연 모세의 입을 통해 전해진 이 하나님의 말씀을 그들이 순종하겠는가? 산더미처럼 쌓인 채무를 받아내는 일과 인력이 제공하는 안락한 서비스를 한 순간에 포기하겠는가? 이를 포기할 수 없는 그리스도인이라면 이제 그들에게는 어떤 신앙적 도움이 필요하겠는가? 이 신명기의 법령이 우리에게 던지는 의미의 네트워크는 이렇게 직설적이고 포괄적이다. 자구의 표피적 의미로 그치지 않는다는 의미다. 성서의 자구들은 헤아릴 수 없는 크기의 의미 영역을 구축하고 있으며, 우리 모두가 결코 무시할 수 없는 강력한 도전으로 다가온다. 성서의 말씀 앞에서 우리 모두는 자기 자신을 포기하는 용기가 필요하다. 예전에 예수께 찾아와 영생을 얻는 비법을 들으러 왔다가 소유를 다 팔고 좇으라는 말씀에 뒤도 돌아보지 않고 사라진 부자 청년의 꼴이 나지 않기 위해서이다.

이와 같은 역사비평적 성서 해석은 신앙공동체의 구성원을 예수 그리스도의 십자가 앞으로 인도한다. 여기 어느 곳에 성서의 영감을 파괴하며 그 권위를 무시하는 일이 있는가? 성서를 해석한다면 그것은 이미 성서의 영감과 권위를 믿고 인정하는 일이 전제된 행위이다.

신학의 방향은 세상 속 교회

종종 신학이 지나치게 현학적이라거나 교실이라는 폐쇄공간에서 이루어진 작업이라서 목회의 현주소를 모르기 때문에 현장감이 없다는 비판의 쓴 소리를 듣는다. 바른 말이고 이에 공감한다. 신학은 세상 가운데서 빛을 발해야 하는 그리스도의 몸 된 교회를 섬기도록 수행해야 한다. 따라서 신학은 결코 현장을 무시하거나 현장 없는 신학을 할 수 없다. 신학을 위한 신학이란 애초부터 존재하지 않는다. 그럼에도, 그런 비평을 듣는 까닭은 신학이 무엇인지 깊이 생각지 못하고 덤벼드는 일부 신학자들의 소행 때문이다. 오늘의 성서해석과 이해는 궁극적으로 교회의 현장을 지향해야 한다. 그렇지 않은 신학과 성서 이해는 쓰레기에 불과하다. 신학은 오늘의 교회를 어떤 방향으로 선도하려는 것인지 구체적 목표가 있어야 하고, 그것은 또한 지성적으로 올바른 것이어야 한다. 다시 말한다. 신학이 교회를 위해 존재한다는 말은 결코 신학자들이 역량 있는 교회 목회자들의 시녀가 되거나 그들의 구미에 맞는 지식을 공급해야 한다는 말이 아니다. 교회를 섬기는 신학은 예수 그리스도께서 이 세상에 오신 목적에 부합한 것이어야 한다. 그것은 하나님의 생명과 사랑이 가득하고 의로운 그 분의 다스림을 이 땅 위에 구현하기 위한 모든 탐구 작업이다.

한국 교회의 현장에서 병세를 발견했다면, 그에 대한 일차적 책임은 신학계에 있다. 신학계가 그것을 방관하거나 부추겼기 때문이다. 또 이차적 책임은 목회자들에게 있다. 고통스런 신학적 성찰도 없이 그저 좋은 게 좋은 것이라는 방식의 편의주의와 물량주의적 사고가 그와 같은 병세를 촉발시킨 것이다. 신학은 교회를 섬기고 교회는 신학의 지도를 받아야 한다. 양자의 관계는 우호적이면서도 전투적이다. 교회는 신학과 싸우고 신학은 교회와 싸운다. 하지만, 어느 한 쪽도 더 강해서 다른 쪽을 짓눌러서는 안 된다. 그 싸움은 성장을 위한 몸부림이어야 하고 생명의 손실을 겨냥하는 대신 새로운 생명의 출산을 위한 노고이어야 한다. 앞으로 교회와 신학은 서로 가까워져야 하고 또 거리낌 없는 대화를 위한 파트너가 되어야 한다.

「기독교사상」 2007년 8월호.

14 | 구약성서에서 복음을 설교하기

구약성서에서 복음을 설교할 수 있을까? 할 수 있다면 그것은 어떻게 하는가? 이 질문은 구약성서를 어떻게 이해하느냐와 직결된다. 기독교 신앙은 구약성서 39권과 신약성서 27권을 거룩한 하나님의 말씀을 담은 하나의 경전으로 고백한다. 두 개의 성서가 하나의 경전을 구성한다는 바로 이 사실은 초대 교회 이후로 오늘날까지 구약을 어떻게 해석하고 어떻게 선포할 것인가 라는 두 가지 질문 사이의 불균형을 초래해왔다. 이런 현실은 한국 교회의 강단에 그대로 반영되어 나타난다. 한 통계에 따르면 한국 교회의 강단에서 구약을 실제로 설교의 본문으로 사용하는 비율이 전체 설교 중 26퍼센트이고,[1] 또 책의 분량으로 따지면 신구약 전체 66권 중 구약 말씀이 설교본문으로 활용되는 비율은 3퍼센트 정도에 지나지 않는다고 한다.[2] 왜 그렇게 되었을까? 초대 교회 사도들이 설교하며 그토록 열렬히 해석하였던 구약의 말씀이 왜 오늘 우리 교회의 강단에서 실종되었을까? 이 문제와 아울러 구약성서에 과

1) 장일선, 『구약성서와 설교』 (서울: 전망사, 1989), 41-55쪽.
2) 김중은, 『구약의 말씀과 현실』 (서울: 한국성서학 연구소, 1996), 336쪽.

연 복음이 있는가? 라는 질문에도 답해야 한다.

우리의 관심사는 복음 설교이다. "복음"이란 무엇인가? "복음"의 정의는 문자 그대로 "기쁜 소식"eu-ang-gelion[헬] = good news이다. 로마서 1장 2~4절에서 "복음은… 곧 예수 그리스도"라고 정의한다. 다시 말해서 이 "기쁜 소식"은 죄악으로 관영한 인류역사에서 구체적으로 완성된 예수 그리스도의 십자가 죽음과 부활 사건을 믿으면 구원을 얻는다는 소식이다. 구약의 말씀에서 복음을 설교할 때, 우리는 복음의 주체인 예수 그리스도의 소식에 초점을 맞추어야 한다. 이에 앞서 발생하는 가장 중요한 질문은 이 관점으로 설교할 때, 구약의 말씀들은 복음과 어떤 상관관계가 있으며, 어떤 기능을 하고 어떻게 활용되어야 하느냐는 것이다.

구약은 엄연히 하나님의 말씀이다. 구약에 대한 이해 없이 신약은 해석될 수 없다. 분량 면에서 볼 때도 구약은 929장인데 비해 신약은 263장이다. 위의 통계대로라면 대부분의 우리나라 설교자는 영적 편식을 하는 셈이고, 따라서 교인들 역시 편식 당하고 있다! 믿음이 강조되는 것이 당연하지만, 그렇다고 해서 구약을 소홀히 다루는 것은 영적으로 전혀 건강치 못한 현상이다. 예수님은 "내가 율법이나 선지자를 폐하러 온 줄로 생각하지 말라 폐하러 온 것이 아니요 완전하게 하려 함이라"마 5:17라고 말씀하셨고, 사도 바울 역시 "그런즉 우리가 믿음으로 말미암아 율법을 파기하느냐 그럴 수 없느니라 도리어 율법을 굳게 세우느니라"롬 3:31라고 힘주어 말하지 않는가? 설교자의 강단에 구약이 실종(?)되어 있다면 우리 교회는 성서의 삼분의 이를 잃어버린 셈이다.

구약의 말씀을 선포해야 한다. 그것도 복음과 상관있는 말씀으로 설교해야 한다. 그러나 여기에 질문이 있다. "구약성경의 말씀, 어떻게 복음으로 설교할 것인가?" 이것이 설교자들의 공통된 질문이며, 이 글의 주제이다. 이 질문은 구약의 말씀을 본문 삼아 설교하고 싶지만, 어떻게 해야 제대로(!) 설교할 수 있을지 부담스러워하는 설교자의 마음이 들어 있다.

구약의 올바른 해석에 걸림돌이 되는 것들

무관심, 편견, 오용

구약에 대한 편견은 각양각색이다.

(a) 우리는 흔히 구약의 말씀을 시대에 뒤떨어진 가르침이라고 생각한다. 짐승을 바쳐서 드리는 제사법이나 식사금지법, 일부다처를 여과 없이 보도하는 말씀이 특히 그렇다. 그러나 이런 편견은 잘못된 것이다. 구약이든 신약이든 현대와 동떨어진 것은 마찬가지이다. 두 성경 모두 우리와 2000년 이상 뒤떨어진 과거의 인습사회를 반영한다.

(b) 구약이 선민 이스라엘의 실패를 다룬 역사 이야기라고 생각하기도 한다. 예수님을 십자가에 못 박은 유대인에 대한 책이 구약이라고 생각한다. 그래서 구원에 이르는 길이나 영적 성숙을 도모하려는 그리스도인은 마땅히 구약보다 신약의 말씀을 들어야 한다고 생각한다. 이것 역시 올바르지 않다. 구약은 유대인만이 아니라 온 인류에 대한 하나님의 뜻을 기록하고 있고, 이스라엘의 실패만이 아니라 하나님의 백성으로 구원받고 성화되는 삶의 도리를 기록하고 있다. 사도 바울이 제자 디모데에게 전한 가르침은 이런 편견을 씻어내는데 도움이 된다. "또 어려서부터 성경을 알았나니 성경은 능히 너로 하여금 그리스도 예수 안에 있는 믿음으로 말미암아 구원에 이르는 지혜가 있게 하느니라."딤후 3:15 여기서 바울이 말하는 성경은 우리가 구약성서라고 부르는 39권의 성경을 가리킨다. 바울 당시에는 아직 신약이 교회의 정경으로 고정되

지 않았다. 신약의 정경화는 주후 4세기에 완성된다. 따라서 초대 교회는 구약의 말씀에서 "구원에 이르는 지혜"와 "교훈과 책망과 바르게 함과 의로 교육하기에 유익하니"딤후3:16 가르침을 발견했다.

(c) 구약성서를 신약성서의 이해를 돕는 배경자료로 활용하는 견해도 있다. 이들에게 구약은 "초등교사"갈3:24; 표준새번역, "개인교사"; 공동번역, "후견인"이다. "초등교사"란 학교에 등교하는 아이를 학교까지 인도하는 길잡이보통 노예들이 하는 일를 지칭한다. 이런 시각은 구약을 율법으로, 신약을 은혜의 말씀으로 간주한다. 그러므로 예수 그리스도가 오신 이상 구약은 폐기되어야 한다고 말한다. 그리스도는 믿는 자의 의를 이루기 위한 "율법의 마침"롬10:4; 표준새번역, "율법의 끝마침"이 되셨다는 것이다. 그러나 여기서 "마침/끝마침"이란 말은 "정지"가 아니라 "결론, 또는 완성"이란 의미로 보아야 한다.

(d) 마지막으로, 구약을 은유적으로 혹은 우화적allegorical으로 혹은 영적으로 풀어서 무모하게 신약의 메시지를 들으려는 시도가 있다. 예를 들어, 구약에 나오는 모든 나무 조각은 예수 그리스도의 십자가로 풀고, 붉은 색은 예수 그리스도의 피를 상징한다고 풀이한다. 또 구약의 모든 사건을 예수 그리스도를 예시하는 모형이나 유형type으로 간주한다. 이런 풀이는 안타깝게도 구약에 수록된 말씀을 그 문맥을 떠나 임의로, 그리고 마구잡이식으로 의미를 부여하는 폐단을 증폭시킨다.

구약은 옛 이스라엘의 삶과 역사의 현장에서 하나님이 주셨던 구체적 계시이다. 구약의 말씀을 무조건 신약적으로 해석해서는 곤란하다. 그러면 구약 자체가 가진 본래적 의미는 훼손당하기 쉽다.

난해한 구절

설교자들의 고충은 구약의 말씀이 낯설고 난해하다는데 있다. 그래서 설교하기를 꺼린다. 하나님의 말씀을 손쉽게 그리고 사사로이 풀어서는 안 된다는 현실이 긍정적 효과를 이끌어내기도 한다. 어렵기 때문에 성서를 단순읽기로 그치지 않고 깊이 연구해야만 하는 것이다. 만일 성서 해석이 아무라도 할 수 있는 손쉬운 일이고, 아무개가 아무렇게나 해석한다면 이단이나 사이비 종파의 불건전한 해석들을 어떻게 근절할 수 있겠는가?

그럼에도, 구약의 말씀이 난해하게 느껴지는 이유는 여러 가지가 있다.

(a) 구약의 말씀들이 형성된 과정에 대하여 우리가 무지하기 때문이다. 구약은 주전 1000여 년 동안의 장구한 시간을 걸치면서 기록된 것들을 수집한 것이다. 각 말씀마다 기록된 역사적 배경이 존재하며, 그 말씀들이 이해되던 사회적, 정치적, 문화적, 경제적 정황들이 있었다. 오늘날 어떤 것은 알려지기도 하고 어떤 것은 아직도 모르거나 모호하다.

(b) 그 말씀들이 이해되던 시대상과 정치, 경제, 그리고 문화는 우리의 것과는 엄청난 격차가 있다. 이삼천 년 전의 고대 팔레스타인 사회의 문화와 사고방식은 현대 과학시대와 정보화 시대를 사는 우리와 크게 다르다. 그래서 우리의 상황이나 문화와 거리가 먼 구약적 관습, 비윤리적이고 비도덕적이며 시대착오적인 말씀들, 서로 상충되는 구절과 진술들 앞에서 설교자는 당황할 수밖에 없다.

(c) 히브리어 원문을 해독할 능력이 부족하고, 또 우리말 성서의 오역, 졸역, 또는 불분명한 문맥 때문에 난해하게 느낀다. 이렇게 난해하게 여

겨지는 본문은 대체로 본문에 대한 바른 지식이 없거나 성서의 배경 지식의 부족 혹은 원문 해독능력이 낮아서 발생한다. 이런 문제점들을 조금씩 해소한다면 구약의 말씀은 좀 더 이해하기 쉬운 말씀으로 다가올 것이다.

오해하는 구절

하나님의 말씀을 올바르게 해석할 책임이 있는 설교자가 그것을 오해한다면 성서는 생명을 주는 양식이 되지 못한다. 본문을 오해하는 원인 중 심각한 것은 구약의 본문을 자의적으로 해석하는 것이다. "은혜를 끼치기만 하면 된다"는 생각과 의욕이 앞서서 저지르는 자의적 해석의 실례는 흔하다. 예를 들어, 열왕기하 4장 1~6절에 한 선지자의 생도의 아내의 이야기를 보자. 가난한 이 여인이 엘리사의 도움으로 기름병을 많이 빌려서 가득 채워 그것을 팔아 가난을 극복했다는 스토리에서 설교자가 만약 '성서에서 기름은 성령을 상징한다.' 는 전제 아래 '우리의 자아와 육신의 생각을 비우고 하나님 앞에 전적으로 내어 맡기면 우리는 성령으로 충만하게 될 것이다' 고 설교한다면, 그것은 과연 바른 선포라고 할 수 있을까? 이는 성서 본문을 인용하여 은혜로운 설교를 전할 수도 있지만, 성서본문의 의미와는 동떨어진 설교가 되고 만다. 만약 설교를 듣고 나온 자가 '그런데 그 여인이 성령기름병을 판 행동에 대해서는 어떻게 말해야 합니까?' 라고 묻는다면 어떻게 대답하겠는가? 그런 맥락에서 민영진 박사의 『성경바로 읽기』[3]는 설교자가 본문을 오해하지 않고 올바르게 해석하는데 좋은 지침서가 될 수 있다.

우리 교회에서 문맥을 무시하고 오해하는 대표적 구절들은 다음과 같다. 욥기 8장 7절"네 시작은 미약하였으나 네 나중은 창대하리라"은 욥의 친구 빌닷의

3) 민영진,『성경 바로 읽기』(서울: 대한기독교서회, 1999).

말이며, 욥은 이 주장이 틀렸다고 반박한다. 그런 의미에서 이 문장은 욥기의 중심 사상이 아니므로 상황에 관계없이 인용해도 좋은 말씀이라고 보기 어렵다. 이사야 34장 16절"이것들 가운데서 빠진 것이 하나도 없고 제 짝이 없는 것이 없으리니"은 모든 성서구절에 예언과 성취 구조의 짝이 있다는 뜻으로 성서의 영감성을 주장하려고 자주 사용한다. 그러나 본문의 문맥은 짐승 사이의 짝을 지칭한다. 이사야 58장 6절"내가 기뻐하는 금식은 흉악의 결박을 풀어 주며 멍에의 줄을 끌러 주며 압제 당하는 자를 자유하게 하며 모든 멍에를 꺾는 것이 아니겠느냐"은 보통 금식기도의 능력을 입증하는 구절로 사용한다. 하지만, 본문의 흉악의 결박이나 멍에의 줄이나 압제는 흔히 이해하듯 영적 사로잡힘에서 구원받음을 뜻하는 것이 아니다. 본문은 남에게 보이려고 식사를 굶는 행위보다 자신이 남긴 식량으로 굶주린 사람을 돕는 행위, 즉 아낌없는 구제행위를 참된 금식이라고 말한다.

설교자는 성서 본문을 정확하게 해석하려는 노력을 끊임없이 해야한다. 성서연구는 평생토록 참된 의미를 찾아 떠나는 순례의 여행과 같다. 성서는 하늘나라의 방언으로 기록된 것이 아니라 사람들의 말로 기록되어 있으므로 본문이 무엇을 말하는지를 듣도록 진지하고 성실하게 충분한 시간과 노력을 기울여야 한다. 예일 대학교의 설교학 교수 데이빗 바틀릿David Bartlett은 우리의 작업을 다음과 같이 정리한다. 설교자는 "우리 앞에 놓인 본문의 세계"the World in front of the Text를 자세히 읽고, "본문의 배경으로 작용하는 세계"the World behind the Text를 꼼꼼히 파악한 후, "우리가 사는 세계와 본문"Our World and the Text의 관계를 진지하게 물어야 한다.[4] 거기서 설교는 하나님의 말씀과 교회 사이를 잇는 가교가 될 수 있다.

4) D. L. Bartlett, Between the Bible and the Church: New Methods for Biblical Preaching (Nashville: Abingdon Press, 1999), 37-132.

극복해야 할 몇 가지 시도

마르시온과 아이세제시스

구약을 해석할 때 지양하거나 극복해야 할 몇 가지 잘못된 시도가 있다. 그 중 첫 번째가 구약의 말씀을 마르시온적으로 바라보는 것이다.

주후 2세기경 마르시온이란 사람이 있었다. 그는 구약의 하나님을 조물주요 진노하는 신으로, 신약의 하나님을 사랑의 하나님으로 간주하였다. 이 두 하나님 중에서 사랑의 하나님을 더 우월한 하나님으로 선택하고, 구약의 하나님은 신약의 하나님과 다르다고 보았다. 그래서 구약의 말씀을 교회의 책에서 배제시켜 버렸다. 신약의 말씀 중에서 유대적 영향을 받은 책들도 교회의 책에서 삭제하였다. 그 결과 마르시온의 성경은 바울 서신을 중심으로 이루어진 소수의 책들로만 축소되었다. 몇 년 후 교회는 터툴리안이 마르시온을 반박함으로써 그를 이단으로 규정하였다.

마르시온은 구약을 잘못 해석한 가장 극단적 사례에 해당된다. 오늘날 마르시온 같이 구약을 폐기하려고 덤비는 자는 없다. 그러나 마르시온처럼 구약을 자의적으로 판단하거나 자기 생각을 덧붙여서 인위적으로 재생하는 사례는 종종 본다. 성경 본문이 무엇을 말하는지를 듣기보다 성경 본문 속에 주석자의 생각을 집어넣어 본문의 의미를 정당화하려는 시도를 너무 쉽게 한다. 이런 방식의 성경 읽기는 "엑시지시스" exegesis, 곧 주석speaking from the text이 아니며 "아이시지시스"eisegesis, 곧 주입식 풀이speaking into the text이다. 본문이 말하는 것을 듣기보다 본문에 주석가의 교리, 사상, 주장을 주입시키는 사례는 기독교 2천년 역사에 수많은 아이시지시스의 오류가 있었음을 인정하지 않을 수 없다. 대표적 사례는 주로 영해allegorical interpretation를 일삼은 고대 교회의 알렉산드리아 학파이다.

성경 해석은 본문 속에 계시된 하나님의 말씀을 듣는 행위여야 한다. 주석은 결코 주석하는 사람의 생각을 본문 위에 포장하는 결과를 낳아서는 안 된다. 말씀에 솔직하자!

구약을 예화, 인용, 참조사항으로 활용하기

설교자가 주의할 또 하나의 자세는 구약의 말씀을 증빙서류proof text식으로 활용하는 태도이다. 특정 교리와 주제 등을 설교할 때 구약의 말씀을 인용하거나 예화로 활용하는 것으로 그 본문의 말씀을 잘 사용했다고 단정 짓는 때가 많다. 그러나 인용은 인용일 뿐이다. 인용되기 이전에 그 문맥 속에서 본래 가졌던 의미가 남아 있기 때문에 그 구약 본문의 말씀을 해석할 여지는 여전히 남아 있음을 알아야 한다. 즉, 구약의 메시지는 아직도 발굴되지 않았고, 전해지지도 않은 것이다. 앞에서 언급한 이사야 34장 16절을 보자. "너희는 여호와의 책에서 찾아 읽어 보라 이것들 가운데서 빠진 것이 하나도 없고 제 짝이 없는 것이 없으리니 이는 여호와의 입이 이를 명령하셨고 그의 영이 이것들을 모으셨음이라" 성서 말씀은 모두 짝이 있다고 해석하는 것은 자의적 읽기에 불과하다. 문맥을 살피면 "이것들"은 짐승을 가리킨다. 이것들은 하나님이 뭇 민족을 심판할 때 사람 대신 땅을 차지하고 살 뭇 짐승들이다. 또한 요나의 고기를 고래로, 요나서 2장의 기도를 회개의 기도로 해석하는 사례도 본문 읽기에 실패하고 본문을 자세히 읽지 않은 사례에 속한다. 요나 2장의 기도에는 회개에 해당하는 자기 잘못에 대한 뉘우침이 전혀 표현되어 있지 않다. 그런데 어떻게 그것을 회개 기도라고 말하는가? 설교자들은 다만 요나 3장과의 연속선상에서 물고기가 요나를 마른 땅으로 토해낸 것을 근거로 이렇게 풀이하는 것 같다. 그러나 물고기의 "삼킴"과 "토함"의 행위에 표현된 동사들은 구약성경에서 모두 심판의 의미로만 사용되는 단어들이다. 즉, 삼킴도 토함도 결코 요나의 구원을 위해 사용된 것이 아니라 요나의 안일한 생각을 교정하려고 정반대로 행동하는 하나님의 의중을 표시할 뿐인 것이다.

설교자는 본문을 주석해야 한다. 주석의 과제는 본문의 증언을 듣는 일이다. 증언이란 본문의 소리voice요 본문의 뜻concept이며 본문의 메시지이다. 본문의 내용이나 줄거리만으로 본문의 증언이 충분히 드러나지 않을 수 있다. 사용된 단어조차 섬세하게 살펴야 비로소 그 의미의 윤곽이 드러날 수 있다. 그러므로 본문 자체의 소리를 경청하자.

구약은 예언이고 신약은 성취라는 견해

전통적으로 우리는 구약을 예수 그리스도에 대한 예언으로, 신약을 그 예언의 성취로 읽어왔다. 하나님의 구속역사가 이스라엘 역사의 무대에서 어떻게 전개되었는지를 살피고자 할 때 구약의 말씀은 이런 직선적 역사 이해 위에서 검토되거나 판단되어 왔다. 이런 해석은 앞선 두 종류의 해석보다 훨씬 긍정적이고, 신학적이며, 교리적이다. 역사의 무대 위에 역사하신 하나님을 예수 그리스도의 십자가를 정점으로 살피는 일은 기독교 신앙의 온전한 이해를 위해서도 필요하다.

하지만, 성서신학적으로 볼 때, 구약의 말씀을 예언으로, 신약의 말씀을 그 성취로만 간주하고 끝나서는 안 된다. 구약의 말씀이 미래를 향하여 열려있는 것이 사실이다. 그렇다고 구약을 예언으로만 단정해서는 안 된다. 구약에 예언서가 있지만, 구약 전체가 예언서는 아니다. 구약은 세상의 창조와 이스라엘의 기원을 밝히는 오경과 이스라엘이란 민족이 나라를 일구면서 살았던 흥망성쇠를 담은 역사서가 이어지고, 시가

서와 지혜서에서는 우리가 사는 세상을 어떻게 이해하고 하나님을 어떻게 섬기며 살아야 하는지를 말씀한다. 예언서는 이스라엘의 역사를 회고하면서 심판의 시나리오가 정당하였음과 동시에 미래에 닥칠 일을 전망하면서 회복과 종말의 비전을 펼친다. 구약은 과거에 행하셨고 앞으로도 행하실 하나님의 사역에 대한 증언testimony이다. 구약을 단지 신약을 위한 약속이나 원형으로만 해석한다면, 또 구약을 신약과 반대되거나 대비되는 글로만 간주한다면, 그리고 구약과 신약을 구별하지 않고 은유적으로 혹은 우화적으로allegorical만 해석한다면, 이 모든 읽기를 통해 구약의 케리그마는 우리 귀에 들리지 않게 된다.[5)]

여기서 대두되는 과제는 '구약의 말씀과 신약의 말씀을 설교자가 어떻게 연결해야 하는가?' 라는 것이다. 구약의 말씀은 신약과 상관없이 스스로 의미를 지닌 것도 있다. 창조 기사가 대표적이다. 족장사창12~50장에서는 땅과 자손을 주시겠다는 하나님의 약속의 말씀을 믿고 살아간 신앙 선조들의 삶이 그려져 있다. 여기에는 적어도 예수 그리스도의 십자가 구원과 부활을 위한 예언이 없다. 신앙인의 믿음과 소망, 사랑을 위한 구체적 실례로는 적당할 것이다. 다시 출애굽기와 레위기, 민수기, 신명기에 이르는 갖가지 광야시대의 기사와 제사법규, 법전의 내용들을 예수 그리스도의 생애에 대한 예언으로 볼 수 있는가? 그 단락은 그리스도에 관한 예언으로 이해하기 어렵다. 그저 언약을 맺은 신앙공동체가 하나님의 백성으로서 마땅히 살아가야 할 원칙들과 규율들토라을 수록한 것으로 보는 것이 자연스럽다. 이후의 역사는 이 토라의 가르침에 역행한 이스라엘 민족의 역사를 전개한다. 그런 의미에서 예수 그리스도는 이 토라에 담긴 하나님의 뜻을 자신의 삶 속에서 완벽하게 구현하

5) H. W. Wolff, Old Testament and Christian Preaching, tr. by Margaret Kohl (Philadelphia: Fortress, 1986), 108.

신 분이시다. 그래서 우리에게 구세주요 주님으로 고백되는 것이다. 따라서 구약의 토라에 담긴 구절들은 예수께서 몸소 실천하셨으며, 또 그 예수를 따라가는 그리스도인에게 필요 적절한 삶의 원칙과 자세를 구체적으로 지시하는 본문으로 읽어야 한다. 대표적 말씀이 십계명 아닌가? 십계명을 두고 누가 감히 그것을 율법이라고만 단정하겠는가? 그 계명들을 문자적으로 지키라고 강요하는 것이 율법주의일 뿐이다. 그러나 계명들에 담긴 의미와 뜻의 실현은 복음에 해당된다. 이것을 마태복음의 산상수훈5~7장에서 예수님이 친히 전해주시지 않았는가? 그런 의미에서 예수님을 따라가는 제자들인 우리는 구약의 토라가르침에 담긴 하나님의 뜻을 온전히 실행하려는 자세가 필요하고, 이를 위해서 설교자들은 이 본문들을 열심히 설교해야 한다.

구약과 신약은 성서 한 권에 포함된 두 권의 하나님 말씀이다. 구약도 신약도 제각기 내는 소리와 증언과 메시지가 있다. 예수 그리스도를 믿고 따르는 교회는 신약성경을 통하여 예수 그리스도의 주님 되심과 구세주 되심을 구약성서를 배경삼아 설명한다. 신약은 교회에게 예수 그리스도에 대한 신앙고백을 가르친다. 그런 의미에서 신약은 신앙 입문서, 혹은 이론적 교과서라고 볼 수 있다. 구원의 확신을 지닌 신앙인이 그 다음에 읽고 배워야 할 말씀은 이제 구약성경이다. 구약은 기독교 교육상 두 번 학습되어야 한다. 첫 번째는 예수 그리스도의 정체와 그가 베푸신 구원의 의미를 설명하는 배경지식을 쌓도록 학습하고, 두 번째는 예수에 대한 신앙고백을 삶의 현장에서 실제로 구현하기 위한 올바른 세계관과 신앙적 가치관을 확립하도록 학습해야 한다.

구약은 신앙인의 현장 실천을 위한 하나님의 말씀으로 읽어야 한다. 여기서 그리스도인은 창조기사를 통해서 세계의 창조자 하나님을 배운다. 족장사에서는 약속을 받고 믿음으로 사는 신앙 조상들의 일대기를 통해 신앙인의 삶에 대한 근본 자세를 배운다. 출애굽 사건을 통해서는 하나님의 세상 통치 방법과 사람들 상호간에 지켜야 할 원칙을 배운다. 그것은 자유와 평등의 사회이다. 레위기의 제사법은 공동체의 종교생활 뿐 아니라 윤리적 삶을 함께 가르친다. 그것은 거룩함과 질서를 유지하는 삶에 초점이 맞추어져 있다. 광야생활은 삶이란 본래 험난하며 각종 도전을 겪을 수밖에 없음을 가르친다. 민수기는 그럴 때 필요한 신앙인의 태도를 가르친다. 신명기는 과거의 신앙유산을 항상 현재화하는 지혜를 가르쳐주고, 또 오직 야훼 하나님만을 사랑하면서 살 것을 강조한다. 사사기는 성령의 충만함이 지도자에게 요구되는 필수요건이란 진리를, 그리고 지파끼리 존재하는 것은 통일된 지도력의 부재를 뜻하며 결국 이 상태가 서로에게 얼마나 큰 상처를 줄 수 있는지를 강조하고, 강력한 지도자가 이끄는 사회의 필요성을 역설한다. 사무엘서와 열왕기서는 이스라엘 신앙공동체의 참된 지도자는 왕보다는 야훼 하나님이란 진리를 깨닫게 해준다. 역사서는 인간 왕들이 얼마나 잘못 될 수 있는지를 설파하면서, 지도자에게 참으로 중요한 것은 야훼 하나님의 율법을 경외하여 백성을 얼마나 아끼고 사랑하는지의 여부로, 그것이 곧 민족의 운명을 결정짓는다는 사실을 교훈한다. 시편, 잠언, 전도서, 욥기 등의 성문서에서는 하나님을 예배하면서 겪는 즐거움과 살다가 원치 않게 겪는 갈등과 아픔, 성공과 실패, 확신과 의심, 질병과 치유 등의 구체적 신앙 세계 속에서 하나님 신앙의 긍정적 활용법을 다양하게 일깨워준다. 예언서는 한편으로 나라의 지도자 계층이 하나님의 율법을 삶 속에서 실천하지 못하므로 다가올 나라의 몰락을 선포하면서도, 다른 한편으로 나라와 민족이 패망하고 뿔뿔이 흩어진 후 새로운 하나님의 구원행위로서 민족의 회복을 선포하고 희망한다. 희망의 핵심은 메시아의 도래에 있다. 참된 지도자가 올 때 비로소 또 다시 회복될 신앙공동체는 밝은 미래를 경험할 수 있다고 확신한다. 신약성서를 통해 그 메시아는 이천년 전에 이미 이 땅에 오셨다. 구약성서 내의 이런 패턴의 계시는 그리스도인에게 신앙의 본질과 특성을 깊이 생각하게 만들어 준다. 이런 의미에서 구약을 복음적으로 설교하는 일은 오늘날 설교강단을 풍부하게 해주는데 필수적이고, 가능한 일이며 앞으로도 지속적으로 이루어져야 할 작업이다.

주석과 설교

성서본문을 주석하는 일은 설교와 근본적 차이가 있다. 흔히 성서본문의 해석이 곧 설교라고 착각하는 때가 많다. 그러나 이런 등식은 옳지 않다. 주석은 본문이 과거에 의미했던 바what it meant를 찾는 작업이지만, 설교는 본문이 오늘에 의미하는 바what it means에 초점을 둔다. 주석은 성서 본문에 여러 가지 방식으로 접근하여 다양한 방법을 통해 의미를 얻어낸다. 성서본문을 주석하는 두 가지 접근방식이 있는데, 그것을 통시적 접근diachronic approach과 공시적 접근synchronic approach이라고 한다. 통시적 접근은 본문 배후의 역사를 밝히는데 역점을 두고, 공시적 접근은 본문과 관련된 역사를 캐묻기보다 읽고 있는 본문의 최종형태를 놓고 문학적, 수사적 기교를 밝혀서 현재의 독자에게 의미하는 바를 탐구하는데 역점을 둔다. 통시적 접근에는 본문비평, 자료비평, 양식비평, 전승비평, 편집비평이 있고, 공시적 접근에는 정경적 접근/정경비평, 수사비평, 서사설화/내러티브비평, 신비평, 구조주의비평 등이 있다. 어느 접근법과 방식을 취하든 주석의 궁극적 목표는 본문의 의미를 과거와 현재의 결과와 비교해서 더 많이, 더 새롭게, 더 적절하게, 더 충분하게 밝혀내는 일이다.

문제는 역사비평에 해당하는 통시적 접근을 사상적으로 불온한 것으로 몰아세우는 태도이다. 그래서 역사비평에 의한 주석 작업을 놓고 강단설교에 쓸모가 없는 것으로 폄하하는 때가 있는데 이는 잘못이다. 전통적 역사비평학자들의 연구결과가 강단설교에 해롭다고 평가하는 것은 신학적 편향성과 개인적 선호도에 따른 일방적 매도에 불과하다. 더구나 그것이 본문을 주석한 연구결과를 두고 이루어지는 평가라면 더더욱 그릇된 것이다. 주석결과를 곧장 설교에 사용할 수도 있겠지만, 항상 그렇지 않다. 이를 테면 통시적 접근에 따른 주석은 본문의 과거의미를 탐구하므로 수천 년 전에 의미했던 것을 밝히는 연구 결과를 곧 설교로 이용할 수 있다고 생각하는 것은 유치한 태도이다. 하지만, 공시적 접근을 한다면 문제는 달라진다. 공시적 접근은 과거에 기록된 본문을 오늘 이 자리에서 직접 말씀하시는 것이라는 전제로 본문을 주석하기 때문에 곧장 설교로 사용할 내용을 얻을 수도 있다. 이렇게 통시적 접근과 공시적 접근에 따른 주석방법론은 설교행위를 놓고 서로 다른 태도를 취한다.

더욱이 설교란 또 다른 시대,현대 다른 삶한국의 장소에서 다른 장르연구와 연설은 장르가 다르다!로 말씀의 의미를 전달하는 행위에 속하므로 주석결과는 설교라는 장르로 전환하는 작업이 필요하다. 특히 연구라는 장르와 연설이라는 장르의 차이는 두말하지 않아도 자명하다. 연구는 가능성을 논리적 근거로 제기한다. 하나의 연구가 다른 연구들을 대체할 만큼 절대적이지 않으며, 따라서 하나의 정답으로 자처할 수는 없다. 연설은 설득에 초점을 둔다. 연설 장르에 속한 설교는 하나의 진리 혹은 진실을 전달한다는 권위구조를 전제한다. 두 가지 장르에 참여하는 청중의 태도도 다르다. 연구는 검토하는 자세로 참여하고, 연설은 수용하는 자세로 참여한다.

이처럼 주석과 설교의 차이를 인정한다면, 성서주석의 방법론을 놓고 신앙의 문제로 끌어들이거나 평가하는 논란을 벌인다는 것은 처음부터 잘못된 일이다. 주석결과는 그것이 어떻게 현대인의 신앙을 위한 의미를 지닐 수 있는지를 재차 고민하는 과정을 거친 후 신앙인의 성숙과 변화를 위해 설교의 옷을 입는 것이다.

설교자가 알아야 할 구약 말씀의 성격 6)

구약본문의 문학적 특징

하나님의 말씀은 하늘나라 방언으로 기록된 책이 아니다. 성서의 말씀은 사람이 읽고, 듣고, 사용하는 말로 기록되어 있다. 우리가 신구약의 말씀을 꼼꼼히 읽어보면 매 단락마다 아주 정교하게설득력 있게, 수사학적으로! 기록된 것을 발견한다. 그런 의미에서 성서는 무엇보다도 문학, 즉 글이다. 성서 저자들은 글을 써서 자신들이 의도한 메시지를 청중/독자들에게 아주 효과적으로 그리고 의미심장하게 전달하려고 여러 가지 다양한 기교와 전략을 본문 에 설치해 놓았다. 바로 이 점이 설교자가 본문을 대할 때 진지하게 고려해야 할 문학적 측면이다. 구약을 기록한 히브리어아람어도 포함는 문장과 단락 안에서 그 하나의 쓰임새와 연결과 배치가 예사스럽지 않다. 따라서 설교자는 하나님의 말씀을 기록한 자가 왜, 어떻게, 이렇게 말씀을 기록하였을까를 정직하게 묻고 답을 구하는 주석을 먼저 수행해야 한다.

구약의 말씀들이 지니는 특징은 매우 다양하고 복잡하다. 그 중 몇 가

6) 이 단락에는 성서의 정치적 성격과 역사적 접근의 필요성이 포함되어야 하지만, 이 강연을 할 당시에는 청중이 그런 내용을 소화할 분위기가 아니었다고 판단하여 언급하지 않았다. 이 점에 대해서는 이 책의 곳곳에서 언급했으며, 특히 성서의 정치적 성격에 대해서는 2부 12항(***)을 참고하면 좋을 것이다.

지만 살펴보기로 하자.

(a) 구약의 말씀들은 다양하게 증언하는 특징이 있다. 똑같은 주제와 사건을 여러 번 시각을 달리해서 중복 증언한다. 예를 들어, 하나님의 천지창조 기사는 구약의 서두에 두 번 등장한다. 이스라엘 왕국 역사에 대한 반성과 회고도 두 번 등장한다.열왕기상하와 역대상하 이스라엘의 절기예배력와 예배 규정도 여러 번 나온다.출애굽기, 레위기, 민수기, 신명기 신약의 복음서들도 예수님의 생애를 네 번 반복해서 증언한다. 물론 다른 목소리와 관점을 가졌다.

(b) 구약의 말씀은 설득을 지향하는 수사법rhetoric을 간직했다. 성경 말씀은 잘 짜인 직물과 같아서 읽으면 읽을수록 점점 전체적인 모양새가 잘 드러난다. 말씀은 그것을 읽는 자를 설득한다. 창세기 11장의 바벨탑 사건을 예를 들어보자. 이 기록이 전달하려는 문자적 의미는 명백하므로 더 말할 필요가 없다. 인류의 언어가 서로 다양하게 달라진 원인과 바벨탑의 기원을 설명하는 것이다. 그러나 배후에 담고 있는 더 깊은 속내는 수사학적 구조 속에 배어있다. 전반부에서 사람들의 결단과 행위를 묘사하고1~4절, 후반부에서는 하늘에 계신 하나님의 판단과 행동을 묘사한다.5~8절 본문의 수사학은 인간의 행위와 하나님의 행위가 정면 충돌하는 장면에 초점이 있다.8절 본문은 인간 군상의 합의가 아무리 만장일치로 진행된다고 해도 항상 옳은 것만은 아니라는 진리를 담고 있다. 물론 잘못된 합의의 배후에는 인류의 교만이 자리한다는 사실 또한 자명하다.

(c) 구약성서의 기록은 역사이면서도 동시에 하나의 이야기 형식 속에 간직되어 있다. 여기서 노래 형식의 운율을 지닌 시편이나 각종 노래, 그리고 짧은 경구 형식의 잠언, 이야기체와 선포형식이 섞인 예언은 예외이다. 구약은 역사를 서술하면서 그것을 드라마 형식을 빌려서 한 인간의 일대기를, 그리고 한 민족의 역대기를

전개한다. 그러나 그 이야기의 실제 주인공은 인간이라기보다 하나님이란 사실을 잊어서는 안 된다. 한 인간, 한 민족의 삶 속에서 일으키는 하나님의 은혜로운 행동, 크신 역사와 구원 사역에 대한 의미와 해석을 전달하는 것이 본래의 뜻이다. 구약의 이야기는 인간 예찬이 아니다. 오직 하나님의 행동과 계시의 공개가 주목적이다. 그러나 주인공이신 하나님은 종종 이야기의 무대에 드러나기보다 배경 속에 머물러 있다.

(d) 구약의 말씀이 지니는 의미meaning는 단 하나로 고정되어 있지 않다. 구약의 이야기에서 "그 의미는 과정"meaning as a process이다.[7] 이야기가 전개되는 과정에서 주제의 발전과 반전, 중심언어의 반복과 확대 등이 계속 이어지면서 의미는 재생산되기도 하고, 재해석되기도 한다. 성서의 이야기들은 그 가운데 하나의 이야기만 가지고서는 충분히 의미가 드러나지 않을 때가 많다. 그런 상황에서는 거시적 안목의 역사관과 커다란 글의 흐름과 구조를 파악할 때 의미가 드러나는 때가 많다. 열왕기상 13장에 등장하는 유다에서 온 하나님의 사람을 보자. 벧엘 선지자와 유다의 선지자는 똑같이 하나님에게서 받은 말씀을 놓고 고심한다. 누구의 말이 진짜 하나님의 말씀인가? 참 예언과 거짓 예언의 구별? 혹시 이것을 본문의 주제로 삼을 수 있겠으나 꼭 그렇지만은 않다. 이스라엘의 왕조 역사 전체를 두고 다시 읽으면 이 본문은 벧엘 선지자의 말을 따르면 안 되는 유다 선지자가 범한 실책을 엄중히 경고하는데, 그것은 일종의 역사은유에 해당한다. 이 은유는 북 왕국 이스라엘의 길을 따라간 유다 왕조가 심판을 받은 일이 불가피하며 정당하다는 것을 예시한다. 이 외에도 구약성서는 여러 가지 장르의 글을 통해, 제 나름의 장르와 방식을 활용하여 과거와 현대의 독자에게 하나님의 결정을 풀이하고 이해시키며 신앙의 본질, 신앙인의 정체성을 확립하는 데 관심을 쏟는

7) R. Alter, The Art of Biblical Narrative (New York: Basic Books, 1981), 12.

다는 사실을 깨달아야 한다.

구약의 유대적 특징

구약의 말씀은 기독교 신앙의 유대성Jewishness을 드러낸다. 구약은 옛 이스라엘에게 주신 하나님의 말씀이다. 신약은 예수 그리스도 안에서 새로운 이스라엘로 부름 받은 신앙공동체에게 주셨던 하나님의 말씀이다. 똑같은 하나님의 말씀이지만, 교회가 구약을 신약과 함께 교회의 책으로 받아들인다는 사실은 기독교 신앙의 뿌리가 구약에 있음을 고백하는 것이다. 오늘날 우리가 가진 구약은 본래 유대인의 정경타낙, Tanak에 해당된다. 그러나 기독교 정경과 유대인의 정경은 그 구조와 의미에서 서로 다르다.

유대인의 타낙은 네 부분이 아니라 세 부분으로 이루어진다. 토라, 예언서, 성문서이다. 유대교의 경전에서 중심은 토라이고, 토라의 핵심은 하나님의 백성인 이스라엘 사회가 어떻게 조직되는지의 원칙을 다룬다. 그 사회의 중심에 성소가 있다. 이 중앙 성소가 세상과 우주의 중심지이다. 예언서는 전기 예언서와 후기 예언서로 구분되는데, 전기 예언서는 토라의 이상이 붕괴되는 과정을, 후기 예언서에는 그에 따른 형벌과 재건의 비젼을 제시한다. 여러 종류의 책으로 이루어진 성문서는 성전을 중심으로 살아가는 유대 백성의 현실을 반영한다. 타낙의 마지막에 위치한 에스라, 느헤미아, 역대기는 성전과 토라의 이상을 재확인한다. 이처럼 유대인의 타낙이 강조하는 것은 예루살렘과 성전이다. 이런 구조는 예수 그리스도의 오심과 다시 오심을 정경의 구조로 갖춘 창세기-말라기-마태복음-계시록의 흐름과는 차이가 있다.

기독교 신앙은 이런 유대교의 타낙을 구약성서의 이름으로 정경의 일부로서 공유한다. 이처럼 구약의 말씀은 유대교적 배경을 지닌다. 그러나 그 사실은 우리 논의의 결론이 아니라 시작인 셈이다. 이런 유대교적 성격의 구약을 어떻게 복음으로 설교할 것인가?

첫째, 모든 구약본문을 인위적으로 강제로 예수에 적용하지 않아야 한다. 그럼에도, 모든 설교에 기독론적/교회론적 감수성sensitivity을 동시에 담아야 한다. 목회자의 설교의 중심에 예수 그리스도의 사건이 있어야 한다는 사실은 당연하다. 그렇다고 해서 구약을 설교할 때, 무조건 기독론적으로 설명하려는 노력은 삼가야 한다. 차라리 예수 신앙의 유대적 뿌리를 제시하는 것이 성서신학적으로 건전하다. 이를 테면, 예수의 산상수훈마5~7장은 알고 보면 구약성서의 오경에서 뜻하는 바를 압축적으로 제시한다. 그러므로 오경의 어느 단락을 설교할 때 그곳에서 예수에 관한 암시나 모형을 찾아내는 방식의 설교는 지양해야 한다. 오경은 오경 안에서, 그리고 이스라엘 역사의 경험에 비추어, 그리고 하나님과 언약을 맺은 신앙인이 한 사람의 피조물로서 취하며 살아가야 할 마땅한 도리로써 풀어야 건전하다.

나아가 구약의 본문 안에 복음적 요소와 메시지를 발견하려는 태도가 더 필요하다. 타락한 아담과 하와에게 입혀진 가죽옷을 예수 그리스도로 해석하는 것은 지나친 해석일 수 있다. 심판을 받는 인류에게 여전히 베풀어지는 하나님의 은총과 사랑으로 보는 것이 성서신학적으로 건전하다. 이 가죽옷을 죄인 됨의 표시로 해석한다면, 그것은 속죄론을 해석적 전제로 삼은 임의적 해석, 즉 아이시지시스일 뿐이다. 은혜를 끼칠지는 몰라도 본문의 의도와는 관계가 먼 내용을 전하는 형국이 된다.

둘째, 구약 설교는 "하나님 중심적"theocentric이어야 한다. 구약에는 여러 가지 다양한 중심 사상이 존재한다. 더구나 서로 충돌하는 것처럼 보이는 사상들도 있다. 모세의 언약과 다윗의 언약이 대표적이다. 모세 언약의 사상 구조에 따르면 성소는 움직일 수 있다. 그러나 다윗 언약의 구조에 의하면 성소는 예루살렘 성전으로 고정된다. 어느 것이 적절한가? 이 때 설교자는 하나님의 자율성에 초점을 맞추어야 한다. 모세라도 약속의 땅에 들어가지 못한다. 그는 고난 받은 종을 예시한다. 다윗이라도 인간적 실수를 저지른다. 어떤 인간이라도 실수 없는 사람은 없다. 예수님마저도 겟세마네 동산에서 할 수만 있으면 피하게 해달라고 죽을힘을 다해 기도하지 않았는가? 물론 모든 인간보다 예수님은 완벽하다. 하나님의 뜻을 완벽하게 간파하셨고 그것을 실천하셨기 때문이다. 그래서 예수님만이 하나님으로 고백될 자격이 있다. 구약은 하나님 중심적 책이다. 따라서 "그리스도 중심적 신학"Christocentric Theology을 도출하려 하기보다 "하나님 중심적 기독론"TheocentricChristology을 배우고 가르치는 태도가 요청된다.[8]

셋째, 구약성서가 우리 기독교 신앙공동체의 책이란 사실을 재확인해주어야 한다. 구약은 기독교 신앙공동체의 정경이다. 기독교 신앙공동체는 구약에서 교훈과 책망과 바르게 함과 의로 교육하기에 온전한 내용을 얻었다. 초대 교회처럼 오늘날의 복음 설교자들은 구약을 통해서 이스라엘이 누구며, 누구를 믿으며, 어떻게 살아야 하는지를 새롭게 배워서 교회 공동체의 정체성과 신앙의 대상, 신앙생활의 원리를 꾸준히 배워나가야 한다. 이런 맥락에서 구약의 십계명 해석은 여전히 유효한 신앙생활 강령이다. 십계명의 문자적 의미가 함유하는 풍부한 의미를 폭넓게 적용하는 설교가 요청된다. 인간의 본분1계명, 인간의 자율적 의지의 보호우상숭배 금지, 종교적 권세가 일으킬 폐단의 지적3계명, 노동의 신성과 한계4계명, 가족의 연대감과 정체성 유지5계명, 생명존중6계명, 성의 순수성 강조7계명, 재판의 신성과 오염 방지를 통한 의로운 사회 질서

8) J. A. Sanders, From Sacred Story to Sacred Text : Canon as Paradigm (Philadelphia: Fortress Press, 1987), 41-60.

지향9계명, 환경 및 사유 재산권의 인정8, 10계명 등을 포함해서 십계명은 각기 독특한 방식으로 인류 사회에게 진정한 소망을 던지는 복음적 증언들의 집결체라고 볼 수 있다.

"문자와 영": 구약본문의 해석학적 특징

구약의 말씀은 살아계신 하나님을 체험한 사람들이 기록으로 남긴 증언들이다. 역사가 아무리 암울하고 답답해도 나의 지식이 아닌 하나님의 가르침, 나의 생각이 아닌 하나님의 판단, 나의 결정이 아닌 하나님의 뜻과 인도하심에 삶 전체를 의지하였던 사람들이 남겨놓은 간증이 구약의 말씀 속에 여러 모양으로 진지하게 전해진다. 그래서 구약의 말씀들을 읽고 배우면, 하나님을 체험하며 피와 땀과 눈물을 흘렸던 고대 신앙인의 영성을 익힐 수 있다.

바울은 고린도후서에서 이렇게 말했다. "그가 또한 우리를 새 언약의 일꾼 되기에 만족하게 하셨으니 율법 조문으로 하지 아니하고 오직 영으로 함이니 율법 조문은 죽이는 것이요 영은 살리는 것이니라."개역한글, 고후3:6 바울이 의도하는 바는 고대 이스라엘의 생존과 대비되는 그리스도인의 삶을 가르치는 것이다. 구약의 말씀은 돌판이나 종이에 써있지만, 신약의 말씀은 살아계신 하나님의 영으로 신자들의 마음에 쓴 편지라는 것이다. 이 말은 선지자 예레미야의 증언을 교회론적 미드라쉬로 풀이하여 적용한 것으로 이해된다.렘31:31 하지만, 심각한 문제는 구약의 말씀은 죽은 종교이고 신약은 산 신앙이라는 이분법적 분리에 있다. 과연 구약이 그러한가? 대답은 '아니요' 이다.

반대로, 구약의 말씀에서 설교자는 그것을 기록하고 그런 증언을 남겨둔 사람의 영성과 얼정신을 배워야 한다. 그들은 야훼 하나님이 자신들의 운명이며, 그 하나님은 이스라엘만의 하나님으로 국한되지 않고 온 세계의 하나님이라고 믿었다. 그들의 생생한 증언은 야훼 하나님이 부어주시는 영감에 붙잡혀서 삶이 변화된 결과이다. 구약의 말씀에는 그것을 기록으로 남겨두도록 사람들의 정신을 붙잡았던 하나님의 영이 깃들어 있다. 그런 의미에서 구약의 모든 내용은 야훼 하나님의 영감으로 충만한 말씀이며, 그래서 동시에 오늘날도 여전히 그리스도인의 삶을 교정하고 지시하며 또한 안내자 역할을 하기에 충분한 하나님의 말씀이 되는 것이다. 구약의 말씀은 하나님을 체험한 사람들의 증언일 뿐만 아니라, 그것을 그렇게 기록하도록 붙드신 하나님의 글이다.

주석에서 주해로, 주해에서 설교로: "뜨개질하기"

주석은 본문이 무엇을 말씀하는지를 체험하고 그것을 묘사하는 과정이다. 주석에서 소중한 것은 본문과 만나고 그 본문과 뜨겁게 대화하는 일이다.

설교는 강의가 아니라 증언하기이다. 설교자에게는 본문 외에도 회중context, 곧 인간, 사회, 역사, 창조세계 등에 대한 깨달음과 회중의 삶에 대한 충분하고 풍부한 경험이 있어야 한다. 하나님의 말씀은 하늘에 있는 말씀이 아니라 "육신을 입은 말씀"이다. 회중에 대한 깨달음과 경험이 있어야 성경 본문의 말씀을 회중에게 의미 있는 말씀으로 선포할 수 있다.

설교자가 하는 첫 번째 작업은 성서 말씀을 읽는 일이다. 이 최초의 읽기에서 주석 작업이 수행되어야 한다. 주석이란 단순한 단어풀이가 아니다. 본문 전체가 무엇을 말하는지를 곰곰이 살핀 후, 그 의미를 풀이하는 작업이다. 여기에 설교자의 개인 생각을 집어넣어서는 안 된다. 본문을 상징과 암호로 단정하고, 은유 혹은 우화적으로, 교리적으로 풀이하려고 서둘러서도 안 된다. 본문의 증언은 오늘 우리가 알 수 있는 말로 쉽게 풀어내야 한다. 할 수 있는 한 다양한 방식을 동원하여 과거의 의미를 현대화하도록 최선의 노력을 기울이는 수고가 요청된다. 아울러 모든 말씀의 의미가 명료하게 드러나지 않을 수도 있다는 한계를 인정하면서 성령의 조명을 구해야 한다.

본문이 의도하고 말하려는 바를 발견하였다면, 그 다음 설교자는 이 본문의 의미를 회중의 상황과 연결하고 적용하려는 시도를 해야 한다. 회중이야말로 말씀이 전달되어야 할 최종 목적지이다. 회중에 대한 고려가 없는 본문의 의미 발견은 무의미하고, 무미건조하며, 허공을 치는 메아리에 불과하다. 대상이 없기 때문이다. 따라서 회중에 대한 발견과 본문의 의미를 연결하려면, 먼저 설교자와 청중의 사회적 자리social location를 포착하는 작업이 필요하다. 이곳이 바로 성령이 해석자와 설교자에게 작용하고 역사하는 또 하나의 중요한 자리와 공간이다. 이 연결 작업이 잘 이루어지느냐의 여부가 곧 설교의 성패를 좌우한다. 여기서 설교자는 회중의 눈높이와 처지를 잘 파악하여 본문의 의미를 전달하는 매우 전략적인(!) 지혜가 필요하다. 회중의 삶과 공명하지 않는 설교는 아무리 새로운 하늘의 비밀이라 할지라도 항상 공허한 메아리에 불과하다. 이런 의미에서 설교자는 구약의 말씀으로 오늘의 세상을 읽어내는 훈련이 필요하다. 성서 본문은 우리의 일상사를 점검하는 거울이요 나침반이기 때문이다. 그래서 설교자는 텍스트와 컨텍스트, 말씀과 상황, 신학과 세계, 설교자와 회중을 뜨개질 하듯이 촘촘히 연결시켜야 한다.

구약에는 복음이 있다. 그동안 구약은 많은 오해와 무지, 왜곡된 정보로 말미암아 소극적으로 활용되어온 하나님의 말씀으로 전락했다. 하나님의 말씀을 잠재운 모양새이다. 그러나 이와 반대로 구약의 말씀은 생명을 살리고 인류사회가 자유롭고 평등하며 정의롭게 살아갈 대원칙들을 담고 있다. 신약의 말씀만을 편식하는 한국 교회의 청중에게 구약을 들려주어야 한다. 구약에서 복음을 설교해야 한다. 그것은 가능하다. 바로 우리 주 예수께서 그것을 발견하셨고, 그대로 삶을 살아내셨기 때문이다. 예수의 삶을 우리가 믿는 대로 이끈 것이 바로 구약성서였음을 기억하라. 따라서 오늘의 교회는 구약에서 복음을 설교하는 작업이 절실하다. 구약을 본격적으로 설교하자. 신앙공동체가 구약의 생생한 증언들을 만나게 하고, 거기서 신앙이 무엇인지, 신앙인은 어떤 가치관과 정체성을 지녀야 하는지, 또 급하게 변모하는 세계에서 마땅한 신앙인의 자세는 무엇인지를 깨우치게 하자. 구약설교는 신약과 더불어 그리스도인의 삶을 지금보다 더욱 의미 있고 풍성하게 해 줄 것이다. 우리 주 예수께서 일찍이 깨우치시고 사랑과 희생의 삶을 살아내셨던 것처럼 우리 설교자는 구약의 복음 설교라는 작업을 통해서 청중이 예수처럼 살아가도록 격려하자.

2003년 2월, 침례신학대학교 로고스홀에서 침례교 목회자들을 대상으로
"복음전도와 설교"란 주제로 이루어진 강연문을 다듬은 것.

성구색인

창세기

출애굽기

레위기